Daniel Hartmann

STERNENHAGEL

Daniel Hartmann

STERNENHAGEL

Eine Erzählung über das Prinzip
der Liebe

Giger

Infos über den Verlag und zu weiteren Büchern
unter www.gigerverlag.ch

1. Auflage 2019
© Giger Verlag GmbH, CH-8852 Altendorf
Telefon 0041 55 442 68 48
www.gigerverlag.ch
Umschlaggestaltung:
Simon Hofer Creative GmbH, Muri bei Bern
Layout und Satz: Roland Poferl Print-Design, Köln
Druck und Bindung: GGP Media GmbH, Pößneck
Printed in Germany
ISBN 978-3-907210-37-6

Für Deborah und Lana

Im Gedenken an David Stroh Buckel
und Charles Sanders Peirce

Inhalt

Es geht die Legende aus dem Morgenland, dass wenn ein Tier und ein Mensch exakt zur gleichen Zeit geboren werden, auch ihre Sehnsucht nacheinander erwacht. Von dem Augenblick an suchen sie einander und ruhen nicht eher, bis sie sich gefunden haben. Dann tanzen sie den Tanz der Liebe. Die ganze Welt verneigt sich vor den beiden und Gott Horus lächelt ihnen zu. Wenn dies geschieht, erleuchtet sie des Gottes überirdische Kraft und sie sind auserwählt, gegen die Schlange Apophis, die Missionarin des Bösen, zu streiten. Ihr Leben lang. Und stirbt das Eine, so auch das Andere. Zur selben Zeit. Verschränkt als Eins in Ewigkeit. Doch Seth, der Gott des Chaos und Verderbens, sucht dieses Band zu zerstören. So jedenfalls erzählt es die Legende.

Der Meteor

Innerhalb weniger Tage war das Thermometer von erstaunlichen 18 auf eisige −5 Grad gefallen. Ab Mitte November war die Witterung abnormal mild gewesen. Starke Regenfälle hatten vielerorts zu Überschwemmungen geführt. Überhaupt hatte das Wetter beinahe das ganze Jahr über verrückt gespielt. Weder Meteorologie noch Bauernregeln wurden ihm Herr. Im April war es losgegangen: Der wärmste Monat seit 137 Jahren wurde gemessen. Minusgrade im Mai brachten nochmals Schnee bis in die Niederungen und verursachten massive Schäden in Obst- und Gemüseplantagen. Dann rollte eine wochenlange Hitzewelle durch den Hochsommer. Die Dürre griff mit ihrer trockenen Hand nach allem, was die Kälte überstanden hatte. Die Bauern waren gezwungen, per Hubschrauber Wasser ins Oberland und auf die Alpen fliegen zu lassen, damit Kühe und Geißen nicht verdursteten. Und was an Weizen, Gerste, Dinkel und Mais noch stand, wurde durch tornadoartige Stürme und Starkregen plattgemacht. Das Bundesamt für Landwirtschaft erhöhte notfallmäßig die Kontingente für die Einfuhr von Agrarerzeugnissen, um die Nahrungsmittelversorgung der Schweiz sicherzustellen.

Nun war der Jagisbach am Montag über sein Bett hinausgetreten. Er schoss neben der Kirche, die auf einem Hügel stand, vorbei ins Große Moos und das Wasser bildete eine ansehnliche, gefrorene Lache. Ganz zur Freude der Kinder und Jugendlichen, die im Schneegestöber Schlittschuh liefen.

Kurz bevor es Nacht wurde, tanzten die letzten Schneeflocken davon und die kalte Luft ermöglichte noch einen Blick nach Osten über die sich leicht senkende Moosebene. Bis hin zum rund sechs Kilometer entfernten Schwarzen Forst. Die verschneiten Baumwipfel des konisch aufsteigenden Wohleyberges waren knapp zu erkennen, wenn man die Augen zukniff. Trotz der tiefhängenden Wolken.

Die Dämmerung schlich heran und leerte das Eisfeld. Kirchensigrist Tobias Kupfernagel kontrollierte, dass die jungen Leute nichts liegen gelassen hatten. Mitten im Rundgang blieb er stehen, blickte zum Himmel Richtung Nordwesten, wie einer, den eine düstere Vorahnung quält. Ein Schwarm Krähen flog über ihn hinweg. Dann stieg der Kirchendiener seines Asthmas wegen langsam den Hügel hinauf in die Kirche.

Auf der Orgelempore zog der große, hagere Mann mit den eingefallenen Wangen einige Register, setzte sich gebückt an den Spieltisch, legte bedächtig seine Hände auf die Manuale und schloss die Augen. Kurz darauf hallte es durch das Mittelschiff. Spielend und singend schaute Kupfernagel zum Kirchenfenster hinaus und das Glas spiegelte seine Augen, in denen etwas Rätselhaftes lag:

»It's time for me to break away, from what I once had been. Through the years I felt and saw like every other man. What can I become? What will I find in me? …«

Dunkel ruhte das Dorf Cappellen mit seinem Weiler Hübeli auf einem malerischen Rücken der unteren Süßwassermolasse, den urzeitliche Flüsse vor fünfundzwanzig Millionen Jahren aus mitgerissenem Geröll der Westschweizer und Savoyer Alpen gebildet hatten. Kupfernagel lauschte dem letzten verklingenden Ton. Würde auch die Erde bald so verklingen durch die Hand der Menschen, die es als ihre Aufgabe ansahen, zu herrschen und nicht zu bewahren?

Die vordrängende Winternacht zündete erste Lichter an und wechselnde Schattenrisse in Fenstern zeugten von geschäftigem Treiben in den Häusern.

Donnerstag, 12. Dezember, 17:10 Uhr,
Cappellen, Weiler Hübeli

Die Kälte hatte in den letzten Tagen Eisblumen auf das Küchenfenster gemalt, die Anna mit einem Lächeln betrachtete, während sie ihre Balletttasche abstellte. Ihr Zeigefinger folgte den feinen Linien.

Am Küchentisch knetete Annas Mutter, Rhea, Teig für Mailänderli. Annas Lieblingsguetzli.

Das Küchenradio spielte leise Bachs »Kleines harmonisches Labyrinth«. Rhea zog die Augenbrauen hoch, stellte den Sendersuchlauf ein und es erklang »Mascagnis Intermezzo Sinfonico«. Sie drückte den Suchlauf nochmals und als der Beat von Wham! anklopfte, drehte sie das Radio lauter. Wie jedes Jahr. Und wie jedes Jahr stimmten beide ein. Mutter und Tochter liebten Weihnachtslieder und sie sangen »Last Christmas« mit, bis eine energische Männerstimme aus dem Radio drang:

»ACHTUNG, ACHTUNG! An alle Bewohnerinnen und Bewohner im Mittelland, ab morgen Mittag ist mit sehr heftigem Schneefall zu rechnen. Im Verlaufe des Nachmittags wird sich dieser zu einem starken Schneesturm entwickeln. Der meteorologische Wetterdienst geht davon aus, dass innerhalb kürzester Zeit weit über ein Meter Neuschnee fallen wird. Die Polizei bittet Sie deshalb, keine Fahrzeuge mehr zu benutzen, zu Hause zu bleiben und, da heftige Böen zu erwarten sind, ihr Haus zu verbarrikadieren. Der Wetterdienst wird Entwarnung geben, sobald das Unwetter weitergezogen ist.« Dann wandte sich der Radiosprecher an den bekannten Meteorologen Martino Staub: »Eine solche Wetterlage hat es seit den Aufzeichnungen ab dem Jahr 1864 noch nie gegeben … Was erwartet uns denn da?« Staub räusperte sich:

»Nun ja, zumindest bei uns nicht. Allerdings in Deutschland Ende 1978. Und aus den Erfahrungen von damals lässt sich sagen, dass wir uns auf das Schlimmste einstellen sollten. 28 Tote gab es 1978 während des viertägigen Sturms. Ein stabiles Hochdruckgebiet, von Nordwest her kommend, trifft auf ein außergewöhnlich großes südliches Tiefdruckgebiet mit sehr feuchten, instabilen Luftmassen. Dieses wird die arktische Luft geradezu aufsaugen. Das heißt ab morgen Mittag bricht, aus Nordwesten kommend, sehr kalte Polarluft über dem Mittelland ein. Wir erwarten in den nächsten Tagen zwischen Minus 18 bis Minus 20 Grad oder mehr, lassen Sie sich also von den steigenden Temperaturen morgen Vormittag nicht täuschen … und ja, durch die rasche Abkühlung der feuchten Luft wird orkanartig Schnee vom Himmel fallen, es handelt sich um den ersten Blizzard in der Schweiz,

so etwas kennt man sonst nur in Nordamerika und Skandi-
navien ...«

Der Sprecher unterbrach ihn:

»Sie redeten vorhin von 15 cm Schnee pro Stunde. Können
denn unsere Hausdächer diesen Schneemassen überhaupt
standhalten?«

Der Meteorloge beruhigte den Sprecher und damit wohl
auch die Hörer:

»Unsere Häuser sind grundsätzlich robust genug, um dieser
Menge Schnee Herr zu werden. Natürlich gibt es immer
Einzelfälle. Wichtig ist einfach, alles festbinden, genügend
Nahrungsmittel einkaufen, die Fensterläden schließen und
warten, bis es vorbei ist. Dann passiert niemandem etwas.«
Dann fuhr er jedoch fort: »Allerdings machen uns die
Wildtiere erhebliche Sorgen. Der Anfang Dezember gefal-
lene Schnee ist beinhart gefroren. Darauf kommt jetzt der
neue Schnee zum liegen. Die Tiere finden kaum noch Nah-
rung. Nach dem Blizzard gar nichts mehr. Morgen wollten
Behörden, Tierschutz und Schulklassen eine Fütterungsak-
tion im Schwarzen Forst durchführen. Daraus wird nun
vermutlich nichts. Aufgrund der kommenden Schneemen-
gen dürften die Tiere komplett isoliert werden. Es bahnt
sich eine Tragödie an. Viele werden wohl verhungern ...
Dazu kommt, dass der Wilderer noch immer umgeht, er
hat den Wildbestand erheblich dezimiert, seit zwölf Monaten schießt ...«

Rhea traten Tränen in die Augen, sie ging zum Radio und
stellte den Sender wieder um.

»Bad Moon Rising« von Creedence Clearwater Revival erklang. Sie drehte den Programmknopf weiter und Billy

Macks Song »Christmas is all around« ging gerade zu Ende. Ein neuer setzte ein. Zuerst ein Keyboard, dann Kastagnetten und schließlich Roger Hodgson, der davon erzählte, wie magisch ihm alles in seiner Jugend erschienen war.

Rhea und Annas Vater Heinrich liebten Oldies und auch Anna mochte sie, obwohl sie deutschen Hip-Hop, insbesondere die Rapperin Namika, vorzog.

Liebevoll sah sie ihre Mutter an, als sich diese die Tränen aus den Augen wischte, drückte ihr Gesicht gegen die Scheibe, legte ihre Hände wie Scheuklappen um ihre Augen und versuchte, durch die Schicht von Eiskristallen in die dunkle Nacht zu sehen.

»Mam, fallen die Sternschnuppen bald vom Himmel?«

Rhea, noch immer mit grüblerischem Gesichtsausdruck, streute Mehl auf den Küchentisch und schaute zu ihrer Tochter hinüber:

»Die ersten müsstest du jetzt schon sehen, Liebes. Im Radio sagten sie, sobald es dunkel werde, hagle es Geminiden im Minutentakt.« Dann nahm sie den gelb-glänzenden Teig aus der Schüssel und begann ihn auszuwallen.

»Ich kann aber gar nichts sehen, Mama, es ist viel zu dunkel!«, ulkte Anna. Ihre Mutter schmunzelte.

»Du musst die Blumen zum Schmelzen bringen, hauch sie an, dann kannst du hindurchblicken.« Natürlich war das Anna klar. Ihre Absicht war es gewesen, ihre Mutter auf andere Gedanken zu bringen.

Die junge Frau pustete, bis sie rote Backen bekam und das aufgetaute Wasser die Fensterscheiben hinunterlief. Draußen, in der dunklen, stillen Nacht, glitzerten die Sterne mit der Schneedecke um die Wette. Selbst dem Mond war es zu

kalt und es schien, als ob er sich mit den wenigen vorbei-
ziehenden Wolken bedecken wollte.

Angestrengt suchte Anna den Vorweihnachtshimmel ab.
Bückte sich, schaute abwechselnd durch die untersten
Scheiben, stellte sich dann auf die Zehenspitzen, um
durch die obersten zu spähen. Nichts.

»Hab Geduld, Anna. Wenn du Geduld hast, werden sie
kommen. Aber nur dann. Und denk daran, wenn du eine
entdeckst, hast du einen Wunsch frei. Aber denk auch daran,
mein Schatz, du darfst ihn *keinem* Menschen verraten. Das
ist ganz wichtig. Sonst wird er nicht in Erfüllung gehen!«

»Logo, Mam«, lachte diese und zwinkerte ihrer Mutter zu.
Das Auf und Ab am Fenster ging so wohl gut zehn Minuten weiter und Anna wollte schon enttäuscht aufgeben, als
es weit hinten über dem Schwarzen Forst aufblitzte.

Das weißliche Licht kam aus dem Nichts und blähte sich
rasend schnell auf, sodass die Wipfel der Tannen, ja der
ganze Forst und die schneebedeckten Felder, hell erleuchtet
wurden. Die Kugel raste auf Annas geweitete Augen zu,
über das Hausdach hinweg und ihr langer, feuriger Schweif
zuckte hinterher. Das Haus erzitterte ob der gewaltigen
Luftmasse, die der Meteor mit sich gerissen hatte.

Jäh wurde es still und mit der einsetzenden Stille erklang
das knallende Klirren einer berstenden Kugel, die vom
Weihnachtsbaum gefallen war. Dann ging das Licht aus.

Der Schock ließ bei Mutter und Tochter nur langsam nach.
Als aber der wieder einsetzende Strom die Küchenlampe
zum Leuchten brachte, huschte ein Lächeln über das Gesicht der jungen Frau und wurde zu einem Grinsen.

»Jetzt kann ich mir etwas Riesengroßes wünschen.«

Obwohl sie längst zu alt war, um daran zu glauben, dass Sternschnuppen Wünsche erfüllten, kam ihr dieser Komet doch wie ein Zeichen vor. Ihr Wunsch musste in Erfüllung gehen.

Es dauerte an diesem Abend noch eine geraume Weile, bevor sich Anna beruhigen sollte. Ihr Vater Heinrich, der erst spät von der Arbeit heimkehrte, brachte sie sogar zu Bett. Als er sie zugedeckt hatte, blieb er noch eine Weile sitzen und Anna erzählte ihm nochmals und mit Inbrunst, wie die riesige Sternschnuppe über das Haus gerast sei. Und grinsend, dass jetzt der größte Wunsch, den es je auf der Welt gegeben habe, in Erfüllung gehen werde. Aber leider könne sie ihm das Geheimnis nicht verraten. Was Heinrich durchaus verstand. Als Anna langsam die Augen zufielen, schlich Heinrich aus dem Zimmer und ließ die Türe einen Spalt offen stehen. Ganz wie in früheren Zeiten.

Anna lag noch lange wach. Wie wohl ihr Wunsch in Erfüllung gehen würde? Als Kater Django zu später Stunde zu ihr ins Bett schlich, deckte sie diesen halb zu und flüsterte ihm ihr Geheimnis ins Ohr. Und auch, dass nicht nur die eine riesige Sternschnuppe durch die Nacht gerast sei, sondern dass vielmehr eine ganze Familie, die Geminiden, jeden Dezember mit mehreren Hundert Kindern durch das All Richtung Erde flögen, um den Nachthimmel erstrahlen zu lassen. Und dass so, durch die vielen großen und kleinen erfüllten Wünsche, die Welt am Ende ein Stückchen besser würde. Anna stellte sich das gleißende, strahlende Licht der Geminidenfamilie und ihrer Sternschnuppen auf dem Weg durchs All zur Erde vor und schlief, mit dem Kater im Arm, darüber ein.

Im Hospiz zur Heimat, dem einzigen Landgasthof und Hotel in Cappellen, wechselte am frühen Abend die Türe zur Gaststube von einer Hand in die andere. Kein Platz war mehr frei. Stand einer auf, um zu gehen, setzte sich gleich der nächste hin. Ganz zur Freude von Wirt und Hotelier Paul Lüthy. Es wurde allerhand diskutiert, gejammert und politisiert.

Zu reden gab insbesondere der Wilderer, der seit Monaten Tiere im Naturschutzgebiet schoss und deren Kadaver einfach im Forst liegen ließ. Man spekulierte, ob es wohl ein Auswärtiger oder einer von Cappellen sei. Kirchensigrist Tobias Kupfernagel beendete das Thema und meinte, es gebe halt solche, die das Böse gut heißen und das Gute böse, in deren Köpfen Finsternis herrsche, weil ihr Licht erloschen sei, und bestellte er sich die nächste Grüne Fee.

Heiße Köpfe verursachte dann die weitere Diskussion um die Sondierungsbohrungen der NASRA im Großen Moos, die für den nächsten Sommer angesetzt waren. Das Nationale Syndikat für die Lagerung radioaktiver Abfälle plante die Erkundung des Untergrunds zur Klärung eines potenziellen Tiefenlagers. Die Bauern sprachen von Enteignung des Ackerlandes, Sanitärinstallateur Thomaso Kessler von der Unmöglichkeit eines Lagers aufgrund wasserführender Sandsteinschichten, Elektriker Karl Borer von 3 Millionen Jahren radioaktiver Atommüll-Strahlung. Aufgrund der geologischen Probleme habe weltweit noch kein Land ein Endlager in Betrieb nehmen können. Die Gefahren sehe man an den bis Anfang der 1980er im Atlantik versenkten 115 000 Tonnen Atommüll. Die Fässer würden nun rosten und Radioaktivität ins Meer entweichen. Nur Bauer Ulrich Merck war der Meinung, er würde sein Land der NASRA zur Verfügung stellen, da liege vermutlich ein Heidengeld drin. Die Leute am Stammtisch schüttelten den Kopf. Jonas Raphael, vom Wochenblatt »Der Ruf von Cappellen«, machte eifrig Notizen. Nach einer weiteren Runde Bier kamen alle, außer Merck, zum Schluss, man müsse sich wohl oder übel mit den Grünen, welche an Ostern eine Velodemo gegen die Bohrungen planten, zusammenschließen.

Der elegante Herr öffnete genau in dem Moment die Holztüre zur Gaststube, als der Meteor übers Hospiz schoss. Die Tische erzitterten. Die Biergläser kippten, als die Gäste hinauseilten und dabei den Ankömmling um ein Haar umgerannt hätten.

Nur Paul blieb an der Theke stehen. Er schätzte den Mann mit dem markanten Gesicht und dem nach hinten gekämmten, dunklen Haar auf Mitte dreißig. Italiener vermutlich. Hatte was von Cary Grant. Schick gekleidet. Der Gast trug einen schwarzen Wildledermantel mit Biberfell. Darunter einen dunkelgrauen Zweireiher. Hellblaues Hemd und blaue Seidenkrawatte. Und sogar Manschettenknöpfe. Rasch trat der Gentleman auf den Wirt hinter der Schenke zu, stellte den Aktenkoffer hin, streckte ihm die Hand entgegen und grüßte ihn in einwandfreiem Deutsch:

»Guten Abend Herr ... Lüthy, nicht wahr?«

»Grüessech Herr, ehm, ...« Paul schaute ins Gästebuch: »Ist jetzt der Nachname Alfonso oder Gabriele?«

Der Mann lächelte den Wirt an und antwortete:

20

»Gestatten, Gabriele, Alfonso Gabriele. Italienischer Staatsbürger. Ich arbeite für die Italienische Botschaft. Im Konsulat in Bern.«

Gabriele zog den Mantel aus, legte ihn gefaltet auf einen Stuhl, mit dem Label nach oben. Breoni. Eine Marke, die für Tradition und Geschichte stehe, war Gabrieles Meinung. Männergeschichte. Der Anzug eines Mannes, sage etwas über dessen Format und Charakterstärke aus, und Breoni sei eine Botschaft an den, der sie lesen könne. Ein richtiger Mann müsse eine gelassene und zeitlose Eleganz tragen, eine, die Leadership unterstreiche. Kleider von schwulen Designern seien etwas für Frauen, Weichlinge und Homosexuelle eben. Und Jeans gehörten ins Gartenhäuschen, vorausgesetzt, man habe keinen eigenen Gärtner, auch hätten Sneakers nur etwas in der Turnhallengardrobe zu suchen.

Signore Gabriele holte seinen Diplomatenpass aus dem Koffer, legte ihn auf die Theke und eine Karte mit Goldrand darauf.

»Und hier noch meine Visitenkarte.«

Paul zog seine Brille hervor, putzte sie kurz und warf anstandshalber einen Blick darauf:

ICE Istituto colossale per il Commercio Estero
Ufficio Commerciale dell'Ambasciata d'Italia
Vicedirettore Alfonso Gabriele
Elfinstraße 14 · 2999 Berno – CH
Tel.: 0041 (0)31 170 118 99 · Fax: 0041 (0)31 250 119 47
E-Mail: Alfonso.Gabriele@ice.it

Der Wirt sah anerkennend zu Gabriele auf: »Oha, ein Direktor!«

Es war das einzige Wort, das er auf der Karte lesen konnte.

»Ja, Vizedirektor der ICE. Wir sind für die internationale Entwicklung der Wirtschafts- und Handelsbeziehungen zuständig.«

»Ja«, meinte Paul, »über Wirtschaftsbeziehungen weiß ich auch bestens Bescheid.«

Gabriele setzte ein freundliches, distanziertes Lächeln auf, ohne über den Witz nachzudenken.

Paul hatte Gabriele erwartet. Sein Koch, Sebastiano Conosciuto, hatte ihn schon vor rund einem Monat stolz informiert, dass ihn sein Cousin, ein Diplomat der italienischen Botschaft, besuchen würde.

Nachdem Paul Lüthy das Anmeldeformular ausgefüllt hatte, nahm er den Zimmerschlüssel aus dem Fach und gab ihn Gabriele.

Als er dem Italiener die Koffer in den ersten Stock hochtragen wollte, winkte dieser ab. Ihm wäre lieber, wenn er Sebastiano dieses Rezept bringen würde. Er wünsche dieses Mahl nachher als Abendessen.

Paul öffnete das gefaltete Papier. Er war erstaunt, ja irritiert. Und neugierig. Warum brachte Gabriele seinem Cousin, einem italienischen Spitzenkoch, eine deutsche Anleitung für eine italienische Mahlzeit? Paul schüttelte den Kopf, als er las:

Zutaten für eine Person
1/4 EL Olivenöl
1/2 Knoblauchzehe, klein geschnitten
2 Kleinere frische Tomaten, klein geschnitten

90 g Tomatenmark

1/2 Salsiccia, gegrillt oder gebraten und geschnitten

60 Gramm in Öl gebratene italienische Frikadellen

1/4 EL Trockener Rotwein

1/4 EL Zucker

Zubereitung

1. Das Olivenöl bei mittlerer Temperatur in einem Topf erhitzen.

2. Die Knoblauchzehen beigeben und einige Minuten dünsten (nicht anbrennen lassen).

3. Die Tomaten und Tomatenmark beigeben und 5 Minuten unter ständigem Rühren kochen.

4. Die Salsiccia und die Frikadellen hinzugeben und gut umrühren.

5. Den Rotwein und den Zucker je nach Geschmack zugeben.

6. Den Herd auf kleine bis mittlere Temperatur stellen und mindestens 20 Minuten köcheln lassen. Des Öfteren umrühren.

Paul zuckte mit den Schultern und brachte alles zu Conosciuto. Es nahm ihn Wunder, was dieser dazu sagen würde. Der kleine, glatzköpfige Koch mit der großen Nase strich die Hände an der Küchenschürze ab, die sein Bäuchlein kaschierte und warf einen Blick auf den Zettel. Dann lachte er lauthals:

»Mein Cousin hält sich wohl für Don Vito Corleone.« Dann eilte er, immer noch lachend, an den Herd zurück. »Aber das wäre eine Nummer zu groß für ihn.«

Rund um die Welt

Der Prolog der Oper »La Calisto« drang aus Andrej Pushkas Büro, das sich in der hintersten Reihe einiger ehemaliger Fabrikhallen des Autowerkes Sawod imeni Stalina befand. In der Sowjetzeit hatte es ausschließlich Limousinen für die oberste Elite des Staates produziert.

Nach dem Zusammenbruch der Sowjetunion wurde die Autofabrik geschlossen und die Organisation hatte sie zu Tarnzwecken aus der Konkursmasse rausgelöst. Für ein Butterbrot. Die meisten Gebäude waren abgerissen worden. Auf dem 3 Hektar großen Werkareal entstanden Büros, Wohnungen, ein Krankenhaus der GAZPROM, ein Produktionszentrum für Duschtüren, ein Kunstzentrum … In einem Gebäudetrakt hatte sich sogar der Fußballklub Torpedo Moskau eingemietet.

Nur in der Fabrikhalle Nummer 6 wurden nach wie vor klassische SIS-Limousinen hergestellt. Allerdings nur auf Bestellung. Als Verkaufsdirektor war Pushka höchstpersönlich dafür zuständig, dass die Fertigstellung des neuen präsidialen Staatswagens zum Ende des nächsten Jahres klappte. Dem Präsidenten der Russischen Föderation war es zuwider, in einem Mercedes-Benz kutschiert zu werden. Einer westlichen Karosse.

In der letzten halben Stunde hatte Pushka deswegen einige

Telefonate erledigt. Natürlich hatte er gedroht. Das konnte er gut. Drohungen wahr werden lassen ebenso. Diese Fähigkeiten waren an der Russischen Militärakademie verfeinert worden. Im Tschetschenienkrieg hatte er es durch sein nicht zimperliches Vorgehen zum Obersten gebracht. Auch diesmal hatte es gefruchtet. Aus dem »Unmöglich« eines Herstellers war eine feste Zusage geworden.

Schlimmer als der Unmut des Präsidenten, sollte sich die Fertigstellung erneut verzögern, wäre der Unmut Seths, seines Vorgesetzten bei der Organisation. Dieser legte Wert auf ausgezeichnete Beziehungen zum Kreml. Ein Versagen könnte zu einer Degradierung im Ranking führen. Pushka stieß schnaubend den Atem aus der Nase. Er war Senior Vice President Asien, die Nr. 3 der Welt! Er hatte anderes zu tun, als Lappalien zu managen. Es gab Probleme mit den 30 Grjasew-Schipunow Maschinenkanonen für die angolesischen MiG-21-Kampfflieger. Verschleißerscheinungen bei den Kanonenrohren. Doch er, Andrej Pushka, hatte seine Beziehungen spielen lassen. Die eidgenössische Rüstungsanstalt HAB, die Helvetica Arma Bellica, würde dieses Problem für ihn lösen. Ihm konnte niemand etwas vormachen. Er war der Seelsorger der Waffenlobby, der Weltmeister des illegalen Waffenhandels.

Pushka dachte ans Essen. Italienisch. La Jar Grigori. Das beste Restaurant in Moskau. Eine der ersten Adressen für die 77 Milliardäre der Stadt. Natürlich auch für die 100 000 Millionäre. Mindestens einmal in der Woche war er dort. Manchmal in weiblicher Begleitung. Dann deutlich jünger und schöner als er.

Aus einem Salon erklang Zigeunermusik und es roch nach Weißem Trüffel, frischer Pasta und heißem Olivenöl, als er an diesem Abend zu seinem Tisch schritt. Italienische Woche. Pushka neigte seinen Kopf – fettige Haare fielen links und rechts des Mittelscheitels in Strähnen nach unten – und strich sich über seinen langen, krausen Vollbart. Ein vorbeieilender Kellner bekreuzigte sich verstohlen. Pushkas tiefliegende, stechenden Augen geisterten über »Il menu.« Wenn es ums Trinken und Essen ging, entschied er sich nur für das Beste. Zum Aperitif ließ sich Pushka eine Flasche Henriques & Henriques Sercial 1971 bringen.

Als die Gänge kamen, schnupperte er intensiv an jedem. Das Essen war vorzüglich.

Gerade als er das Dessert beendet hatte, setzte sich Restaurantmanager Eduard Damke an seinen Tisch und schob ihm einen Zettel zu.

»Andrej, es ist für mich immer eine Ehre und Freude, wenn du uns besuchst. Ich habe erst gestern ein außergewöhnliches Rezept aus der Schweiz erhalten. Ich dachte, du möchtest es vielleicht einmal selbst ausprobieren.«

Die unsicheren Blicke der anderen Gäste nahm Pushka unbewegt zur Kenntnis, als er das Rezept einsteckte.

Donnerstag, 12. Dezember, 18:00 Uhr,
USA, New York, Brooklyn, Southwest Street

Das schmale, einstöckige und hundertjährige Haus aus rotem Backstein lag direkt neben dem Prospect Park, auf dessen Gelände im Jahre 1776 in der größten Schlacht des Unabhängigkeitskrieges Hunderte Soldaten ihr Leben gelassen hatten.

Davies Paille fragte sich zum wiederholten Mal, ob es irgendetwas geben konnte, das es wert war, das Leben anderer dafür zu opfern, wie Könige und Regierungschefs es seit Jahrtausenden taten. Das eigene Leben? Ja, es gab höhere Ziele, die das rechtfertigten. Aber das von anderen? Davies schüttelte den Kopf.

Als er sich auf seine Baumwollmatte setzte, war er gänzlich im Hier und Jetzt. Sein Körper fühlte sich wohl, Freude stieg in ihm auf und achtsam atmete er ein und aus. Er war sich seiner Augen, Ohren, seiner Nase und Zunge, überhaupt seines Körpers und seines Geistes vollkommen bewusst. Davies folgte seinem Atem tiefer hinab. Ein stiller Frieden schritt auf ihn zu, umarmte ihn. Glück und Schmerz lösten sich hinter ihm auf. Im Zustand der absoluten Leere manifestierten sich unzählige andere Wesen. Menschen, Tiere, Moose, Gräser, Steine und sogar Mineralien. Er war alle und alle waren er. Alles wurde Eins und Eins wurde Alles. Vergangenheit, Gegenwart und Zukunft. Er sah die Entstehung und Zerstörung Tausender Sterne und Welten. Wie zahllose Lebewesen durch zahllose Geburten und Tode hindurchgingen. Er fühlte ihre Freuden und ihre Leiden. Ihm wurde offenbart, dass Verstehen und Liebe eins waren. Und beides zu Achtsamkeit, richtigem Denken, Reden und Handeln führte. Wesen stiegen in ihm auf, die litten, weil sie nicht wussten und verstanden, dass sie mit allen anderen verbunden und abhängig von ihnen waren. Eine Unwissenheit aus der Angst, Zweifel und Eifersucht, Überheblichkeit, aber auch Zorn und Gier entstanden.

Eine erste, spontane Erkenntnis der Wirklichkeit hatte Davies vor 150 Jahren gewonnen. Infolge einer Prüfung in einer Höhle in der Schweiz. Diese Erfahrung brachte ihm erste Ruhe. Danach vertiefte er seine Einsicht über Jahrzehnte hinweg meditativ und geduldig bis zu seiner Selbstvollendung. Bis zur totalen, beständigen Erleuchtung.

In langen Jahren kämpfte er an vielen Fronten für das Gute. Zuletzt als Rechtsanwalt. Dann gab er diesen Beruf auf. Nicht, dass ihm der Kampf für die Rechte von Diskriminierten gleichgültig geworden wäre. Nur welchen Wert hatte es, Menschen vor Gericht zu vertreten, wenn die Menschheit sich selbst durch ihre falsche Weltanschauung, ihre kriminellen Machenschaften und insbesondere durch ihren zerstörerischen Umgang mit der Erde in den Untergang führte?

Am Tag als er seine Kanzleiräume kündigte, war ein letzter Klient bei ihm aufgetaucht. Charly. New York hatte die Errichtung einer Dekompostierungsanlage als unwirtschaftlich und zu teuer abgelehnt. Obwohl von den 10 500 Tonnen Müll, die in New York täglich anfielen, rund 3200 für eine Dekompostierung geeignet waren. Charly hatte ihm erklärt, dass weltweit jährlich 1,3 Milliarden Tonnen Abfall produziert wurden, Tendenz steigend. Mehr als 40 % davon wanderten auf nichtüberwachte oder illegale Deponien. Schädliche Abfallstoffe wurden ausgeschwemmt, liefen in Flüsse und Meere, versickerten im Grundwasser oder wurden vom Wind verweht. Mit Müll verstopfte Abflüsse führten zu Überschwemmungen. Und die Abfalldeponien gaben – nebst dem Treibhausgas Methan – giftige Gase wie Schwefelwasserstoff, halogenierte Kohlenwasserstoffe wie Vinylchlorid und Stickstoffmonoxid in die Atmosphäre ab, die zu Krebs und weiteren Krankheiten führten. Nur 30 % des amerikanischen Mülls wurden recycelt.

Davies nahm den Fall nicht an. Er hatte genug von Kämpfen, die auf dem Papier ausgefochten wurden. Kämpfe, die sich jahrelang hinzogen und deren Siege sich letzten Endes zu oft unlautere Prozessgegner erkauften. Stattdessen ging er bei Charly in die Lehre. Er wollte etwas Praktisches gegen die Umweltzerstörung tun. Etwas Greifbares, etwas rasch Wirksames, etwas, das Hebel- und Signalwirkung hatte. – Innerhalb weniger Jahre baute Davies die größte Kompostanlage der USA auf, die ohne schweres Gerät, nur mit menschlicher Arbeitskraft und Sonnenenergie betrieben wurde. Sein langfristiges Ziel waren autarke Städte, die in engen Netzwerken kleiner kommunaler Kompostanlagen organisches Material nachhaltig rezyklierten. Nachbarn, die gemeinsam ihre Lebensmittelabfälle von Hand kompostierten. Davies war überzeugt, dass lediglich Unwissenheit um die Gefährlichkeit und Entsorgung des Abfalls zu der enormen Müllerzeugung führte. Und dass die Menschen ihr Verhalten ändern würden, wüssten sie nur über alles Bescheid. Aufklärung tue Not. Davies klärte sie auf. Natürlich war das gewissen Leuten ein Dorn im Auge. Denen, die mit der Müllentsorgung eine horrende Menge Geld verdienten. Jetzt war er derjenige, der mit Klagen überzogen wurde, wegen angeblicher Mängel im Bau, Verstößen gegen das Arbeitsrecht und anderen unhaltbaren Vorwänden.

Davies saß aufrecht auf seiner Matte, seine Bauchdecke hob

und senkte sich, er atmete tief und regelmäßig. Der Strom der Lebensenergie floss durch ihn, nahm ihn mit, tiefer und tiefer hinunter, zum Wesen allen Seins. Er erkannte, dass Geburt und Sterben nur äußere Erscheinungen waren und nicht wahre Wirklichkeiten. So wie sich unaufhörlich Millionen Wellen und Tropfen auf der Oberfläche des Meeres bildeten und wieder zusammenfielen, währenddem das Meer selbst über jegliches Entstehen und Vergehen erhaben war. Dann erlosch jede Wahrnehmung, jede Vorstellung und jedes Gefühl in ihm.

Freitag, 13. Dezember, 6:15 Uhr,
Cappellen, Weiler Hübeli

Der Radiowecker plärrte pünktlich los und weckte Rhea und Heinrich mit:
»I'll be home for Christmas …«
Danach kam eine Meldung der Kantonspolizei: »Seit einigen Monaten fallen im Wildschutzgebiet Schwarzer Forst immer wieder Tiere einem Wilderer zum Opfer. Signalement des Unbekannten: Männlich, ca. 185 bis 190 cm groß, braune Haare, Drei-Tage-Bart, Brillenträger und leicht untersetzt. Der Täter fährt einen älteren gelben Kombi der Marke Opel Kadett. Vorsicht, der Täter ist aggressiv und bewaffnet. Er scheut sich nicht, in Richtung von Passanten zu schießen, falls er gestört wird. Für Hinweise setzt die Polizei eine Belohnung von 2000 Schweizer Franken aus. Meldungen auf dem Polizeiposten Cappellen oder an jeder …«

»Ich wünschte, sie würden ihn endlich erwischen«, sagte Heinrich. »So ein Saukerl.«

Doch an diesem Morgen hatte Rhea andere Sorgen als den Wilderer.

»Komm bitte heute nicht zu spät nach Hause. Es soll sehr viel Schnee geben am Nachmittag und gegen Abend.«

Auch Anna nahm sie das Versprechen ab, nach der Schule ohne Umwege nach Hause zu kommen.

Die Temperatur war erstaunlicherweise über Nacht auf + 7 Grad geklettert. Es hatte in den frühen Morgenstunden geschneit und der matschige Schnee lag wie Schmierseife auf der alten, noch gefrorenen Schneefläche des Gehsteigs. Anna holte Anlauf und glitt wie der Silver Surfer auf seinem Sky Board. Um ein Haar wäre sie dabei an der Schulhausecke in ihre Freundin Melanie gesegelt, die gerade aus dem Auto ihrer Mutter stieg. Gemeinsam betraten sie das Gebäude. Im Schulhausgang kreuzten sie Leon aus der Parallelklasse, der mit ein paar Kumpels diskutierte. Anna schaute ihn verstohlen an. Doch wie immer schien Leon diesen Blick zu bemerken. Auch Melanie bemerkte es und flüsterte Anna kichernd zu: »Ich habe gehört, Leon sucht eine Nachhilfe. Darin bist du ja gut. Soll ich ihn fragen?«

Anna packte sie am Arm und zerrte sie an Leon vorbei. »Das lässt du schön bleiben!«

An diesem Vormittag ließ sich kein Lehrer die Gelegenheit entgehen, die riesige Sternschnuppe der letzten Nacht zum Thema des Tages zu machen. In der Doppelstunde NMG (Natur, Mensch, Gesellschaft) dozierte Herr Guggisberg: »… die Geminiden hat man erstmals im Jahre 1880 gesichtet, sie stammen wohl von dem Asteroiden 3200 Phaeton, der auf einer elliptischen Bahn um die Sonne kreist. Der Name des Asteroids wurde vom Sohn des griechischen Gottes Helios entlehnt. Auf der 5,1 Kilometer durchmessenden Kugel kommt es gelegentlich zu Ausbrüchen, bei denen kleine Partikel frei werden, die dann durchs All fliegen und mit 122 000 km/h in die Atmosphäre eintauchen …«

Normalerweise war NMG Annas Lieblingsfach, aber nach kurzer Zeit kribbelten ihre Beine und Arme derart, dass sie kaum noch stillsitzen konnte. Die junge Frau wurde oft nervös, wenn sie länger gelernt hatte und sich dann noch auf eine komplexe Aufgabe konzentrieren musste. Ebenso wurde sie unruhig, wenn ein Lehrer den Stoff trocken vermittelte oder kontextlose Fakten ans Smartboard schmierte. Ohne Bezug zum Weltgeschehen oder zum Leben im weitesten Sinne. Für sie war tote Materie ein Gräuel. Und sinnlos.

Ihre junge Klassenlehrerin Denise Weaver griff das Thema dagegen spielerisch auf. So flogen alle Schüler in Annas Klasse als Geminiden-Familie durch das zum Weltall umfunktionierte Klassenzimmer auf das Dorf Cappellen zu. Da Anna als einzige der Klasse beinahe die gesamte Flugbahn des Kometen verfolgt hatte, durfte sie – ausstaffiert mit mehreren Knicklichtern – diese nachahmen.

Am Ende der Stunde hielt Frau Weaver sie zurück:

»Anna, der Ballettkurs fällt wegen dem Sturm aus. Reichen dir die drei Proben vor der Aufführung von Schwanensee? Wir können Odettes Solo auch extra üben.«

Anna rief sich die Figuren vor Augen. Diese Grazie, diese Leichtigkeit, die Ballett bedeutete. Es war wie Meditation, wenn sie im Tanz versank.

»Danke, aber um das Solo mache ich mir keine Sorgen. Ich

finde es schwieriger, mich in Odettes Widerpart Odile hineinzuversetzen. Warum trachtet jemand danach, das Leben eines anderen zu zerstören?«

Frau Weaver lächelte.

»Du gehörst glücklicherweise zu den Menschen, die das wohl nie nachvollziehen werden können.«

Die Sternschnuppe war natürlich auch DAS Thema auf dem Pausenplatz. Es wurde spekuliert, dramatisiert und übertrieben. Vor allem die Jungs prahlten mit ihrem angeblichen Mut, wie sie rausgerannt seien und die Sternschnuppe verfolgt hätten, um das glühende Loch zu finden, das es beim Aufprall gegeben hätte, wäre der Meteor nicht plötzlich am Horizont verschwunden. Doch als Anna spöttisch nachfragte, in welcher Himmelsrichtung denn die Sternschnuppe verschwunden sei, schauten einige betreten weg und der Rest verlegen aus der Wäsche, mussten ganz plötzlich auf die Toilette oder sonst noch was Dringendes vor Ende der Pause erledigen.

Nur Hagen, der die Parallelklasse besuchte und neben Anna wohnte, blieb stehen, schaute sie trotzig an und meinte gestelzt: »Mein Vater konstatiert, das sei gar keine Sternschnuppe, sondern ein Geschoss der Armee gewesen. Das Militär habe es bei einer Übung im Schwarzen Forst abgeschossen. Aus einer geheimen Militäranlage. Sowas wie die Area 51 in den USA. Für eine Sternschnuppe sei das Objekt viel zu flach geflogen. Wenn es wirklich ein Meteorit gewesen wäre, hätte die Sternschnuppe kurz hinter dem Dorf einschlagen müssen. Mein Vater weiß da genau Bescheid, sein bester Freund ist Leutnant bei der Fliegerabwehr.«

Anna prustete: »Das glaubst du ja selbst nicht, ... dein Vater hat dich auf den Arm genommen.«

Hagen wurde weiß im Gesicht.

»Du hast keine Ahnung, aber gar keine, von gar nichts hast du eine Ahnung! Ich werde es dir beweisen. Heute Nachmittag um eins. Bei der alten Scheune auf dem Feld im Großen Moos. Wenn du kein Feigling bist, kommst du. Von jemandem wie dir lasse ich mich nicht einen Lügner nennen!«

Meli wartete nach Schulschluss bereits vor dem Tor auf Anna. Es schneite nur leicht, aber es war deutlich kälter geworden. Ein zügiger Wind ging. Die beiden zogen die Kapuzen ihrer Parkas über die Köpfe und liefen rasch los.

Als sie beim Hospiz zur Heimat vorbeikamen, segelte ihnen ein Blatt Papier vor die Füße. Anna hob es auf und schaute an der Schindelfassade hoch. Im ersten Stock fluchte jemand und die rauchende Silhouette eines Mannes verschwand aus dem Fensterrahmen.

Meli lugte über ihre Schulter.

»Das ist ein Fax. Wer benutzt heute denn noch so was?«

Anna zuckte die Schultern und las sich das Rezept durch, das darauf stand. Ein italienisches, wie es schien. Eine E-Mail-Adresse war von Hand hinzugefügt.

»Ich gebe es eben drinnen ab«, sagte sie, faltete das Papier und sprang die drei Stufen zum Hospiz hinauf.

Ihre Augen brauchten einen Moment, um sich an das dämmrige Licht in der Gaststube zu gewöhnen.

»Ich glaube, du hast da etwas, das mir gehört.«

Ein Mann in einem noblen Anzug streckte Anna lächelnd die Hand entgegen.

»Vielen Dank, dass du es für mich gerettet hast. Darf ich dich nach deinem Namen fragen?«

Trotz des freundlichen Tons beschlich Anna ein mulmiges

Gefühl und schlagartig begann ihr Kopf zu schmerzen. Sie zwang sich zu einem Lächeln.

»Anna.«

»Ein hübscher Name. Auf dem Heimweg von der Schule?« Anna nickte und wandte sich zum Gehen. An der Türe drehte sie sich noch einmal um. Der Mann sah ihr mit schmalen Augen hinterher, während er das Fax in den Händen drehte.

Auf der langen Geraden Richtung Hübeli verzichteten Anna und Melanie auf das übliche Vergnügen, mit ihren Schuhen über den neuen Schnee zu gleiten. Zu kalt war es geworden. Sie mochten deshalb ihre Hände, trotz Handschuhen, nicht aus den Manteltaschen nehmen. Anna ging der Mann aus dem Hospiz nicht aus dem Sinn. Noch nie hatte der Kontakt mit einem Menschen einen solchen Druck in ihrem Kopf ausgelöst. Dieser Italiener verkörperte etwas Unheimliches, etwas Böses, das hatte sie gespürt. Beim Verlassen der Gaststube war dann auch sofort der Kopfschmerz verschwunden. Egal, sie würde ihm nie wieder begegnen. Sie zwang sich, an etwas anderes zu denken und schaute Melanie von der Seite her an.

»Stell dir vor, Meli, Hagen glaubt, dass die Sternschnuppe eine Art Bombe oder so was vom Militär gewesen sein soll. Um eins soll ich zur Scheune kommen, dann will er mit mir in den Forst und es beweisen.«

»Du gehst doch nicht etwa hin?« Melanies Augen weiteten sich und sie warf einen Blick auf die tiefgrauen Wolken, deren Bäuche beinahe die Baumwipfel streiften. »Du weißt doch, heute Nachmittag kommt dieses Monster von Schneesturm!«

»Natürlich gehe ich nicht hin. Das mit dem Treffen hat der sowieso nicht ernst gemeint. Dafür hat der zu wenig Mumm. Der war nur beleidigt.«

Melanie atmete auf.

»Der ist eh doof. Wir sehn uns morgen auf dem Schulweg, falls wir nicht eingeschneit werden.«

Wie zur Bestätigung segelten die ersten Schneeflocken vom Himmel und Anna verschwand schnell im Haus. Rhea wartete bereits auf sie.

»Hör mal, mein Schatz, ich fahre um eins ins Einkaufszentrum. Gestern ist der ganze Christbaumschmuck zerbrochen, als der Meteor über das Haus gerast ist. Willst du mit?«

»Lieber nicht, ich möchte noch etwas in meinem neuen Buch lesen. Es ist spannend.«

Ihre Mutter wuschelte ihr durchs Haar und lachte.

»Wie kann man Platon spannend finden?« Dann wurde sie ernster. »Wenn der Sturm zunimmt, dann mach bitte alle Fensterläden zu und pass auf, dass Django das Haus nicht mehr verlässt, ok?«

Freitag, 11. Dezember, 0:16 Uhr, New York, Manhattan, Hyatt Herald Square, 30 West 31ˢᵗ Street, 15. Stock, Zimmer 1502

Sie blickte den Tower des Empire State Buildings hoch. In dieser Nacht leuchteten der Metallmast und die beiden obersten, zurückversetzten Gebäudeteile nur rot. Blutrot. Rot wie die Liebe, hätte man sagen können. Sentimentaler

Quatsch, hätte sie gesagt. Gefühle seien etwas für Schwäch-
linge und Looser. Manche Manager, die sie hinter sich gelassen hatte, waren der Ansicht, sie würde über Leichen gehen. Auch das war ihr egal. Es gab nur einen Weg. Und der
führte nach oben. So auch jetzt bei der Gazzo Valde Oil &
Mining Trust Company, ein Konzern, der von der Organisation gegen den Willen des früheren Managements und
der Belegschaft übernommen worden war. Zehntausende
verloren danach ihren Job. Einige nahmen sich ihr Leben.
Sie warf ihr blondes langes Haar in den Nacken. Sie wusste,
dass sie sehr gut aussah und sie achtete sorgfältig darauf,
dass das so blieb. Doch das war nicht ihre einzige Waffe,
wenn es darum ging, etwas zu erreichen. Ihr war jedes Mittel recht. Wirklich jedes.
Jim Morrison forderte sie aus dem anderen Hotelzimmer
auf, sich anzuschauen, was wir der Welt angetan hätten.
Rivulet hob die linke Augenbraue. Sie fand Musik etwa
gleich nützlich wie Stützstrümpfe. Verächtlich atmete sie
aus und drückte ihren Daumen auf den Abdrucksensor ihres Smartphones. News. Das Fenster des News Tickers der
Financial Times poppte auf. Headline: 137 stocks hit fresh
52-week lows on NSE. An der New Yorker Stock Ex-
change, der größten Wertpapierbörse der Welt, hatte sie
das meiste Geld angelegt. Sie hielt nichts von gemischten
Portfolios zur Risikoabsicherung. Und diesen Knick konnte sie verkraften. Trotzdem ärgerte sie sich. Sie warf das
Smartphone auf einen der Koffer, die auf dem Bett lagen.
Das Zimmertelefon läutete. Unwirsch nahm sie ab. Sie hatte auf etwas anderes gewartet.
»Ja, was ist?«

»Miss Rivulet, Liv Rivulet?«

»Machen Sie es kurz, um was geht es?«

Kyle, der Night Manager, antwortete höflich:

»Ich erlaube mir nur anzufragen, ob das Zimmer zu ihrer Zufriedenheit ...« Der Director kam nicht weiter. Rivulet schnauzte ein »Yes« in den Hörer und hängte auf.

Ihr primäres Geschäft waren Verhandlungen. Schwierige Verhandlungen mit schwierigen Verhandlungspartnern. Die letzten Wochen waren hart gewesen. Hart für die anderen, nicht für sie. Ihr eben erledigter Auftrag, die Geschichte in Valosio, hatte für die US Administration ein befriedigendes Ende gefunden. Kein Mensch wollte und brauchte einen geschützten Naturpark. Und wegen den paar ollen Indianerrelikten auf dem verdorrten Gelände und den wenigen dort noch lebenden Indianern machte sich auch kein Mensch einen Kopf. Und dennoch regte sich Widerstand gegen die massive Verkleinerung des Nationalparks. Widerstand einer Minderheit zwar, aber einer, die dem amerikanischen Präsidenten gefährlich werden konnte, wenn man die Nörgler nicht mundtot machte. Als Erstes hatte sie einige Public-Relations-Kampagnen lanciert: Amtsmissbrauch und Landraub durch den vormaligen Präsidenten, Statements von führenden Wirtschaftsweisen zur Nicht-Schutzwürdigkeit der Altertümer. Und zum wirtschaftlichen Potenzial, zu den Bodenschätzen des Parks, der Schaffung neuer Arbeitsplätze, dem Aufschwung der Region usw. Der Protest in gewissen Bevölkerungskreisen flaute ab. Einige Indianerstämme, Hopi, Zuñi, Navajo etc., hopsten irgendwo einen Protesttanz. Weitere Demonstranten gesellten sich zu ihnen. Rivulet organisierte Gegendemonstrationen für den Präsidenten.

Dann ließ sie Fake News und manipulierte Reportagen verbreiten. Bestechung der Redaktionen, Zeitungen, Radios, TV-Stationen. Umweltverbände und die Indianerstämme drohten, das amerikanische Oberhaupt vor Gericht zu ziehen. Dem war das egal, der wollte den Millionen Quadratkilometer großen Nationalpark wirtschaftlichen Interessen zugänglich machen. Das Bureau of Land Management würde den Park zerstückeln und die einzelnen Gebiete an die Öl- und Gasförderungskonzerne verpachten. Gazzo Valde würde den Löwenanteil erhalten. Und sie, Liv Rivulet, Head of Special Services, würde auch nicht zu kurz kommen. Sie lächelte zynisch. Was scherten sie heilige Indianerländer, Petroglyphen, Steindörfer, Landdenkmäler, Biodiversität, Fossilien und so ein Scheiß? Nichts. Sie hatte das Problem gelöst, auch wenn sie dazu die Hilfe einiger Partner in Anspruch hatte nehmen müssen. Es flossen Geld und Blut. Der Präsident konnte den Erlass unterzeichnen. Klage wurde nicht eingereicht. Das Weiße Haus ließ ihr seinen persönlichen Dank ausrichten. Das erfüllte sie mit einem gewissen Stolz.

Vor kurzem wurde ihr mitgeteilt, der Präsident habe ein Problem mit jemandem, der zu viel Lärm mache. Die Angelegenheit sei delikat, da es sich um eine bekannte Persönlichkeit handle. Man werde sich melden.

Ein Ping kündigte eine E-Mail auf ihrem Smartphone an. Rivulet las die kurze Zeile mit den Zahlen:

AS1.AMN2/1408/1230/1412/47.367301/8.539358/.

Dann bestellte sie einen Bellman, der ihr Gepäck in die Lobby bringen sollte. Der Fahrer der Organisation wartete bereits auf sie.

32 Grad. Wolkenloser Himmel. Verkniffen betrachtete der buddhistische Abt Phuu Asara des Klosters Aadhamm das Fax in seiner Hand. Es bedeutete Stress und Aufregung. Dinge, die er hasste.

Der klimatisierte Toyota kam vor dem Eingang des Kan Taw Mingalar Garden zum Stillstand. Er bedeutete seinem Chauffeur zu warten und schlenderte am See entlang. Der Pavillon auf der künstlich angelegten Insel war leer. Er würde der Erste sein. Das war gut so.

Der Park mit seinen großen Rasenflächen, Palmen, Kasuarinen, Kautschuk- und Hibiskusbäumen und den kleinen Seen war bei der einheimischen Bevölkerung beliebt. Viele lächelten ihm im Vorbeigehen zu. Ein Junge drückte ihm Geld in die Hand. Zum Zeichen, dass er das Almosen annahm, schlug er ihm mehrmals sanft mit dem Schein auf den Kopf und intonierte einen kurzen Singsang.

Er ging über die Fußgängerbrücke und setzte sich in den offenen buddhistischen Säulen-Pavillon. Der frühere, mehrstufige asiatische Pavillon hatte ihm besser gefallen. Aber im Grunde war es egal, denn aus seiner Sicht diente Religion nur einem Zweck: Um die Naiven, die an Buddha, Jesus, Mohammed oder Vishnu glaubten, um ihr Geld zu bringen.

Als der Kopf seines Amtskollegen Ihu Moneaus, Abt des Klosters Maungdaw, über dem Brückenbogen auftauchte, stand er auf und kam ihm entgegen. Asara und er umarmten sich herzlich.

Ihu führte seit Jahren einen erbarmungslosen Krieg gegen die Minderheit der Rohingya in Rakhine. Westliche Zeitungen nannten ihn »Birmas Bin Laden«. Er nutzte nicht nur Predigten und soziale Medien, um die Bevölkerung und das Militär gegen die staaten- und rechtlosen Rohingya aufzuwiegeln. Ein Bericht von Amnesty Worldwide dokumentierte eine Vielzahl von Verbrechen gegen die Muslime, die das Militär verübt hatte und hinter denen Ihu steckte: Vertreibungen, Verschleppungen, Folter, Vergewaltigungen und sexuelle Nötigung. Moscheen wurden niedergebrannt. Seit einiger Zeit verfolgte er eine neue Strategie. »Unkrautvertilger« nannte er die Droge Yaba, mit der er Kinder und Jugendliche, aber auch Erwachsene der Rohingya süchtig machte.

Freitag, 13. Dezember, 9:08 Uhr,
Cappellen, Hospiz zur Heimat

Vicedirettore Gabriele ging in seinem Zimmer hin und her. Ein dilettantischer Fehler, dass ihm das Fax aus dem Fenster geweht war. Sein Blick fiel auf die halbvolle Zigarettenschachtel. Kopfschüttelnd zerknüllte er sie und warf sie in den Mülleimer.

Er hatte versucht, mit Partner Nr. 2 der Schweiz Kontakt aufzunehmen, aber noch keine Antwort erhalten. Als er gerade seinen Laptop ausschalten wollte, kam ein Fax von Seth, dem Boss der Bosse, an. In der Mitteilung stand:

WW1.AS1.AUS1.AMN1.AMS1.AFR1.CH1.CH2.AMN2.AS7./BC/1230/1512/46.955691/7.337825/.

Nachdem er es decodiert hatte, schaute er verblüfft auf. Jetzt musste er erst recht in Cappellen bleiben. Er ging in die Gaststube und fragte Paul Lüthy, ob er das Zimmer zwei weitere Nächte behalten könne.

Noch an der Rezeption klingelte sein Handy. Nummer 2. Er fragte als Erstes:

»Glauben Sie wirklich, dass sich das Mädchen die E-Mail-Adresse gemerkt hat?«

»Sie wissen, wie der Umgang mit solchen Problemen aussieht«, erwiderte Alfonso Gabriele, »zudem ist da ja noch das Rezept. Wer sagt, dass sie es nicht mit ihrem Handy fotografiert hat?«

»Das erscheint mir sehr unwahrscheinlich. Und es war ja nur eine temporäre Adresse, die mittlerweile nicht mehr existiert. Ich glaube, man kann mal eine Ausnahme …«

»Nein«, unterbrach ihn Gabriele in scharfem Ton, »Policies müssen eingehalten werden. Haben Sie ein Problem damit?«

Nummer 2 schluckte.

»Nein, nein, durchaus nicht. Natürlich bin ich Ihrer Meinung. Ich dachte nur, man sollte nicht zu viel Aufsehen erregen. Aber Sie haben recht. Die Geschichte wird umgehend erledigt. Ich sende eine verschlüsselte E-Mail an den Jäger.«

»Gut. Geben Sie mir Bescheid. Apropos, ist der Frachtführer schon in Berno eingetroffen?«

»Er müsste eigentlich, ist es aber nicht. Das letzte ›Fracht OK‹ kam nach Überquerung der Schweizer Grenze, vom Colle del Gran San Bernardo. Ich habe ihn schon ein paar Mal zu erreichen versucht. Ergebnislos. Vielleicht wegen der prekären Wetterverhältnisse …«

Gabriele unterbrach ihn:

»Ok, bleiben Sie dran und schaffen Sie die Probelieferung her.« Dann hängte er grußlos auf.

Kurze Zeit später hatte Gabriele die finale Analyse zum Drogenmarkt Europa fertiggestellt. Die Schweiz konnte man problemlos überschwemmen. Das Marktvolumen betrug jährlich 3 Milliarden Schweizer Franken. Mit 520 Millionen Kokain war die Organisation Marktführer. Gefolgt von MDMA, auch Molly genannt. Dann Amphetamine, hergestellt von Amateuren in kleinen Laboren in Osteuropa. Die schmale Konkurrenz würde man terminieren, die Marktpenetration ein leichtes Spiel. Weder hatte die Polizei in der Schweiz die notwendigen Kapazitäten und Ressourcen, der Welle an billigen Drogen rasch und effektiv zu begegnen, noch war die Gesetzgebung besonders hart. Es war ein bombensicheres Geschäft in der Schweiz, ein 30 Milliardengeschäft in Europa.

»Wenn das mich nicht zur Nr. 1 in Europa macht ...«, murmelte er im Selbstgespräch.

Freitag, 13. Dezember, 14:45 Uhr,
Myanmar, Yangon

Schon der kurze Spaziergang hatte Asara Unwohlsein verursacht. Er strich sich mit der rechten Hand über seinen feisten Wanst. Die Party der letzten Nacht hatte es in sich gehabt. Die am Tage zuvor ebenso.

Als Senior Director des Goldenen Dreiecks Myanmar,

Thailand, Laos konnte er sich alles leisten und alles erlauben. Sein liebster Kumpan bei seinen Exzessen war Ihu, der Vice Director. Schade nur, dass sie sich aufgrund 600 km Entfernung nur alle paar Monate treffen konnten.

Heute musste es erst einmal ums Geschäftliche gehen. Vielleicht hatten sie danach noch kurz Zeit für ein paar minderjährige, zugedröhnte Nutten aus einem seiner Bordelle.

Von seinem Boss, Andrej Pushka, hatte er im Sommer eine verschlüsselte E-Mail erhalten. Er war alles andere als zufrieden mit dem Absatz von Yaba. Das Produkt laufe, im Unterschied zu Krokodil, überhaupt nicht. Der Umsatz in sämtlichen Ostblockstaaten sei absolut ungenügend. Das Problem sei, so hatte Ihu damals eingewandt, dass die Pillen zu bitter schmeckten und deshalb von Kindern und Jugendlichen nicht so angenommen würden. Er hatte versprochen, das Experimentallabor würde eine Lösung finden. Ihu schüttete die modifizierten Pillen auf Asaras Handfläche. Sie sahen aus wie Smarties. Nicht nur der Geschmack war verändert worden, sondern man hatte der Droge zusätzlich poppige Farben verpasst. Es gäbe sie in den Geschmacksvarianten Schokolade, Orange und Erdbeere, aber man werde sie weiter ausbauen, versprach der Mönch.

Asara lobte Ihu für den Durchbruch und fuhr fort:

»Heute habe ich Anweisung bekommen, die Yaba Produktion raufzufahren. Nach der Markteinführung in der Schweiz soll ganz Europa überschwemmt werden.«

Ihu rieb sich die Hände.

»Eine erste Einführungstranche habe ich bereits via Genua spedieren lassen.«

Ein Junge trabte über die Brücke auf sie zu und blieb unschlüssig stehen, als er sie erblickte. Asara winkte ihn heran.

»Wenn das nicht der nette Bub ist, der mir eben ein Almosen gegeben hat. Hier, nimm dir als Zeichen meines Dankes ein Smartie.«

Mit einem Lächeln hielt er ihm die Handfläche entgegen.

Freitag, 13. Dezember, 13:40 Uhr,
Cappellen, Weiler Hübeli

Als das Handy vibrierte, war Anna gerade in »Menon«, ein Werk über den fiktiven Dialog von Platon und Menon von Pharsalos, vertieft. Großvaters Bild lachte ihr auf dem Display entgegen. Obwohl der Gymnasiallehrer seit einigen Jahren pensioniert war, betreute er noch immer umtriebig Projekte für den Verband der Schweizer Gymnasiallehrer und so kam er auch gleich zur Sache:

»Hallo Anna, alles klar?« Ohne ihre Antwort abzuwarten, redete er weiter:

»Hör mal, der Verband will die Reihe ›Jugend ohne Maulkorb‹ nächstes Jahr fortsetzen. Der Vorstand möchte dich wieder dabeihaben, was meinst du?«

Anna lachte und erwiderte:

»Hallo Opa, mir geht es gut und dir?«, und gab ihm genauso wenig eine Gelegenheit zum Antworten:

»Ja, hat mir gefallen letztes Mal. Wie viele Podiumsdiskussionen sind geplant?«

»Neun in der gesamten Deutschschweiz.«

»Und die Themen?«

»Das Motto der Reihe heißt ›Der Mensch ohne Zukunft?‹. Dazu möchte der Vorstand drei Themen aufgreifen, nämlich 1. Psychologie der Weltanschauungen; 2. Ökologische Herausforderungen und Wirtschaftspolitik; 3. Arbeit und digitaler Wandel.«

Anna pfiff.

»Ganz schöne Herausforderung. Da werde ich mich gut vorbereiten.«

Großvater lachte. »Na, das hast du doch in fünf Minuten drauf.«

»Aber Opa, ich bin doch kein Wunderkind!«, protestierte Anna.

»Rhea hat mir gesagt, die würden dich direkt an der Uni nehmen.«

»Ja, schon. Aber die Schulpsychologen meinten, ohne Ritalin würde ich das nicht schaffen. Aber ehrlich gesagt, ich will mich nicht mit Medikamenten zudopen, nur damit ich das Gymnasium überspringen kann. Ich will auch keine Ausnahme sein. Alle machen das Gym. Warum ich nicht?«

Großvater lachte erneut. »Na, wegen deinem IQ.«

Er wurde ernst.

»Ich bin ganz deiner Meinung, Anna. Ich glaube auch, es ist gesünder so. Du hast Zeit genug. Das mit dem Sturm habt ihr mitbekommen?«

Anna grinste. »Ja, wenn Mam zurück ist, verbarrikadieren wir uns.«

»Dann muss ich mir ja nur Sorgen machen, dass euer Haus nach Oz geblasen wird. Also bis bald, ich melde mich.«

Als Anna aufhängte, knallte ein Schneeball gegen ihre Fensterscheibe und rutschte daran herunter.

Vor dem Haus stand Hagen, fuchtelte mit beiden Armen und rief etwas Unverständliches hoch. Anna öffnete das Fenster:

»Was willst du?«

»Ich habe auf dich gewartet, wir hatten um eins bei der Scheune abgemacht.«

»Ich habe nicht gesagt, dass ich komme.«

»Du bist feige! Hast Angst vor ein paar Schneeflocken.«

»Angst?«, Anna schüttelte verächtlich den Kopf. »Ich bin nicht gekommen, weil es mich null interessiert. Verstehst du? Null!«

Hagen verzog das Gesicht.

»Weißt du, mir war von Anfang an klar, dass du feige bist. Deshalb habe ich auch mit Leon um zwanzig Stutz gewettet, dass du die Hose voll hast und nicht kommen würdest.«

Das Blut wallte heiß in ihren Kopf. Ausgerechnet Leon!

»Aber Leon hat gemeint: ›Die Anna steht zu ihrem Wort.‹ Der wird morgen dumm gucken, wenn ich bei ihm abkassiere.«

Annas Finger verkrampften sich im Fensterrahmen. Auf einmal war ihr schwindlig. Leon hielt etwas auf sie! Aber nur wenn sie …

Sie knallte das Fenster zu, lief die Treppe hinunter, zog sich ihren Parka über und trat in das dichte Schneetreiben.

»Dann zeig mir deine Militärbasis im Wald, du Aufschneider.«

Das weiße Inferno

Freitag, 13. Dezember, 14:15 Uhr,
Cappellen, Weiler Hübeli

Als Rhea heimkehrte, sprang Django ihr vor die Füße und maunzte.

»Hat Anna dich noch nicht gefüttert?«

Django wiederholte sein Maunzen dringlicher und lief zur Garderobe.

»Was willst du …?«

Der Haken ganz links, an dem Annas Parka gehangen hatte, war leer. Rheas Herz machte einen Sprung.

»Anna, Schatz, bist du da?«, rief sie.

Wenige Minuten später war klar, dass Anna sich nicht im Haus aufhielt und auch nicht an ihr Handy ging.

 Rhea wählte eine Nummer.

»Hallo Marian, hör mal, ist Anna bei euch?«

Sie lauschte.

»Nein? Kannst du mir mal Melanie geben?«

Rascheln, der Ruf nach Melanie, Beine, die eine Treppe hinuntereilten. Dann Melanies Stimme.

»Ja?«

»Anna ist nicht zu Hause. Hast du eine Idee, wo sie stecken könnte?«

»Nö. Wo soll sie …?«

»Was? Was ist?«

»Hagen hat heut behauptet, die Sternschnuppe wäre eine

Militärübung gewesen. Er wollte es Anna im Forst beweisen. Aber ich kann mir nicht vorstellen, dass sie mitgegan-
gen ist.«

Rhea sah aus dem Fenster. Der Schnee fiel inzwischen so
dicht, dass sie nicht einmal mehr die Einfahrt sehen konnte.

»Danke, Meli«, sagte sie und legte auf.

Automatisch streifte sie die Handschuhe wieder über, zog
den Schal enger und ging nach draußen.

Hagens jüngerer Bruder Moritz öffnete die Türe, an der sofort der Wind riss.

»Ist Anna bei euch?« Der Kleine musterte sie von unten
nach oben.

»Nein, die ist mit Hagen weggegangen«, erklärte er schließlich, »ich hab sie durchs Fenster übers Moos laufen gesehen!«

Frau Gutthorm kam an die Türe.

»Kommen Sie doch rein bei diesem Sturm, man versteht ja
kaum ein Wort …«

Mit zitternden Fingern schloss Rhea die Haustüre hinter
sich.

»Hagen und Anna sind in den Forst gelaufen.«

Frau Gutthorm zog die Augenbrauen zusammen.

»Warum sollten sie das tun?«

»Ich weiß es nicht, aber bitte schauen Sie nach, ob Hagen
da ist«, drängte Rhea.

Mit bleichem Gesicht kam Frau Gutthorm in den Flur zurück. Sie schüttelte den Kopf.

»Ich muss meinen Mann anrufen«, würgte Rhea hervor.

Der Wind zerrte sie nach links und nach rechts, als sie nach
Hause stapfte, sie musste wie eine Betrunkene wirken. Aus

den düsteren, über den Himmel jagenden, Wolken fuhren
Blitze nieder.

»Ich komme sofort!«, versicherte ihr Heinrich. »Es wird al-
les gut, sicher ist ihnen nichts passiert. Anna ist ein gescheites Mädchen. Sie hat bestimmt Schutz gesucht. Hast du
schon die Polizei angerufen?«
Selbst mit dem Allradauto seiner Firma konnte er kaum
mehr als 30 km/h fahren. Zweimal kam er von der Straße
ab. Seine Fäuste umklammerten das Lenkrad so fest, dass
die Knöchel weiß wurden. »Bitte Herrgott, lass ihr nichts
zugestoßen sein …«
In einer Kurve überholte er das Postauto, das stecken geblieben war. Am Ortseingang von Cappellen geriet er in einen Stau. Der Schnee stand nahezu so hoch wie die Räder
seines Autos. Gut zwanzig Minuten lang ging es weder vorwärts noch rückwärts. Jedermann schien nochmals ins
Dorf gefahren zu sein, um sich mit Lebensmitteln einzude-
cken. Durch die erleuchteten Schaufenster sah Heinrich
leere Regale beim Bäcker und weiter vorne auch im Super-
markt, als er in der stockenden Kolonne langsam an den
Läden vorbeifuhr.

Freitag, 13. Dezember, 14:20 Uhr,
östlich von Cappellen, Großes Moos, Moosweg

Der Wind schüttelte das Strohdach des einzigen Gebäudes
im Großen Moos, riss einzelne Halme und gar kleinere

Bündel heraus und schoss sie wie Lanzen durch die dahinrasenden Wolken. Schrilles Wiehern drang durch die Bretterwand der Scheune. Hufe schlugen wild gegen Box und Stallwände. Das mussten Wild Cloud und sein Vater Wolkentanz sein. Besitzerin Jen Wagenmacher hatte ihr, als sie das letzte Mal mit Wolkentanz ausreiten durfte, erzählt, dass die Rösser hier provisorisch untergestellt würden. Anna verlangsamte kurz den Schritt. Aber was sollte sie tun? Die Pferde waren in der Scheune immer noch am sichersten.

Seit sie vor knapp einer Stunde aufgebrochen waren, durften beinahe zehn Zentimeter Neuschnee gefallen sein, der ihr bis über die Waden ging. Die weichen Schneeflocken hatten sich in kleine Kristallgeschosse verwandelt, die ihr Gesicht malträtierten. Trotz Handschuhen hatte sie klamme Finger. Ein Splittern ließ sie zurückblicken. Ein Pferd schlug wieder und wieder aus und zertrümmerte mit seinen Hinterläufen die Wand, bis ein übermannsgroßes Loch entstanden war. An den herabhängenden Brettern riss der Sturm wie an einem Windspiel. Wild Cloud schoss ins Freie, galoppierte durch die Ebene dem Wald entgegen und verschwand im Schneetreiben. Wolkentanz, der Schimmel, folgte. Anna wusste um den Instinkt der Tiere und ihr Verhalten schürte ihre Angst vor dem Wetter.

Sie schaute zu Hagen, der sich zwei Schritte vor ihr gegen den Wind stemmte und wie sie nur langsam vorankam. Seit sie losgelaufen waren, hatten sie kaum ein Wort gewechselt.

»Haaaagen! Haaaagen!! Haaaagen!!!«, schrie sie mehrmals durch den tosenden Wind, bevor dieser sie endlich zu hören schien, stehen blieb und sich zu ihr drehte.

»Hagen« Anna deutete auf ihr linkes Handgelenk und schrie: »Es ist schon halb drei, … die Zeit wird nicht reichen, bevor es finster wird. Wir sind kaum vorwärtsgekommen und der Sturm wird immer stärker …«

Hagens gerötetes Gesicht verzog sich zu einer Fratze und er schrie zurück:

»Hab ich mir …« Der Satz blieb ihm im Hals stecken. Seine Augen weiteten sich vor Entsetzen. Er stammelte etwas Unverständliches. Anna packte ihn am Anorak:

»Verdammt, was ist?«, Ihre Stimme klang laut durch die plötzlich eingetretene Windstille. Hagen hob den Arm, deutete über ihre Schulter hinweg. Sie drehte den Kopf, kniff die Augen zusammen.

»Mein Gott …«

Eine mächtige schwarze Wand hatte sich vom Boden bis hoch in den Himmel über Cappellen aufgetürmt, verdeckte die Sonne und kam rasend schnell auf Anna und Hagen zu. Blitze zuckten in ihrem Inneren. Ein Dröhnen wie von einer Dampflok, deren Kessel explodierte, eilte ihr voraus. Die Temperatur fiel schlagartig. Schnee, fein wie Puderzucker, drang bei jedem Atemzug schmerzhaft in die Lungen ein.

Eine Hand des Blizzards griff nach dem Strohdach der alten Scheune, hob es hoch und warf es wie eine leere Pappschachtel über die Köpfe von Anna und Hagen hinweg.

»Laaauuuf, Hagen! Wir müssen in den Wald! Lauf!«

Anna packte den erstarrten Hagen an der Jacke und zog ihn mit sich. Schon nach wenigen Metern wurden sie von der ersten Böe eingeholt. Sie fiel ihnen in den Rücken, hob sie vom Boden auf und riss sie mehr als hundert Meter mit, um sie dann achtlos in eine Schneeverwehung fallen zu lassen. Eisbrocken, Schneeplatten und sogar Erdklumpen, groß wie Fußbälle, flogen über Anna hinweg. Sie konnte kaum noch atmen, spuckte halbgeschluckten Schnee, hustete und Tränen liefen ihr über die Wangen. Sie kämpfte, keuchte, strampelte und konnte sich schließlich aus den Schneemassen befreien. Schneekristalle trafen sie, wie kleine spitze Pfeile, im Gesicht. Sehen konnte sie nichts mehr. Überall war nur wilder, dunkler und bösartiger Schnee, der das Licht zu fressen schien.

»Haaaagen … Haaaagen… Hagen!«

Der Sturm wickelte ihr den Schottenschal vom Hals und nahm ihn mit, verschluckte ihr Schreien, schnürte ihr die Kehle zu und antwortete mit einem wilden Brüllen. Hagen war verschwunden.

Anna lief gebückt los. Mit dem Sturm Richtung Wald, so hoffte sie. Ein Windstoß fuhr ihr unter den Parka und gab ihr das Gefühl, in Eiswasser getaucht zu werden. Dann schleifte sie der Blizzard erneut meterweit mit. Kaum hatte sie sich mit Mühe erhoben, hob sie die nächste Böe auf, wirbelte sie herum und warf sie nach einer kurzen Strecke in den Schnee. Nur mit außerordentlicher Anstrengung schaffte sie es, sich wieder und wieder zu erheben. Mit jedem weiteren Male wurde sie müder und müder, bis sie schließlich im Schnee liegen blieb. Sie schloss die Augen. Die tosende Hölle wurde leiser, rückte in die Ferne und etwas Tödliches in ihr flüsterte ihr zu: »Bleib liegen, gib auf. Wozu der Aufwand? Du schaffst es sowieso nicht! Komm zu mir, ich gebe dir Wärme, Ruhe und Geborgenheit …«

»Niemals«, keuchte Anna und riss die Augen auf. Sie rollte auf den Bauch, kämpfte sich auf alle Viere. Sie röchelte, spuckte Schnee und Dreck aus. Ihr Herz raste. Mit unbändigem Willen torkelte sie weiter. Der Wind trieb sie vorwärts. Der Wald musste doch in unmittelbarer Nähe sein. Ein Eissplitter bohrte sich in ihre Wange. Um ein Haar wäre sie wieder zu Boden gegangen. Das Kreischen des Sturms zerrte an ihren Nerven.

Unversehens war der Wald da. Der Ast einer Tanne traf sie mitten ins Gesicht. Anna stürzte und robbte mit letzter Kraft unter ihre tiefliegenden Äste. Am Stamm blieb sie schwer atmend auf dem Rücken liegen. Blut lief ihr aus der Nase in den Mund. Auf der zerkratzten Haut hatte sich eine Eisschicht gebildet und Eispartikel klebten ihre Wimpern zusammen. Der Sturm schlug auf die Äste ein, unter denen Anna lag. Sie rollte sich zusammen. Ihr Schluchzen ging in der tobenden Schneehölle unter.

Freitag, 13. Dezember, 14:25 Uhr,
Schwarzer Forst

Der Mann im tarnfarbenen Kampfanzug lag hinter einem umgefallenen Baumstamm. Im Anschlag einen alten Karabiner mit Zielfernrohr. Der Neuschnee hatte ihn beinahe zugedeckt. Die wirbelnden Schneeflocken, die ihn zum Zwinkern brachten, ärgerten ihn.

Seine Augen funkelten, als er die Hirschkuh und ihr Kalb, die zögernd auf die Lichtung traten, entdeckte.

»Jingle Bells …«, dachte er, »für euch schlägt jetzt das letzte Stündchen.«

Die Hirschkuh bewegte ihre Ohren wie Radare hin und

her. Immer wieder schaute sie zu ihrem Kitz zurück. Der Mann drückte die Wange fester an den Gewehrkolben, kniff ein Auge zusammen und nahm die Hirschmutter ins Visier. Dann hielt er die Luft an und der Zeigefinger bog sich langsam zum Blattschuss ... Da rauschte es plötzlich gewaltig über ihm, der Wilderer zuckte zusammen und schoss – daneben. Rottier und Kälbchen entflohen mit einem Sprung ins Unterholz.

Die Kiefer, unter welcher der Wilderer lag, entlud mit Wucht mehr als einen Meter Schnee, der auf ihrer Krone lastete. Das Eichhörnchen, das den Schneesturz ausgelöst hatte, wäre um ein Haar mit in die Tiefe gerissen worden. Doch flink gelang es ihm, über schwingende Zweige und Äste zurück zum Stamm zu hüpfen. Der Unhold, der sich eben aufrichten wollte, wurde von der herunterfallenden Ladung zu Boden gestreckt. Er fluchte, als er sich aus dem Schnee befreite und sinnlos einige Schüsse ins Gehölz abfeuerte. Dann traf ihn die erste Sturmböe und warf ihn erneut um. Der Wilderer kam aus dem Fluchen nicht mehr heraus. Er rappelte sich hoch, stellte den Pelzkragen auf und machte sich auf den Weg zu seinem Versteck, das tiefer im Schwarzen Forst lag. Eine Hütte, auf die er vor einer Woche gestoßen war. Er hatte sie aufgebrochen und geplündert, dann aber beschlossen, sie als Winterquartier zu nutzen. So musste er nicht täglich nach Hause fahren. Dort konnte er den Schneesturm aussitzen und von seinem selbstgebrannten Kirsch bechern. Dieser Gedanke verbesserte seine Laune deutlich.

Das Eichhörnchen hingegen kletterte an der Kiefer abwärts. Seine Fellbüschel an den Ohren kippten wie kleine Pinsel im Wind hin und her.

Der Sturm erfasste das Tierchen und schleuderte es in die Äste der daneben stehenden Tanne. Rasch und wendig kroch es durch das Nadelgehölz, sprang zum Stamm und runter zu den Wurzeln des Baumes. Dort drückte es sich in eine Nische. Hurtig fuhr es mit seinen fünffingrigen Pfötchen über seinen dunkelbraunen Körper und die weiße Brust. Es war unverletzt. Dann hielt es inne und seine schwarzen, stecknadelgroßen Augen fixierten etwas, das unter den Ästen hervorkroch. Ein Menschenkind.

Freitag, 13. Dezember, 14:25 Uhr,
Cappellen, Kirche

Tobias Kupfernagel stand auf der Empore im Kirchenschiff und schaute zum Fenster hinaus wie ein Zwangsvollstreckungsbeamter des Jüngsten Gerichts. Als der Sturm auf die Kirche zuraste, setzte er sich an die Orgel. Langsam und leise schlich Deep Purples »Child in Time« über die Kirchenbänke. Der Sturm erhob seine Stimme. Kupfernagel spielte kraftvoller. Je stärker der Blizzard aufkam, desto heftiger griff der Sigrist in die Tasten. Sturmböen posaunten wie die Hörner von Jericho ihr Lied der Zerstörung durch die alten Fenster und Kirchenmauern. Kupfernagels Kopf fuhr wild auf und ab, das halblange, aschblonde Haar, das am Hinterkopf noch übrig war, flog durch die Luft. Sehnen traten am Hals hervor, Arme hetzten hoch von einem Manual zum anderen und Hände schlugen und malträtierten Tastaturen. Die Windladen der Orgel klapperten wie hölzerne Fensterläden im Sturm und Luft schoss durch zitternde Pfeifen. Es dröhnte, schrillte, schallte und hallte durch das heilige Gemäuer. Kupfernagels Körper wand sich und mit strampelnden Füßen traktierte er Pedale. Schweiß lief über sein Gesicht, Schaumfetzen sammelten sich in den Mundwinkeln. Mit glasigen Augen fing er an zu singen, leise lauter werdend, hob den Kopf, sein schmächtiger Brustkorb blähte sich auf, Kupfernagel sang zornig.

Da blitzte und donnerte es gewaltig und der Höllensturm warf eine gefrorene Schneeplatte durch den berstenden Christus aus Glas ins Kircheninnere.

Freitag, 13. Dezember, 14:30 Uhr,
Cappellen, Polizeiposten

Stefanie Bionda nahm Rheas Anruf entgegen. In der Leitung knackte und rauschte es, sodass die Polizistin sie erst bei der dritten Wiederholung verstand. Zwei Jugendliche, die in diesem Sturm unterwegs zum Schwarzen Forst seien? Frau Bubenberg solle sich keine Sorgen machen, sie würden sofort alle Streifenwagen aussenden. Wahrscheinlich hätten die beiden irgendwo Schutz gesucht. Ja, sie würden sich umgehend bei ihr melden, sobald es etwas Neues gäbe.

»Verdammt, erst dieser ekelhafte Sturm und nun das …«, sagte ihr Vorgesetzter, Wachtmeister Res Winterfeld, als sie ihren Bericht beendet hatte. »Wenn die beiden eine Chance haben sollen, müssen wir sie sofort finden. Geben Sie den Streifenwagen Anweisung, die Straßen rund ums Große Moos, soweit befahrbar, abzusuchen. Ich telefoniere.«

Winterfelds Telefonate brachten ihm eine Truppe Berufs-Grenadiere der Militärpolizei ein, die sich unweit von Cappellen aufhielt, sowie die Zusicherung der Polizei von Berno, weitere Polizisten und Suchhunde zu schicken, sobald die Straßen wieder befahrbar seien. Er veranlasste, dass die Bilder der Vermissten und Angaben zu ihrer Person per WhatsApp an über vierhundert denkbare Helfer versendet wurden.

Die drei Polizeistreifen der Gemeinde Cappellen fuhren, mit Blaulicht und trotz Ketten schleudernd, auf die umliegenden Bauernhöfe. Landkarten wurden in den Stuben ausgerollt und mit Filzstiften grob die Suchgebiete und Routen markiert. Obwohl mancher nicht glaubte, dass die Jugendlichen noch am Leben seien, zogen die Landwirte ihre schweren Schuhe, Faserpelze und Windjacken an und verließen ihre warmen Häuser. Der Streifenwagen mit Korporal Hostettler und Polizist Studer würde die Forststraße zum Wald hin übernehmen.

Freitag, 13. Dezember, 14:55 Uhr,
Schwarzer Forst, Waldrand

Der Sturm hatte seine Taktik geändert und rüttelte und schüttelte die Tanne durch. Ihre Zapfen flogen durch die Luft, als würde ein großer Schwarm Stare aufgeschreckt davonfliegen. Ein reißendes Knarren setzte ein. Gehetzt hielt Anna nach einem Fluchtweg Ausschau.

Ein Keckern lenkte ihre Aufmerksamkeit auf einen Ast, wenige Zentimeter über ihrem Kopf. Ein Eichhörnchen klammerte sich daran fest. Anna hielt ihm ihre Hand hin. »Komm her, Kleines, keine Angst. Ich tu dir nichts.«

Die Nase des Eichhörnchens zuckte, dann sprang es auf ihre Hand, lief ihren Arm hinunter und schlüpfte in eine Tasche ihres Parkas. Anna hatte keine Zeit, sich über die Zutraulichkeit des Tieres zu wundern, denn das Knarren wurde lauter. Sie lief los. Nur weg von dem Baum! Bei jedem Schritt sank sie bis auf Hüfthöhe ein. Hinter ihr erklang ein rauschendes, dann tosendes Geräusch. Im letzten Moment folgte sie einer Eingebung und änderte ihre Fluchtrichtung. Eine Hälfte der gespaltenen Tanne schlug dumpf nur zwei Meter neben ihr auf. Anna hielt sich die Hände vors Gesicht, als Schnee, Erde, Äste und Nadeln durch die Luft schossen.

Mit zittrigen Beinen kämpfte sie sich stur vorwärts. Ihre Hände waren starr vor Kälte und sie konnte sie kaum noch bewegen. Sie brauchte einen Unterschlupf. Bald würde es dunkel sein.

Das Eichhörnchen streckte den Kopf aus der Tasche. Es keckerte und ruckte an ihrer Jacke. Verwundert sah Anna nach unten. Fast schien es, als wolle es sie in eine bestimmte Richtung lenken. Sie zwang ihre tauben Beine auf einen neuen Kurs. Nach einem kurzen Stück erreichte sie ein dichtes Unterholz mit kleinen Tännchen. Sie kroch unter sie und ließ sich erschöpft fallen.

Die eisige Luft brannte beim Eintritt in ihrer Lunge. Sie hustete und rollte sich zitternd in Embryonalstellung zusammen, achtete dabei darauf, das Eichhörnchen nicht zu zerquetschen. Endlich beruhigte sich ihr schneller Atem. Die Windgeräusche traten in den Hintergrund. Mit geschlossenen Augen glitt sie in einen Halbschlaf und es schien ihr, als würde es deutlich wärmer. Viel wärmer. Am Rücken war ihr zwar noch kalt, die Beine fühlte sie nicht mehr, aber an Bauch, Brust und Armen wurde es warm. Und es schien ihr auch, als ob ihr Körper schwerer geworden sei.

Das Eichhörnchen lugte aus Annas Parka hervor und schaute sich um. Dann kletterte es behänd aus der Tasche und am nächsten größeren Stamm hinauf zum Wipfel, blickte über den Forst und pfiff. Wieder und wieder. Hielt in jede Richtung Ausschau. Nichts. Plötzlich richtete es sich auf und seine dunklen Augen fixierten etwas im Forst. Fünf Bäume weiter fiel Schnee von den Ästen einer Rottanne, dann beim vierten Baum, beim dritten, beim zweiten ... ein Pfeifen und Fiepen setzte ein. Die Eichhörnchen waren da. Zuerst zehn, dann zwanzig und am Schluss dreißig. Es gluckste, schnatterte und keckerte

»Tschuk-Tschuk-Tschuk ... Tjuck-tjuck-tjuck ...«

Die Tiere sprangen um ihr vermisstes Mitglied herum, beschnupperten es, schnatterten zur Begrüßung und vor Erleichterung, dieses wohlauf zu sehen. Das Gegluckse nahm ab, die Eichhörnchen hockten sich um ihren Artgenossen und schienen diesem aufmerksam zuzuhören.

Freitag, 13. Dezember, 15:15 Uhr,
Schwarzer Forst, im Gebiet Wohleyberg und Unghür Hubel

Hagen hatte mehr Glück als Anna. Die Böe hatte ihn in eine brusthohe Schneeverwehung fallen lassen. Schnell hatte er sich befreit, war aufgestanden und rief nun nach Anna.

Seine Stimme ging im Blizzard unter. Der Wind dröhnte in seinen Ohren wie ein startender Jumbo Jet. Ihm wurde übel. Da erfasste ihn erneut ein heftiger Windstoß.

Der Ast eines Holzapfelbaums raste auf ihn zu. Er griff danach. Trotz einiger Dornen, die durch seine Handschuhe drangen, klammerte er sich fest, bis die Böe nachließ.

Vor ihm waren weitere baumartige Schemen, die ab und zu von dem Vorhang aus Weiß enthüllt wurden. Mit weit ausgestreckten Armen tastete er sich langsam zwischen ihnen hindurch. Plötzlich trat sein Fuß ins Leere und er fiel nach vorne. Im letzten Moment erwischte er einen armdicken Ast.

Das muss der Riederlen sein, schoss es Hagen durch den Kopf, als er mit klopfendem Herzen über der Böschung baumelte. Wenn ich dem folge, sollte ich zur Forststraße gelangen. Oder zumindest bis ins Pfaffenloch, zur Höhle. Nach wenigen Schritten stieß er auf verwehte Fußspuren entlang des Bachbettes und atmete auf. Er betete, sie mögen zur Straße führen.

Mit klammen Händen fummelte Hagen sein Handy aus der Tasche. Ein Blick auf das Display zeigte: Kein Empfang. Lange würde er nicht durchhalten und wenn er nicht auf die Straße stieß … Er lief ein Stück weiter und versuchte es nochmals. Ein kleiner Balken erschien. Tränen der Hoffnung schossen ihm in die Augen. Er hielt das Handy ans Ohr und hörte den Rufton.

Erst als Fleischhauer das Hünengrab vor sich auftauchen sah, wurde ihm klar, dass er nicht dem Gäbelisbach, sondern dem Riederlen gefolgt war. Fluchend kehrte er um. Dann blieb er plötzlich stehen. Er fühlte, dass jemand in der Nähe sein musste. Er nahm seinen Karabiner von der Schulter, sah sich schnell um und verschwand schattengleich hinter einem Baum.

Ein Handy ans Ohr gepresst, stapfte ein Junge an ihm vorbei. Fleischhauer holte mit dem Gewehrlauf aus und schlug ihm von hinten das Telefon aus der Hand. Der Junge schrie auf und griff sich an sein linkes Handgelenk.

»Los, Hände auf den Rücken, du Idiot!«, brüllte Fleischhauer, den Karabiner auf den Jungen gerichtet. »Wird's bald?«

»Spinnen Sie, was soll das?«, schrie der Junge zurück. Fleischhauer machte rasch einen Schritt auf Hagen zu und streckte ihn mit einer Ohrfeige zu Boden. Dann stellte er den Karabiner ab, drückte dem Jungen ein Knie in den Rücken und riss ihm die Arme auf den Rücken. Aus einer Tasche nahm er Kabelbinder und schnürte ihm die Hände zusammen.

Hagen hustete, als ihn der Angreifer hochriss, ihm einen Stoß in den Rücken versetzte und anherrschte, er solle laufen.

Zwei goldbraune Augen beobachteten aus dem Unterholz Hagens Entführung. Als die beiden im Schneetreiben verschwunden waren, kämpfte sich eine kräftige semmelfarbige Hündin mit dunkelbraunem Rückenstreifen zu der Spur. Sancha witterte, versenkte die Nase im Schnee und grub. Mit Hagens Handy im Maul tauchte sie wieder auf. Kurz zögerte sie, dann folgte sie der Fährte.

Anna wurde mit einem Schlag wach. Sie wunderte sich, dass sie nicht erfroren war. Ihre Hände waren ihr fremd, als sie zitternd die Arme hob, um ihre vereisten Augen zu befreien. Sie fühlte nichts. Als sie sich zwang, den Kopf zu heben, krachte es in ihrem Nacken und der Schmerz durchzuckte sie bis in die Zehenspitzen. Blinzelnd und stoßweise atmend, versuchte sie zu erkennen, wo sie war. Das verschwommene Bild wurde langsam klarer. Anna riss die Augen auf. Halluzinierte sie? Auf ihrem Körper und ihren Beinen lagen längs, kreuz und quer, teils ganz, teils halb eingerollte Eichhörnchen. Die Tiere sprangen bei ihrer Bewegung auf. Es wimmelte nur so von buschigen Schwänzen und weg waren sie. Hinauf ins Unterholz und ab auf die Bäume. Nur das Dunkelbraune mit dem weißen Bauch blieb aufgerichtet auf ihr stehen und starrte sie an. Anna ließ den Kopf zurückfallen. Das gibt es nicht, das ist ein Traum! Da fiepte das Eichhörnchen und sie hob erneut den Kopf. Das Fiepen wurde schriller. Sie presste die Hände auf die Ohren, aber das half nicht.

Als sie Anstalten machte, sich mühselig zu erheben, sprang das Eichkätzchen von ihr herunter. Sie kroch aus dem Unterholz und stand schwankend auf. Das Eichhörnchen kletterte den nächsten Stamm hinauf und verschwand in den Bäumen. Anna sah ihm nach. Seltsam, dass die Eichhörnchen sie gewärmt hatten. Ohne sie wäre sie nicht mehr am Leben. Aber das würde sich schnell ändern, wenn sie nicht bald eine Unterkunft fand. – 20 Grad hatten sie im

Radio gesagt. Sie schaute auf ihre Uhr und erschrak. Noch
dreißig Minuten bis die Sonne unterging.

Die grimmige Kälte war bereits dabei, durch ihren Parka zu-
rückzuschleichen. Anna blickte sich, noch immer halb benommen, um und entdeckte eine Furche im Schnee, die
mitten über die Lichtung verlief. Taumelnd steuerte sie darauf zu. Ja, das waren Spuren, ein ganzes Durcheinander davon, als wäre ein Trupp an ihr vorbeigezogen. Geradeaus,
einfach geradeaus, diesen Tapfen nach. Da musste doch die
Pfadfinderhütte oder die Aarstraße kommen. Hoffnung,
nicht Wissen, trieb sie voran. Bereits nach wenigen Metern
hielt sie inne. Auf der anderen Seite der Lichtung, durch
den weißen Schleier, erkannte sie schemenhafte Gestalten.
Sie beschleunigte, schon hob sie den Arm, um zu winken,
öffnete den Mund zu einem Ruf. Ihr Mund blieb vor Überraschung offen stehen, als die Gestalten deutlicher hervor-
traten.

Vor einer alten Eiche wimmelte es von wilden Tieren: Rothirsche, Wildschweine, Rehe, Biber, Feldhasen, Steinmar-
der, Amseln, Finken, Elstern, ein großer Schwarm Krähen,
… aber auch Raubtiere wie Wölfe, Luchse, Füchse, Dachse, Greifvögel und sogar drei Braunbären. Unmöglich sie
zu zählen. Hundert? Mehr?

Annas Enttäuschung machte Mitleid Platz. Tränen liefen
über ihre Wangen. Die Tiere sahen schlecht aus. Viele abgemagert und schlotternd. Vögel, die kaum mehr fliegen
konnten. Junge Tiere, die kaum noch stehen konnten. Die
junge Frau konnte Hunger und Angst fast körperlich spüren. Aber es schien so, als ob die Raubtiere wüssten, dass,
wenn sie alle anderen Tiere fressen würden, auch sie dem

Tode geweiht wären. Keines machte Anstalten, sich auf die Schwächeren zu stürzen.

Mehrere Eichhörnchen waren in das Geweih eines Stierhirsches geklettert, auf der Schulter eines Bären saß ein Habicht und in das Winterfell eines Fuchses hatte sich ein Hermelin gekrallt. Es war ein Röhren, Knurren, Fiepen, Pfeifen, Grunzen und Fauchen. Und mittendrin stand wiehernd Wolkentanz in seiner schwarzen Pferdedecke und es schien, als ob ihm ein Luchs eine Antwort zurückfauchte.

Ein schwarzer Wolf entdeckte Anna, sprang auf und mit fletschenden Zähnen auf sie zu. Panik griff nach ihrer Kehle, sie stieß einen heiseren Schrei aus, torkelte rückwärts, sah sich gehetzt nach links und rechts um. Fliehen, fliehen, doch wohin? Sie drehte sich um, lief mit eingezogenem Kopf los, und spürte förmlich, wie sich das schwere Raubtier auf sie warf und sie zu Tode biss. Da hüpfte von oben das dunkelbraune Eichhörnchen mit dem weißen Bauch auf ihre Schulter, krallte sich fest und fiepte, was das Zeug hielt. Im letzten Moment. Der Wolf hatte gerade zum Sprung angesetzt. Der Schwarze blieb stehen, bellte etwas, es fiepte zurück.

Auch Wolkentanz hatte die Gefahr erkannt, setzte über einen der Braunbären hinweg und bahnte sich wiehernd seinen Weg. Als er sah, dass der Wolf stehen geblieben war, hielt er nervös tänzelnd neben ihm.

Noch geduckt, die Arme vor dem Gesicht gekreuzt, drehte Anna sich um. Es kostete sie sämtliche Willenskraft, nicht vor dem Wolf zurückzuweichen. »Ich weiß zwar nicht, was du gemacht hast, aber danke«, flüsterte sie dem Eichhörnchen zu und streichelte kurz über seinen Kopf. Respektvoll und mit schlotternden Knien machte sie einen Bogen um den großen Wolf, der sie misstrauisch musterte, und trat auf den Schimmel zu.

»Wolkentanz, ich bin so froh, dass du wohlauf bist.«

Der Schimmel senkte den Kopf und schnüffelte an ihrem Gesicht. Anna legte Hände und Wange an den Hals des Pferdes.

Plötzlich ertönte ein Röhren. Rund um sie sprangen Tiere auf und drängten dem Hirschstier entgegen, der den in den Nacken gelegten Kopf wieder senkte und sich in Bewegung setzte. Verblüfft beobachtete Anna, wie der Strom an Tieren an ihr vorbeizog. Die Größten gingen vorweg, die Kleineren, soweit sie sich nicht auf den Rücken der Großen festklammerten, nutzten deren Fußspuren. Da stupste Wolkentanz sie mehrmals an, bis sie merkte, dass sie sich dem Zug anschließen sollte.

Ständig stießen weitere Tiere dazu. Wann immer es den Anschein machte, die Kleineren würden den Anschluss verlieren, schien es ihr, dass die Größeren an der Spitze langsamer wurden. Ich träume doch, dachte Anna, während sie Wolkentanz hinterhertaumelte. Immer wieder drehte sich der Schimmel nach ihr um.

Nach einiger Zeit lüftete sich der Vorhang aus Schnee und gab den Blick auf den Teufelsstein frei. Die zahlreich eingehauenen Symbole, Sonnenräder, Runen, römischen Ziffern, die Anna schon oft fasziniert betrachtet hatte, waren vom Schnee überdeckt. Übereinander eingehauene tiefe Stufen führten treppenartig auf der schrägen Steinfläche nach oben. Neben diesen Stufen fiel der Teufelsstein senkrecht ab. Der Sage nach war dieser meterhohe Stein der Steigbügel für ein riesiges Ross gewesen.

Wolkentanz wieherte und blieb stehen.

»Was hast du?«, fragte Anna. »Hast du Schmerzen?«

Er schüttelte den Kopf, schnaubte und schob Anna auf den Felsen zu. Erst als sie vor den Stufen stand, begriff sie, was der Hengst wollte. Im dritten Anlauf kam sie die vereisten Stufen hinauf, legte die Arme auf Wolkentanz und rutschte schwer atmend auf seinen Rücken.

»Danke!«, flüsterte sie in seine Mähne.

Am Gäbelisbach kam der Zug zum Stehen. Die aus dem Bachbett aufragenden Steine trugen weiße Hüte und Eiszapfen, die bizarre Bärte formten. Dampfendes Wasser zwängte sich in einer schlängelnden Rinne durch das Eis. Während sich die Leittiere nervös umschauten, stillten andere ihren Durst.

Der Schuss kam aus dem Nichts.

Freitag, 13. Dezember, 16:00 Uhr,
Cappellen, Polizeiposten, Büro des Krisenstabs

Auf dem Polizeiposten von Cappellen herrschte hektischer Betrieb. Polizisten eilten hin und her, Telefone klingelten ohne Unterlass und die Bildschirme der Straßen-Überwachungskameras zeigten ein Bild wie aus dem Schweizer Fernsehen der 60er Jahre nach Mitternacht: Es schneite. In irgendeiner Ecke lief ein Digitalradio und spielte leise den Song »Searching« der Rockband Titanic.

Winterfeld starrte auf eine Karte des Schwarzen Forstes.

Der Wald war fünfzig Quadratkilometer groß. Selbst bei optimalen Bedingungen konnte es Tage dauern, dort Personen aufzuspüren. Er schlug mit der Faust auf die Tischplatte: »Es muss gelingen!«

Dann knackte ein Funkgerät und jemand forderte jemanden auf zu antworten:

»Berna 20 an Berna 1, bitte kommen, ... Berna 20 ...«

Der Polizist mit der Funkstation schaute zum Polizeichef hinüber:

»Wachtmeister Winterfeld, Regionalfahndung Berno ist auf dem K-Kanal, ein Fahnder ... es sei dringend.«

»Geben Sie her!« Winterfeld nahm das Mikrofon, das ihm der Beamte entgegenstreckte. »An Berna 20 von Einsatzleiter Berna 1, Winterfeld, Verbindungskontrolle, bitte antworten.«

Es knatterte und rauschte, dann ertönte eine Stimme aus dem kleinen Lautsprecher:

»Berna 1, verstanden. Hier Fahnder Aschwanden. Hören sie, der gesuchte Wilderer befindet sich in ihrem Gebiet. Er fährt weiterhin den in Deutschland gestohlenen gelben Opel Kadett mit dem Kennzeichnen M-AN 835. Er konnte bei einer Polizeikontrolle nicht gestoppt werden. Ein Streifenwagen hat ihn bis Oberbotlingen verfolgt, ist aber bei Riesbach von der Straße abgekommen.«

Das Funkgerät rauschte und knatterte erneut, doch die Verbindung hielt und der Fahnder fuhr, zwar leiser, aber noch verständlich fort:

»Trotz intensiver Suche haben wir seine Spur verloren. Der Gesuchte wurde von einem unserer Polizisten identifiziert. Es handelt sich um Sepp Fleischhauer, Jahrgang 1961. Ehemaliger Eis- und Bademeister der Ka-We-De. Vorbestraft wegen mehrfacher schwerer Körperverletzung, Diebstahl, Drogendelikten und Verstößen gegen das Waffengesetz.« Der Fahnder hielt inne, als ob er unsicher wäre, ob man ihn verstand. Winterfeld quittierte:

»Berna 1 an Berna 20, verstanden!«

»Berna 20 an Berna 1, hören Sie, Wachtmeister Winterfeld, wie mir das Tiefbauamt der Stadt Berno eben mitgeteilt hat, ist es nicht mehr möglich, die Zufahrtsstraßen von Berno in den Schwarzen Forst offen zu halten. Wir werden die Fahndung vorläufig einstellen müssen und können ihnen keine Unterstützung anbieten. Sie sind mit dem Täter auf sich allein gestellt. Viel Glück … auch wegen dem Sturm …«

Zwischenzeitlich war ein Mann in weißer Kampfmontur eingetreten und hatte das Gespräch verfolgt. Er hatte seine Mütze tief ins Gesicht gezogen, machte ein steifes Kreuz, salutierte vor dem Polizeiwachtmeister und sagte mit welschem Akzent: »Bonjour Monsieur l'agent, Kommandant Laurentius Brevaronne, wir stehen Ihnen mit einem Grenadiertrupp von zwölf Mann zur Verfügung. Ein Spezialist für die Ortung von mobilen Telefongeräten ist bereits an der Arbeit.«

Winterfeld erwiderte den Gruß:

»Merci, Capitaine, das ist mehr, als wir erwartet haben. Wir sind sehr froh um ihre Unterstützung.«

Der Polizeichef drehte sich zur Landkarte und kreiste mit einem Laserpointer um markierte Stellen:

»Sie haben es gehört«, sagte er mit Sorge in der Stimme, »wir sind von Berno abgeschnitten. Das Gleiche gilt für die Zubringerstraßen aus dem Westen. Den Räumungsfahrzeugen gelingt es nur noch knapp, die Umgebung des Dorfes be-

fahrbar zu halten. Die Zugverbindung Berno–Risbach–
Cappellen ist unterbrochen. Auch die Straßen im Großen
Moos und dem Schwarzen Forst sind tief unter Schnee be-
graben. Und nun noch zwei verschwundene Kinder.«

Der Polizeichef hustete und drehte sich zu seinem Assistenten Herry Sauer um: »Wissen wir endlich, ob die beiden
Handys dabeihaben?«

Sauer schüttelte den Kopf:

»Ist immer besetzt bei Bubenbergs und Gutthorm nimmt
nicht ab. Vielleicht gestörtes Telefonnetz.«

»Ok, Herry, fahr den Wagen vor. Wir schauen selbst bei Ihnen vorbei.«

Er wandte sich wieder an Brevaronne:

»Korporal Bionda wird Ihnen zeigen, welches Gebiet Ihre
Grenadiere absuchen sollen. Viel Erfolg!«

*Freitag, 13. Dezember, 16:05 Uhr,
Schwarzer Forst, Gebiet Wohleyberg*

Der Wilderer befahl Hagen stehenzubleiben. Dann nahm
er ein Mobiltelefon aus seiner Jackentasche, stellte es an
und las rasch die angekommene E-Mail der Nr. 2: »Blond,
Name: Anna, 15 Jahre, mit hellblauem Parka im Forst,
Code 42-564.« Das hieß terminieren. Er tippte auf den An-
hang. Ein Bildausschnitt aus einem Firmungsfoto. Fleischhauer fluchte. Jetzt noch so eine Scheißgöre.

Fleischhauer stieß den Jungen mit dem Gewehrlauf in den
Rücken und forcierte ihn zum schnelleren Gehen. Selbst

durch seinen isolierten Anzug drang langsam die Kälte ein. Es wurde Zeit, dass sie die Hütte erreichten und er sich einen Schluck Kirsch genehmigen konnte. Um die Blonde würde er sich morgen kümmern. Gelegentlich schaute er sich um. Ein Gefühl sagte ihm, dass er verfolgt würde. »Unsinn«, dachte er, »nicht bei einem solchen Sturm.«

Auf einmal fiel sein Blick auf eine breit ausgetrampelte Spur. Sein Herz beschleunigte sich. Suchtrupps? Bei einem zweiten Blick erkannte er, dass es sich um die Fährten von Tieren handelte. Wölfe, Rehe, Marder, sogar ein Pferd schien dabei zu sein. Er riss Hagen herum und schubste ihn gegen einen jungen Baum. Hagen schrie auf, als er ihm das linke, vom Schlag mit dem Gewehr angeschwollene Handgelenk nach hinten zog.

»Schnauze, du Memme, sonst leg ich dich um!«, zischte der Wilderer dem Jungen ins Ohr und band seine Arme hinter dem Stamm zusammen. Zum Abschluss drückte er ihm ein gebrauchtes Taschentuch in den Mund.

Er hatte Glück, das Schneetreiben ließ für einen Moment nach und gewährte ihm einen guten Blick. Die Tiere hatten sich am Gäbelisbach versammelt. Der Wind kam aus der anderen Richtung und verhinderte, dass ihn eines der Tiere witterte. Seltsam, dass sie alle so friedlich beieinanderstanden, aber umso besser für ihn.

Er legte sich hin und suchte sich ein Tier aus. Das Fernrohr erfasste einen Luchs. Genau, das war es. Einen Luchs hatte er noch nie erschossen. Sein Herz pochte vor Freude in seinen Schläfen, als er seinen Karabiner auf einen tiefhängenden Ast legte. Genau in dem Moment als er abdrückte, senkte der Luchs den Kopf, als ob er Fleischhauer wahrgenommen hätte. Das Geschoss streifte den Schädel und riss die Spitze des rechten Ohres ab. Der Luchs schrie auf und flüchtete ins Dickicht. Panik kam auf. Auch der durch Büsche für Fleischhauer unsichtbare Wolkentanz stieg auf die Hinterbeine und warf Anna ab. Schnee stürzte auf sie hinab. Noch bevor sie sich aufrichten konnte, traten ihr Pfoten in den Magen. Der Gedanke, sie könne zu Tode getrampelt werden, ließ sie in die Höhe schießen.

Fleischhauer zielte auf ein Kitz, als Anna im Visier auftauchte. Er feuerte sofort. Doch auch diesmal verfehlte er um Haaresbreite.

Anna warf sich hinter einen Felsen und krabbelte auf allen Vieren den Tieren hinterher. Das Blut rauschte ihr in den Ohren. Ihr war, als könne sie noch immer den Luftzug der Kugel an ihrer Wange fühlen.

Fleischhauer fluchte, zielte sorgfältiger auf den blonden Schopf, da hörte er ein Heulen hinter sich und etwas Schweres stürzte sich auf ihn. Kopf voran wurde er in den tiefen Schnee gedrückt, konnte kaum noch atmen. Fleischhauer stellte sich trotzdem tot. Als er keine Regung mehr zeigte, ließ die Hündin von ihm ab.

In diesem Moment reagierte er blitzschnell. Im Umdrehen versetzte er ihr einen Schlag mit dem Ellenbogen. Er traf ihren Kopf. Benommen wich sie zurück. Fleischauer rappelte sich auf, schaute sich um, fand das Gewehr. Als er auf die Hündin ansetzen wollte, war diese im Wald verschwunden. Frustriert jagte er den Tieren ein ganzes Magazin hinterher, obwohl er wusste, dass es sinnlos war.

Bauer Hansruedi Streit ließ seine Scheinwerfer aufleuchten
und fuhr auf der Aarstraße weiter, als Christoph Arnold ins
offene Land abbog. In einer halben Stunde sollten sie sich
wiedertreffen, wenn alles glattging.

Sein schwerer Traktor röhrte wie ein alter Centurion Pan-
zer. Der Blizzard riss und schüttelte an der Fahrerkabine
und der Scheibenwischer wurde mit der Masse an Schnee
kaum fertig. Streit, dem die Scheune im Moos gehörte, war
besorgt. Nicht wegen der alten Hütte, sondern der zwei
Hengste wegen, die dort untergestellt waren. Er winkte Ulrich Merck kurz zu, als ihn dieser langsam überholte und
schwenkte nach rechts ab.

Der Hürlimann ruckte mehrmals und die Fahrerkabine
wackelte, als er es im dritten Anlauf schaffte, halb durch
und halb über die von den Schneepflügen an den Straßen-
rand geräumten Hügel aufs Feld zu fahren. Der starke
Wind hob die erst gerade gefallenen Schneekristalle wieder
ab und peitschte sie über die Ebene. Streit kniff die Augen
zu und spähte in das Schneetreiben. Es war ein gefährliches
Unterfangen, das wusste er. Sollten die Jugendlichen wirklich irgendwo im Moos stecken, bestand die Gefahr, dass
man sie überfahren würde, bevor man sie sah. Wie sollte
man in dieser Hölle jemanden finden? Unmöglich.

Er nahm einen Schluck Kaffee aus der Thermosflasche. Eigentlich müsste er jetzt auf die Scheune treffen. Plötzlich be-
schlug die Frontscheibe und gefror von innen. Streit trat auf
die Bremse und fühlte an der Heizung. Nichts, kein warmer

Luftzug. Die Klimaanlage hatte den Geist aufgegeben. Nun musste er gleichzeitig fahren und die Scheibe mit einem Eiskratzer vom Frost befreien.

Erstaunt traf er auf die halb zugewehte Forststraße. Er hatte den Moosweg gekreuzt, ohne zu merken, dass er über ihn gefahren war. Ein Schreck fuhr ihm durch die Glieder. Mein Gott, es hatte die Scheune weggerissen. Oder war er in diesem Chaos von der Spur abgekommen? Er wendete, fuhr zurück in die weiße Hölle. Er musste die Scheune finden.

Christoph Arnold wartete mit laufendem Motor an der Aarstraße auf Streit. Wie oft hatten er und Anna zusammen in die Sterne geguckt und Meteore gesucht. Mit dem Teleskop, das er ihr zur Firmung geschenkt hatte. Mit dem Teleskop, das sie vielleicht nie wieder benutzen würde.

Arnold schaute auf die Uhr. Hansruedi war gut 20 Minuten über der Zeit. Nervös rutschte er auf seinem Sitz hin und her. Hatte er die Jugendlichen gefunden? Oder hatte er eine Panne? Arnold konnte nicht mehr warten. Er wendete seinen Traktor, fuhr wieder ein Stück Richtung Osten und bog rechts aufs Land ab.

Freitag, 13. Dezember, 16:16 Uhr,
Schwarzer Forst, Gebiet Wohleyberg

Anna hastete den Tieren nach. Bei jedem Schuss meinte sie, einen Einschlag zu spüren. Würde es wehtun? Oder wäre sie sofort tot? Ihr wurde schwindlig. Das Bild von Captain Miller aus »Der Soldat James Ryan« drängte sich in ihren Kopf. Sie schluchzte. So wollte sie nicht sterben. Nein! Lieber Gott, lass mich am Leben!

Durch den Wasserdunst des Baches tauchte verschwommen der Fuß des großen Waldhügels auf. Unerwartet bogen die Tiere ab und rollten die Bachböschung hinunter. Sie strebten auf einen quer über dem Gewässer liegenden Baum zu. Der erste Luchs zögerte nur kurz, dann lief er gewandt und schnell zum anderen Ufer. Die Hermeline setzten mit drei langen Sätzen über. Den Bibern half ihr breiter Schwanz, das Gleichgewicht auf dem Stamm zu halten.

Anna zögerte. Die Tiere schienen auf sie zu warten. Einer der Luchse wurde unruhig und fauchte. Als wieder ein Schuss knallte, machten sich die ersten davon. Das weißbäuchige Eichhörnchen löste sich aus der Menge und stellte sich an das andere Ende des Stammes. Sein buschiger Schwanz wehte wie eine Fahne im Wind. Anna verzog das Gesicht.

»Ich komm ja schon.«

Der Sturm stemmte sich gegen sie, als sie auf den toten Baum kletterte. Mit flatternden Armen suchte sie Balance. Ein Ausrutscher. Ihr Herz setzte aus. Mit Mühe konnte sie sich halten. Ihr Blick und der des Eichhörnchens trafen sich. Das Eichhörnchen beugte sich nach vorne. Anna machte es ihm nach, ließ sich wackelig auf alle Viere hinab. Mit gesenktem Kopf krabbelte sie vorwärts, die Schultern gegen den Wind hochgezogen. Es kam ihr vor, als seien Stunden vergangen, als sie auf der anderen Seite ankam.

Das Eichhörnchen sprang an ihr hoch und zog am Parka.

»Ich weiß, wir müssen weiter.«

Anna hustete und schaute die Böschung hinauf.

»Ich werde mich zusammenreißen.«

Fleischhauer war den Spuren gefolgt und sah Anna im Dickicht verschwinden. Er feuerte dem Mädchen eine Salve hinterher. Er fluchte einmal mehr und rutschte zum Bach hinunter.

Taumelnd durchbrach Anna eine Hecke, deren Dornen nach ihrer Hose griffen. Mit peitschendem Schwanz stand einer der Luchse vor den ausgreifenden Wurzeln eines mächtigen Baumes. Anna wischte sich Schneeflocken aus dem Gesicht. Das musste die Wohleyberg-Esche sein, die der Sage nach mindestens tausend Jahre alt sein sollte.

Der Blick des Luchses schweifte umher, dann sprang er auf ein Loch zwischen den Wurzeln zu und verschwand darin. Die übrigen Tiere folgten hinterher. Anna zögerte diesmal nur kurz, denn schon knallte es wieder. Rasch kroch sie hinter dem Eichhörnchen in den Tunnel, der leicht nach oben führte. Anna biss auf die Zähne. Ich darf auf keinen Fall Platzangst bekommen. Herabhängende Wurzeln streiften ihr Gesicht. Sie robbte wie eine Eidechse weiter. Sie sah nichts mehr. Ihre Hände ertasteten eine Absenkung. Das Handy. Die Taschenlampenfunktion. Sie legte sich flach auf den Bauch und mit einiger Mühe zerrte sie es aus der Parkatasche und stellte es an. Ihr Atem ging schneller. Die erdige, dumpfe Luft roch unangenehm. Endlich wurde es hell. Vor ihr weitete sich der Tunnel zu einer kleinen Kammer. Drei Gänge führten ins Dunkle. Sie musste sich in einem Dachsbau befinden. Sie meinte, ein Kratzen zu hören und lauschte. Nichts.

Anna schob sich in die Kammer. Vorsichtig setzte sie sich auf. Wenn sie den Kopf leicht einzog, berührte sie geradeso die Decke. Ein Blick zum Eingang. Das Lichtrondell war blasser geworden. Sie würde die Nacht hier verbringen müssen.

Die Platzangst, vor der sie sich gefürchtet hatte, stieg auf, ließ sie zittern. Leise sprach sie mit sich selbst:

»Ich muss runterkommen. Langsam atmen, Licht ausschalten, Augen schließen. Nichts denken … Genau, das ist es, die Ruheübung!«

Sie zog die Knie an, umschlang sie mit den Armen und stellte sich vor, wie sie in der Sonne an einem Bergsee lag und nur den Wind und das leichte Plätschern des Wassers hörte. Sofort beruhigte sich ihr Atem. Tausendmal hatte sie diese Übung im Meditationstraining angewandt, wenn ihr der Kopf vom Lernen dröhnte oder sie in einer Klausur einen Blackout bekam. Langsam konnte sie wieder klar denken. Vorerst war sie in Sicherheit. Es war wärmer als draußen, sie würde nicht erfrieren.

Da zupfte etwas von hinten an ihrer Mütze. Anna drehte sich überrascht um. Es war das Eichhörnchen, das vor ihr in den Tunnel gehuscht war. Sein weißer Bauch leuchtete im Handylicht auf, als es sich aufrichtete. Die Vorderpfoten hängend wie ein kleiner bettelnder Hund. Schnuppernd fixierte es Anna mit seinen schwarzen Augen. Dann sprang es in einen Tunnel, blieb stehen und schaute zurück. Als es feststellte, dass Anna ihm nicht folgte, lief es zu ihr, stellte sich wieder auf und sah die junge Frau unverwandt an. Dann hüpfte es erneut in die Röhre. Nein, Anna wollte nicht tiefer in den Bau. Sie würde hier in der Kammer übernachten. Wer wusste, wie verzweigt dieser Bau war. Am Ende fand sie morgen den Rückweg nicht. Sie schüttelte den Kopf, legte sich hin, rollte sich zusammen und stellte das Handylicht aus.

Das Eichhörnchen kam zurück und zupfte an ihr. Diesmal an ihrem Haar, das unter der Kappe herausschaute.

Da schoss der Lichtblitz einer starken Taschenlampe durch den Tunnel und blendete sie. Anna hielt sich die Hände vor die Augen und schaute zwischen den Fingern hindurch. Ein Gewehrlauf tauchte in der Röhre auf. Jemand zwängte sich mit dem Oberkörper hinein.

Das Eichhörnchen fiepte schrill und verschwand mit gestrecktem Schwanz blitzschnell in einem Stollen. Anna schoss das Adrenalin ins Blut, reflexartig richtete sie sich auf, schlug an der Decke an, fiel hin und krabbelte hinterher.

Als der Schuss losging, verursachte er im engen Tunnelsystem einen Höllenlärm. Anna hielt sich vor Schmerzen die Ohren zu. Einmal mehr war Fleischhauer das Wild entgangen und so feuerte er aus Frust einen weiteren Schuss ab. Dann brüllte er ins Finstere:

»Du verdammtes Luder, dich erwische ich, wart nur. Selbst wenn ich die ganze Nacht bleiben muss, dich mache ich fertig. Dann hänge ich dich an diesem Scheißbaum auf!«

Dann rutschte er zurück und machte sich davon. Er hatte nicht im Sinn, die ganze Nacht auszuharren. Aber er baute darauf, dass Anna es nicht wagen würde, die Höhle zu verlassen. Morgen würde er wiederkommen. Jetzt würde er seinen Gefangenen holen, bevor der noch erfror.

Er stellte sich grinsend vor, wie die Beine des Luders zucken würden, wenn der Strick ihr das Genick brach, und hastete achtlos über den Baumstamm. Das war ein Fehler. Er verlor das Gleichgewicht. Einige Sekunden sah es so aus, als ob er einen epileptischen Anfall hätte. Die Schwerkraft siegte und er stürzte kopfüber in den Bach. Das Eis brach unter ihm. Einige Meter vom Stamm entfernt tauchte er wieder auf. Das Gewehr in den Händen. Wenn Fleischhauer einmal nicht wild fluchte, dann war er wirklich böse. Klatschnass zog er sich aus dem Wasser. Der Wind griff nach ihm und ließ die Tropfen, die an ihm herunterrannen, gefrieren. Während er schlotternd zu dem gefesselten Jungen eilte, versuchte er, die Jacke auszuwringen. Dann sah er den verdammten Hund.

Das Pfeifen in Annas Ohren ließ nur langsam nach. Als es endlich verklungen war, lauschte sie angestrengt nach Geräuschen vom Eingang. Erst als sie länger nichts mehr hörte, traute sie sich, das Handylicht anzuschalten. Vor ihr verlor sich der Lichtstrahl in der Röhre, die weiter in den Berg führte. Sie beschloss, rückwärts wieder in die Kammer zu kriechen und dort seitlich ein Stück in einen anderen Tunnel, damit sie nicht im Schussfeld liegen würde, falls der Mann wieder auftauchte.

Da schnarrte etwas hinter ihr. Anna drehte sich auf den Rücken und traf mit dem Strahl den weiß-schwarz gestreiften Kopf eines Dachses, der sich geblendet zur Seite drehte und keckerte.

Anna richtete den Lichtkegel auf seine Füße. Der Dachs reckte ihr seinen Schädel entgegen und schaute sie mit seinen schwarzglänzenden Stecknadelaugen böse an. So erschien es ihr jedenfalls.

Sein ovaler Körper füllte beinahe den ganzen Stollen. Breitbeinig stand er da und seine kurzen Beine endeten in riesigen Krallen. Seine Grabwerkzeuge. Aber auch seine Waffen. Unter seiner rüsselartigen Nase legte das leicht geöffnete Maul das Gebiss frei. Reißzähne, die im Licht schimmerten.

Anna erschauerte. Das musste sein Bau sein. Und er freute sich offensichtlich nicht über ihr Eindringen.

Über seinen Schultern tauchten zwei weitere Dachsgesichter auf und blickten sie streng an. Der Vordere kratzte mit einer Tatze über den festen Boden.

Vorsichtig, um die Dachse nicht weiter zu provozieren, kroch sie langsam wieder in den Gang, aus dem sie eben erst gekommen war, rollte sich auf den Bauch und wand sich wie ein gehetzter Salamander hindurch. Der Dachs folgte ihr.

Vor Anna tauchte das Eichhorn auf. Als es sie herankriechen sah, wendete es und lief voran. Immer wieder blieb es stehen und schaute sich nach ihr um. Hinter sich hörte Anna den Dachs. Er hörte sich näher an. Schweiß lief ihr über das Gesicht. War das ihre Angst oder wurde es wärmer?

Der nächste Kessel, größer als der am Eingang. Jetzt würde er wohl angreifen.

Anna durchquerte die Kammer, dem Eichhörnchen nach in die nächste Röhre, ohne dass etwas geschah. Dann stellte sie fest, dass das Wetzen der Krallen nicht mehr zu hören war.

Erneut leuchtete sie mit dem Handy nach hinten. Ihre Augen wurden groß. Eine Vielzahl Mäuse, dann drei Hasen, dahinter zwei Füchse und dazwischen sah sie nur noch die Augen des Dachses und seine Nasenspitze. Das Licht erfasste weitere Augen in der Finsternis. Ein Keckern, Pfeifen und Bellen setzte ein. Einer der Hasen schlug nach dem Handy. Anna begriff, dass das Licht den Tieren Schmerzen verursachen musste. Schnell schaltete sie es aus und kroch weiter.

Nach einer Weile verzweigte sich der Tunnel. Das Eichhörnchen huschte in die dickere Röhre, die nach unten führte, vorbei an einem kurzen Gang an dessen Ende eine weitere Kammer lag, die mit Heu, Moos, Farn, Zweigen, Blättern und Tannzapfen gefüllt war.

Der Stollen führte zu einem Kessel, vom dem vier Gänge abgingen. Das Tierchen sprang in den ansteigenden Stollen. Anna folgte ihm.

Hätte sie gewusst, dass sie sich auf das Zentrum des Berges zubewegte, wäre sie wohl kaum weitergekrochen.

Je tiefer sie kam, umso wärmer wurde es. Der Boden war vom jahrtausendelangen Dachsverkehr hart wie Beton. Knie und Ellenbogen taten ihr weh. Das Haar klebte ihr im Gesicht. Schweiß biss und juckte sie. Sie hielt an, zog den Reißverschluss der Jacke auf. Sofort wurde hinter ihr lamentiert, eine Schnauze drückte gegen ihre Stiefel. Wieder weiter. Zwei Gänge aufwärts. Dann schwaches Licht am Stollenende. In Anna stieg hoffnungsvolle Erregung auf. Sie kroch schneller. Eine Art Durchbruch. Das Gestein wechselte von Nagelfluh zu Sandstein. Stöhnend richtete Anna sich auf. Tiere strömten zwischen ihren Beinen hindurch in eine große Höhle. Getaucht in dunkel-türkisblaues Licht. In magisches, funkelndes Glimmern. Irgendwie unnatürlich, doch kunstvoll und unglaublich schön.

Anna suchte nach dessen Ursprung und fand ihn an der Decke, von der vernetzte Lichtnester mit leuchtenden Fäden herabhingen. Lang wie Unterarme.

Waren das Glowworms? Aber die gab es eigentlich nur in Neuseeland.

Die Tiere interessierte das Lichtspektakel nicht. Sie verschwanden in einem elliptischen Höhlengang.

Sie schreckte auf. Geräusche. Rasch lauter werdend. Ein Stakkato klappernder Hufe. Dann war er da.

»Wolkentanz!«, rief Anna entgeistert und leiser: »Wolkentanz ...«

Tränen liefen ihr übers Gesicht. Der Hengst beugte seinen Kopf zu ihr und das Mädchen lehnte sich an. Kopf an Kopf. Zärtlich streichelte sie ihn.

Wieder Geklapper. Der Hirschstier warf einen kurzen Blick auf das Paar. Dann schüttelte er das Geweih und schritt würdevoll an ihnen vorbei. Die Hirschkuh und ihr Kalb folgten ihm. Dann die Bären, Rehe, Wölfe, weitere Hirsche, Luchse, Wildschweine ... Ein langer Tross der großen Waldtiere. Wintervögel umflatterten sie. Amseln, Rotkehlchen, Grünfinken, Feldsperlinge, Meisen, Sperber, Elstern, Krähen und eine Menge mehr.

Wolkentanz gab ihr einen Stoß mit der Schnauze. Sie verstand und schloss sich an. Durch an- und absteigende Gänge, gerade und sich biegende, elliptische, runde und dreieckige, an Abzweigungen vorbei.

Da teilte sich die Menge, um etwas in der Mitte einer kleinen Grotte auszuweichen. Anna stockte im Schritt. Eine Feuerstelle. Darüber ein natürlicher Höhlenschlot, der wohl den Rauch abgezogen hatte. Zunderschwämme und gleich daneben einige Feuersteine. Anna bückte sich, um sie in die Hand zu nehmen. Die Zunderschwämme waren beinahe versteinert.

Beim Aufrichten fiel ihr Blick auf die gegenüberliegende Wand. Die Linien sahen aus wie ... Steinritzungen. Pferde, Eulen, Jäger mit Bögen, die auf Steinböcke schossen. Anna wurde flau im Magen bei dem Gedanken, dass sie wahrscheinlich der erste Mensch seit Jahrtausenden war, der diese Höhle betrat.

Ein Stoß von Wolkentanz trieb sie an. Anna wünschte, er könnte reden und ihr sagen, was die Tiere in der Höhle suchten. Wenn es nur Schutz vor dem Sturm wäre, warum liefen sie dann weiter ins Höhleninnere?

Die schrägen Seitenwände des nächsten Tunnels waren über und über mit Höhlenmalereien bedeckt. Handabdrücke. Abstrakte Punkte und Striche. Dann ein Stilbruch. Mit Holzkohle gezeichnete Tiere. Wohl jüngeren Datums. Wollnashörner, Höhlenlöwen, Mammuts, Höhlenbären und -hyänen, Rentiere, Riesenhirsche, Wisente und Auerochsen. Pferde mit kleinen Köpfen und dicken Bäuchen, mächtige Stiere mit langen gewundenen Hörnern. Es folgten Chimären, die in den Gängen einer Spirale tanzten. Menschenkörper mit Löwen-, Vogel-, Ziegen- und Stierköpfen. Einige mit Flöten. Mitten unter ihnen ein groß gezeichnetes Paar mit einem gemeinsamen menschlichen Unterleib, darüber der Oberkörper einer Löwin sowie der eines männlichen Bisons. Sobald Anna langsamer wurde, um die Details zu bewundern, erhielt sie einen Schubs. Seufzend ging sie weiter. Wenn sie nicht so müde gewesen wäre, so zerschlagen und ausgelaugt, sie wäre ausflippt angesichts dieser Entdeckung.

Wohin der Weg auch führte, die Glowworms besiedelten offensichtlich das ganze Höhlensystem und beleuchteten es mal stärker, mal schwächer.

Das Geklapper der Hufe vor Anna wurde lauter. Sie trat in eine riesige Halle, deren Ende sie nicht sehen konnte. Dicke, nach oben breiter werdende Säulen stützten die Decke. An den Säulen und Wänden entdeckte sie Spuren von Bearbeitung. Bei jedem Schritt wurde feiner Staub aufgewirbelt. Hier war vermutlich Sandstein abgebaut worden.

Merkwürdig, so weit in der Höhle drin. Wohin man die Blöcke wohl gebracht hatte und für was sie verwendet worden waren? Anna durchquerte die Halle auf einem ausgetretenen Pfad und ging zu einem übermannsgroßen rundlichen Loch an der gegenüberliegenden Seite.

Stefano Viamugnaio war müde. Und wenn er müde war, wurde er unausstehlich. Das Wetter passte deshalb hervorragend zu seiner Laune.

Er hatte die Fracht schon um 4:30 Uhr übernehmen müssen. Unten im Porto Antico im alten Hafen von Genua im Areal des stillgelegten Kohlekraftwerkes. Viamugnaio war solche Nacht- und Nebelaktionen nicht gewöhnt. Entsprechend nervös machte ihn der Transfer. Es war gespenstisch still gewesen an diesem Morgen und misstrauisch hatte er sich umgeschaut. Doch außer den gestapelten Containern und den abgeschalteten Förderbändern, die zu den leeren Kohledepots führten, war nichts zu sehen. Die Leute der Sutech Worldwide Logistic Cooperation, ein Unternehmen der Organisation, kannte er nicht. Sie arbeiteten ruhig, schnell und schweigend. Innerhalb weniger Minuten war die Fracht in den versteckten Stauräumen des alten Drögmöller-Reisebusses untergebracht.

Als nächstes hatte er die neunundzwanzig Touristen vor dem Hotel Novotel aufgeladen. Nach Aosta hatte es zu

schneien angefangen. Eine resolute, schwatzhafte und voll-
schlanke Neapolitanerin Mitte fünfzig war plötzlich ruhi-
ger geworden. Viamugnaio schätzte die Ruhe. Bis die Ita-
lienerin plötzlich kotzte. Etwas Gutes hatte die Sache ja.
Von da an schwieg die Dicke.

Dann die Grenzkontrolle am Ausgang des Grossen-St.-
Bernhard-Tunnels. Er war nur wenig nervös. Die Organisation hatte ihren Mann vor Ort. Der winkte den Bus durch.
Er konnte nicht verstehen, warum die Organisation ver-
langt hatte, dass er, als Chef ihres Reiseunternehmens Vi-
aggo Romantico, die Tour machen musste. Normalerweise
machte das einer seiner vierzig Fahrer.

Nach dem Mittagessen im Hotelrestaurant Bivouac Napoléon merkten einige der senilen Deppen, dass sie noch keine Schweizer Franken hatten und verschwanden, anstatt
im Bus Platz zu nehmen, in der Wechselstube. Das führte,
nebst der verspäteten Abfahrt am Morgen – einige Senioren hatten den Wecker falsch gestellt –, dazu, dass Viamugnaio zu spät zum Treffen kommen würde. Nun gut, er hatte
Partner Nr. 2 in der Schweiz informiert.

Zwei Tage musste er die Gesellschaft aushalten. Allein. Ge-
nua-Berno-Neuenburg-Basilea und retour. Und wenn denen erst einmal aufging, dass die versprochene romantische
Städtereise wenig mit der Realität zu tun hatte, konnte es
ungemütlich werden. Aber nicht für ihn. Unter seinem
schmalen schwarzen Schnurrbart kräuselten sich seine Lippen. Er hatte auch schon seine Fahrer bei ähnlichen Ereignissen angewiesen, renitente Rentner an Parkplätzen im
Nirgendwo auszusetzen.

In Berno an der Aar zogen Ausläufer des Blizzards eine dicke

Decke über die Stadt. Die Führung in der mittelalterlichen Altstadt musste abgesagt werden. Die Alten begehrten auf. Viamugnaio bedauerte. Stattdessen karrte er die Truppe zum Zytglünggi, einem Glockenturm mit Figurenspiel. Das war das Highlight der Besichtigung von Berno. Auch das Einzige. Der Busfahrer forcierte die Gruppe am Ristorante Lorenzoni vorbei zum Bus zurück. Die Bruschette al pomodoro wurden gestrichen. Man müsse sich beeilen, das Hotel läge außerhalb von Berno in Mühlisberg und der hohe Schnee … Die älteren Herrschaften wurden ein weiteres Mal enttäuscht, waren sie doch davon ausgegangen, dass sich das Hotel im Zentrum der Stadt befände. Viamugnaio gab das Ziel in das Navi ein: Dorfstraße 137, Cappellen.

Schlingernd fuhr der Bus über die Moncailloubrücke zum Eigerplatz und von dort weiter entlang des Universitätsspitals Richtung Autobahnauffahrt Bremer Wald. Als er auf sie zufuhr, musste er feststellen, dass die Polizei die Auffahrt gesperrt hatte und jeden Autofahrer kontrollierte. Er dachte an die 4,6 Millionen Yaba-Pillen im Gepäckraum. Er wurde unruhig. Kurz entschlossen bog er rechts ab, drückte »Autobahn meiden« und fuhr mit überhöhter Geschwindigkeit weiter. Die Scheibenwischer wurden der Schneemasse kaum Herr. Als Viamugnaio von der Eymattstraße auf die Forststraße abzweigen wollte, stellte er fest, dass ein Absperrzaun den Weg blockierte.

Er hielt an und schaute sich um. Weit und breit keine Bullen. Natürlich war es riskant, aber er wusste, wenn er nicht rechtzeitig ankäme, gäbe es ganz andere Probleme. Der Sturmwind nahm ihn beinahe mit, als er ausstieg. Vornübergebeugt stapfte er zur Absperrung und hievte, unter den erstaunten Blicken der Senioren, einen Teil zur Seite. Als er einstieg, protestierten die Alten lautstark. Viamugnaio packte den Rädelsführer am Kragen und bellte ihn an, es sei jedem selbst überlassen, jetzt und hier auszusteigen. Die Reisegruppe verstummte.

Dann fuhr Viamugnaio los. Schlitternd. Der Blizzard wurde stärker und riss den Reisebus auf der schmalen Straße hin und her. Die Alten schrien, die Dicke kotzte wieder. Viamugnaio biss sich schwitzend auf die Lippen. Hinter ihnen stürzten Bäume auf die zugeschneite Straße. Ein irrer Senior schrie jedes Mal: »Albero sta cadendo! Albero sta cadendo! Baum fällt!«

Viamugnaio fuhr schneller. Die Damen weinten. Die Männer hielten sie um die Schultern und redeten sich Mut zu. In der Mitte des Forstes ließ der Wind ein Stück nach und die Gruppe schöpfte Mut. Doch als es auf den westlichen Waldrand zuging, trieben heftige Böen den Schnee horizontal über die Straße und schüttelten den Bus.

Die Scheinwerfer erfassten die große Kiefer, bevor Viamugnaio die Gefahr erkannte. Sie fiel dumpf auf die Straße, Äste wurden weggeschleudert und der Stamm federte einen Meter zurück, bevor er zum Liegen kam.

Viamugnaio machte reflexartig eine Vollbremsung, der Bus drehte sich und rutschte schräg weiter. Dann fuhr er vorne rechts auf den Baum auf. Der fünfzehn Meter lange Drögmöller drehte sich komplett, das rechte Hinterteil kam von der Straße ab, riss Sträucher und junge Bäume um, bevor es auf einer dicken Eiche aufschlug. Das kombinierte Abspielgerät spuckte die Tonbandkassette aus, stellte automatisch auf Radiobetrieb und Black Sabbath gaben ihren Song »Paranoid«

zum Besten. Es ruckte und der Dieselmotor stellte den Betrieb ein. Rauch trat aus den seitlichen Lüftungsschlitzen des Motorraums aus. Die Buslichter bohrten Lichtkegel in den Wald. Auch die Beleuchtung in der Kabine funktionierte noch.

Der letzte Schnee fiel von der Eiche auf das Dach. Dann war nur noch das Heulen des Sturms zu hören.

Angst kann ein guter Ratgeber sein und so hatten sich alle Senioren schon beim Abbiegen auf die gesperrte Straße die Gurte umgelegt. Trotzdem schlugen einige mit dem Kopf auf den Vordersitzen auf und es gab blutige Nasen und blaue Augen. Und auch verstauchte Ellenbogen und Hände. Einer schlanken und gepflegten älteren Dame mit violettem Haar hatte der Aufprall eine Rippe gebrochen. Sie weinte leise. Die zwei mitreisenden Cölestinerinnen, stumme Schwestern des kontemplativen Ordens von der Allerheiligsten Verkündigung, kümmerten sich rührend um sie.

Verwirrt und bleich schauten sich die Reisenden um. Hatte der Crash ihnen im ersten Moment die Sprache verschlagen, so legten sie nun in italienischer Manier los. Es wurde geschrien und geflucht, was das Zeug hielt. Einige erhoben sich von den Sitzen und drohten mit fuchtelnden Armen und Fäusten. Es dauerte eine Weile, bis Viamugnaio sie energisch zurückfluchend zur Ruhe brachte.

Der Anlasser klackte mehrmals. Dann erwachte der Dieselmotor zu neuem Leben und die Heizung kam in Gang. Jeder Versuch, den schweren Omnibus in Bewegung zu bringen, scheiterte. Das Chassis des Volvos lag auf der Böschung auf und die Hinterräder drehten durch.

Er erwog, einen der rüstigeren Senioren loszuschicken. Dann verwarf er den Gedanken. Leider. Die würden krepieren, bevor sie auch nur in der Nähe des Dorfes waren. Grantig informierte er die Reisegruppe, dass er nun Hilfe hole, sie aber im Bus bleiben sollten. Die Alten zeigten sich erleichtert.

Er legte seine leichte, gesteppte Daunenjacke an und zog eine Taschenlampe aus einem Seitenfach des Cockpits hervor. Zischend schlossen sich die vom Wind geschüttelten Bustüren hinter ihm.

Freitag, 13. Dezember, 16:25 Uhr,
Schwarzer Forst, Gebiet Wohleyberg

Die Hündin lag geduckt unter einem Haufen dicker Äste und kniff die dunklen Augenbrauen zusammen, als sie beobachtete, wie der Wilderer den Spuren der Tiere nachlief. Sie wartete, sie hatte Zeit. Sie hätte die Fährte noch Stunden später aufnehmen können.

Kaum hatte sie sich hingekauert, setzte der starke Schneefall Flocken auf ihr glänzendes Fell, das im Laufe der Jahre voller und im Schulterbereich länger geworden war, sodass es aussah, als ob sie eine Stola tragen würde.

Als sie um Mittag rum von Streits Hof weggelaufen war, hatte ihr Manschuela nachgerufen, sie solle sofort zurückkehren. Sie hatte sich taub gestellt. Nun steckte sie in der Bredouille. Mitten in einem Schneesturm und gejagt von einem schießwütigen Idioten.

Als längere Zeit keine Schüsse mehr zu hören waren, kam sie vorsichtig aus ihrem Versteck hervor und schlich den Tieren nach. Zwischendurch hob sie den Kopf, witterte, konnte aber Fleischhauer nicht riechen. Plötzlich peitschte etwas Brennendes über ihre Kruppe, dort, wo der dunkelbraune Streifen, der über ihren Rücken lief, in den Schwanz überging. Der Knall des Schusses folgte unmittelbar. Sie heulte vor Schreck und Schmerzen auf, Hagens Handy fiel ihr aus dem Fang. Kopflos rannte sie davon, ein weiterer Schuss, der sie verfehlte, sie sah den Baumstamm über den Bach, die Fährten, sprang auf die andere Seite und versteckte sich hinter einem Gebüsch.

Kurz darauf erschien Fleischhauer, dessen gefrorene Kleider wie Bretter an ihm herunterhingen. Er blieb an der Böschung stehen, blickte hinüber, fluchte und fuchtelte mit dem Gewehr. Dann wandte er sich ab, den gefesselten Hagen vor sich her stoßend.

Als Sancha ihren Kopf drehte, um die versengte Stelle am Rücken zu lecken, saß ein riesiger Dachs hinter ihr. Schon war sie erschrocken zurückgewichen, als der Dachs grunzte. Sie jaulte etwas zurück, sah über den Bach, bellte den Dachs an. Als sie mit dem Handy im Maul zurückkam, saß der schwere Dachs noch immer vor dem Bau. Er schaute Sancha kurz an, kehrte sich um und verschwand durch den Tunnel. Die Hündin folgte ihm zögerlich.

Freitag, 13. Dezember, 16:45 Uhr,
Cappellen, Weiler Hübeli

Heinrich Bubenberg und Res Winterfeld trafen gleichzeitig ein. Durch den Schnee, der wie ein Vorhang vor den

Fenstern des Hauses hing, sah man Schatten, die hektisch auf- und abgingen.

»Haben Sie schon eine Spur von Anna und Hagen?«, schrie Heinrich Winterfeld durch das Tosen des Sturms an.

»Nein, … bis jetzt nicht, aber wir werden sie finden.« Heinrich kniff die Lippen zusammen. Die Haustüre wurde aufgerissen und Rhea umarmte schluchzend ihren Mann. Im Wohnzimmer lief der Vater von Hagen mit rotem Kopf von einer Wand zur anderen.

»Der soll nur nach Hause kommen, dann kann er was erleben. Windelweich klopfe ich den!«, wetterte er, schaute auf seine Armbanduhr, um gleich wieder loszulegen:

»Ich hab's dir immer gesagt, du mit deiner antiautoritären Erziehung. Jetzt haben wir den Salat. Der macht, was er will.«

Frau Gutthorm saß mit verweinten Augen auf dem Sofa und schaute eingeschüchtert zu ihrem Mann hoch. Heinrich schüttelte den Kopf und tauschte einen raschen Blick mit seiner Frau.

Um die unangenehme Stimmung zu überbrücken, schritt Winterfeld auf Gutthorm zu und reichte ihm die Hand:

»Grüß Gott, Herr Gutthorm, nun seien Sie mal nicht so streng. Sie sind ja noch jung.«

Gutthorm schwieg und ergriff die Hand. Offensichtlich hatte er, der Polizeiuniform wegen, Unterstützung erwartet. Winterfeld nahm seine Rollmütze mit der Aufschrift »Polizei« vom Kopf und drehte sie in seinen Händen.

»Wir haben versucht, die beiden in der Umgebung des Dorfes ausfindig zu machen. Wir sind davon ausgegangen, dass sie in ihrem Alter vernünftig genug gewesen wären, nach dieser Sturmwarnung nicht auf das Moos zu gehen. Bisher waren wir erfolglos.«

Die Frauen schlugen die Hände vors Gesicht. Erneut schossen ihnen Tränen in die Augen. Winterfeld vermied es, den Eltern in die Augen zu sehen und fuhr rasch fort:

»Wir glauben nun, dass sich die Kinder tatsächlich im Großen Moos oder im angrenzenden Forst befinden. Eine sehr gefährliche Situation, ich will Ihnen nichts vormachen. Im Moment suchen Mitglieder des Bauernverbandes mit Traktoren und Scheinwerfern das Große Moos ab. Ein Streifenwagen mit Korporal Hostettler ist im Gebiet Forststraße unterwegs. Dort besteht die größte Möglichkeit, dass wir die Kinder aufspüren, falls sie es bis zum Wald geschafft haben. Normalerweise sollte man sich ja bei einem Sturm nicht am Waldrand oder im Wald aufhalten, wegen umstürzender Bäume … In diesem Fall aber dürfte der Wald die Rettung gewesen sein.«

Winterfeld hielt kurz inne, schaute nun den Eltern in die Gesichter.

»Zudem werden wir durch das Militär unterstützt. Für die Suche müssen wir den Standort von Hagen und Anna eingrenzen. Wenn wir sie innerhalb der nächsten zwei, drei Stunden orten können, stehen die Chancen sehr gut, dass wir noch rechtzeitig sind. Was wir von Ihnen wissen müssen, ist, ob ihre Kinder Mobiltelefone mit sich tragen.«

Rhea unterbrach den Polizeichef:

»Ich habe schon mehrmals versucht, Anna zu erreichen, sie nimmt nicht ab.«

Gutthorm hob sein Kinn.

»Das Mobilfunknetz ist außer Betrieb. Wir kommen nicht durch. Wie wollen Sie so die Kinder orten?«

»Geben Sie mir bitte die Telefonnummern der Mobilgeräte.«
Winterfeld hob sein Funkgerät, kontrollierte die Signal-
stärke der Funkverbindung auf K-Kanal und sprach in das
Mikrofon:
»Berna 1 an Berna 2, Hauptmann Brevaronne, bitte kommen.« Brevaronne meldete sich sofort und Winterfeld gab
ihm die zwei Handynummern durch. Dann wendete sich
der Polizist wieder an die Eltern:
»Brevaronne hat ein spezielles Ortungsgerät. Dieses gibt
vor, eine normale Mobilfunkantenne zu sein. Alle Mobiltelefone, die eingeschaltet und im Sendebereich des Cat-
chers sind, melden sich bei diesem an und senden ihm ihre
Daten. So können wir den Standort von Handys lokalisieren. Nachdem wir nun die Nummern der Kinder haben,
dürften wir in zwei, drei Minuten Bescheid erhalten.«
Die Eltern schöpften Hoffnung. Winterfeld ging zum
Fenster und schaute ernst hinaus.
Dann meldete sich Brevaronne:
»Monsieuer l'agent, der Spezialist konnte schon vor etwa einer Stunde im Wald ein Mobiltelefon orten. Kurze Zeit später auch ein zweites in unmittelbarer Nähe. Aufgrund der
Topografie gibt es viele Funklöcher im Schwarzen Forst und
das Signal riss wieder ab. Allerdings war das zweite keines mit
einer der angegebenen Rufnummern. Die Nummer, die wir
lokalisieren konnten, war die von Hagen Gutthorm.«
Rhea schluchzte auf.
»Das Gerät von Hagen befindet sich zwischen Waldrand
und Großem Hubel. Der Träger des Handys folgte zuerst
dem Riederlenbach Richtung Südwesten. Im Moment ist
der Standort nicht mehr zu lokalisieren.«

Winterfeld drückte auf Sprechen.

»Capitaine, mit der Ortung eines Handys dürften wir wohl den ungefähren Standort beider Kinder ermittelt haben. Bitte leiten Sie umgehend alles für die Suchaktion ein. Ich komme zu Ihnen.«

Winterfeld setzte ein schmales zuversichtliches Lächeln auf:

»Glauben Sie mir, die Chancen stehen nicht schlecht.«

Dann nahm er seine Mütze, setzte sie auf und schüttelte den wortlosen Eltern die Hände.

»Wir halten Sie auf dem Laufenden.«

Freitag, 13. Dezember, 16:55 Uhr,
5 km östlich von Cappellen, im Großen Moos

Es schneite so heftig, wie es Streit in seinen fünfundvierzig Jahren noch nie hatte schneien sehen. Man konnte trotz starker Scheinwerfer höchsten vier, vielleicht fünf Meter weit sehen.

Der Gedanke an die Pferde schmerzte ihn. Er ärgerte sich über sich selbst, dass er sie nicht auf seinen Hof gebracht hatte, als die Sturmwarnung ausgegeben wurde.

Plötzlich ging der Motor aus. Streit versuchte, zu starten. Die Zeiger der Instrumente bewegten sich nicht. Der Strom war weg.

Streit brummte etwas und zog die Schneeschuhe an. Der Schnee reichte bis zum Trittbrett des Traktors.

Aus dem Motorraum rauchte es. Die Befestigung des Massekabels der Batterie glühte und der Kabelschutzschlauch war dabei zu schmelzen. Anlasser und Lichtmaschine waren heiß.

Streit entfuhr ein »Jesses Maria«. Ein Kurzschluss. Bei −20 Grad, die es in dieser Nacht geben sollte, konnte er das Wetter nicht in der Fahrerkabine aussitzen. Auch mit einer Thermosflasche Kaffee und einer Notdecke nicht.

Er stieg in die Kabine, versuchte zu telefonieren. Keine Verbindung. Kurz orientierte er sich mit Hilfe des Kompasses und der Karte über seine Marschrichtung. Er musste sofort aufbrechen, das war ihm klar. Er trank die Flasche leer, steckte Landkarte und Kompass ein und stieg erneut vom Traktor.

Als der Traktor von Streit aus dem Nichts vor Christoph Arnold auftauchte, war es zu spät, um auszuweichen. Es rumste gewaltig. Arnold wurde, trotz seiner Gurte, hin- und her geschleudert.

Streit hörte die zusammenkrachenden Traktoren. Als er nach hinten sah, kam ihm sein Hürlimann, bei dem nun erstaunlicherweise wieder ein Scheinwerfer und die Rücklichter brannten, entgegen. Streit brachte sich mit einem Sprung zur Seite in Sicherheit, stolperte und verlor dabei Kompass und Handy. Der Traktor blieb glücklicherweise schon nach wenigen Metern wieder stehen.

Streit drehte um. Sein Freund stieg gerade aus dem schwer beschädigten Rigitrac. Mehr oder weniger unverletzt, wie es schien.

Schnell stand fest, dass beide Traktoren nicht mehr fahrbar waren. Streit fragte Arnold schreiend, ob er einen Kompass habe, was dieser verneinte. Er habe ihn zu Hause liegenlassen. Streits Fußstapfen waren schon beinahe ausgelöscht. Trotzdem stocherten sie eine Weile im Schnee nach seinen Sachen. Erfolglos.

Streit biss die Zähne in die Lippen. Er zeigte die Reifenspuren entlang. Arnold nickte. Wenigstens hatte das Handy von Arnold noch Ladung, sodass sie über Licht verfügten. Mit einem Seil verbunden, brachen sie auf.

Nach einer Dreiviertelstunde standen sie wieder vor den Traktoren. Streit machte den Vorschlag, den Sturm in der Fahrerkabine auszusitzen. Eine Alternative hätten sie ja wohl kaum, schrie Arnold seinem Freund zurück ins Ohr. Streit wollte die Notdecke aus seiner Kabine holen. Da tauchte ein Schatten aus Nacht und Schneegestöber vor ihm auf: Wild Cloud. Die braunen Beine des Hengstes waren weiß. Bedeckt von festgefrorenen Schneekristallen. Ebenso Hals und Gesicht.

Er kam auf ihn zu, stupste ihn mehrmals an, drehte den Kopf nach hinten und nickte. Streit tätschelte ihm den Hals. Ein Wunder, dass der Hengst bei dem Wetter noch nicht erfroren war. Aber das war nur eine Frage der Zeit, trotz der Decke, die er trug. Streit schluckte.

Wieder wurde er mit der Nase gestupst und wieder drehte Wild Cloud den Kopf in die gleiche Richtung wie vorher.

»Ich weiß nicht, was du willst, Wild Cloud. Ich muss zurück in die Kabine. Versuch, irgendwo einen Unterschlupf zu finden!«

Der Hengst überholte ihn, schupste ihn zwei-, dreimal in die entgegengesetzte Richtung. Dann trabte er ein paar Schritte, kehrte zurück, stellte sich vor ihn, wieherte und stupste ihn so vehement, dass Streit zu Boden fiel.

So etwas hatte er noch nie erlebt. Könnte es wirklich sein, dass ihm Wild Cloud zeigen wollte, auf welchem Weg er sich in Sicherheit bringen konnte? Er versuchte nochmals, am Pferd vorbei zum Rigitrac zu gelangen, doch der Hengst ließ ihn nicht passieren. Er stieg sogar halb auf die Hinterbeine.

Da fasste Streit einen Entschluss und winkte Arnold zu, er solle hinüberkommen. Mit ziemlicher Mühe überzeugte er ihn von seinem Plan.

Arnold erinnerte sich an die Sternschnuppe der letzten Nacht und wünschte sich, dass das Pferd sie wirklich retten würde.

Wenig später fiel das Licht von Arnolds Handy auf einen Dachsparren, der eine Armlänge aus dem Schnee ragte. Nun hatte Streit Gewissheit. Die Tiere mussten ausgebrochen sein, bevor der Blizzard die Hütte zerfetzt hatte. Er hoffte, dass sich auch Wolkentanz hatte retten können. Das Trio kämpfte sich weiter.

Der Akku des Handys ließ nach. Ihre Körpertemperatur sank dramatisch. Streit hielt sich mit letzter Kraft an Wild Clouds Decke fest. Ein Ruck am Seil riss ihn fast von den Beinen. Arnold war umgefallen, rührte sich nicht.

»Das wird wohl das Ende sein«, dachte Streit. »Der Schlaf ist ein kurzer Tod, der Tod ein langer Schlaf«, hatte er einmal gelesen und hoffte, es würde so kommen.

In der Höhle der Ewigkeit

Freitag, 13. Dezember, 17:15 Uhr,
Schwarzer Forst, im Wohleyberg

Je tiefer die Tiere und Anna in die Höhle eindrangen, umso labyrinthischer wurde sie. Sie schien kein Ende zu nehmen. Anna schauderte bei dem Gedanken, unter wie viel Tonnen Gestein sie begraben sein mochte. Ein Grab … nein, nicht daran denken, sie würde hier wieder herausfinden.

Anna sah versteinerte Ammoniten, Muscheln und Schnecken im Sandstein und zu ihrer Erleichterung Spuren von Brandfackeln, die einmal in regelmäßigen Abständen angebracht worden waren. Fackeln brauchte es jetzt nicht mehr. Auch hier leuchteten die Glowworms den Weg aus.

In einer Grotte, in der sich Stalagnate wie Hochzeitstorten auftürmten, bog der Trupp ein weiteres Mal ab. Der Tunnel endete in einer Kaverne, in der aus einem kleinen See Dampf aufstieg. Anna rümpfte die Nase. Ein leichter Geruch von faulen Eiern hing in der Luft. Umschwirrt von einem Vogelschwarm schwamm der Hirschstier durch das milchige, trübe Wasser. Unmittelbar hinter ihm die Köpfe der Rothirsche, Bären, Wölfe, Rehe und Biber.

Anna hatte starken Durst, schöpfte mit der hohlen Hand von der warmen Brühe und roch daran. Es stank nach Schwefel. Sie verzog das Gesicht. Das konnte sie unmöglich trinken. Auch keines der Tiere machte Anstalten dazu. Die beiden Luchse saßen wie Hauskatzen vor der türkisweißlichen Spiegelfläche und schauten zum gegenüberliegenden Ufer. Sie knurrten und maunzten, schienen sich zu unterhalten. Dann erhoben sie sich und huschten über einen schmalen Sims, der der einzige trockene Übergang war, zur anderen Seite. Die kleineren Tiere taten es ihnen nach. Anna stieg als letzte auf das schmale Felsband und hangelte sich weit weniger elegant als die Luchse hinüber. Der Hirsch setzte seinen Weg fort.

Als Anna nur noch mechanisch einen Fuß vor den anderen setzte, ging der gestampfte Boden in Kopfsteinpflaster über. Erstaunt sah sie auf. Vor ihr befand sich ein mäanderförmiger, breiter, recht hoher und aufsteigender Gang, der aussah, als ob sich eine Riesenschlange durch den Sandstein gewunden hätte. Stelen links und rechts des Weges, die sie um mehrere Köpfe überragten. Anna trat näher an die erste heran. Ein Krieger mit Schwert und Schild war eingemeißelt. Zu seiner Linken hob ein Wolf den Kopf, als ob er heulte. Darunter etwas, das aussah wie Runen. Annas Zungenspitze glitt über ihrer oberen Zahnreihe hin und her, als sie auf eine der Runen tippte. Die sah aus wie ein X und die nächste wie ein umgedrehtes B. Ob sie sich am Eingang eines keltischen Heiligtums befand? Anna bekam eine Gänsehaut. Erst als sie zurücktrat, bemerkte sie, dass ganz oben eine halb verwitterte Gestalt thronte.

Sie ging zur nächsten Stele. Ein weiterer Krieger mit Blätterkrone, Kettenhemd und Runen. Aber neben dem Krieger diesmal ein … Anna beugte sich fasziniert näher … ein Eichhörnchen? Schwer zu erkennen bei dem Licht und warum sollten keltische Krieger mit Eichhörnchen dargestellt werden?

Nach den Stelen folgten zwei identische Steinfiguren, die Anna erschauern ließen. Bärtige Riesen mit Hirschhörnern saßen mit gekreuzten Beinen auf dem Boden. In der rechten Hand hielten sie gehörnte Schlangen, in der linken Wendelringe. Ihr kalter Blick schien Anna zu durchdringen. »Wie Medusen«, dachte sie. Unbehaglich trat sie einen Schritt zurück und warf einen Blick über die Schulter. Gerade schlüpfte das letzte der Tiere, ein Fuchs, durch das runde Steintor am Ende des Ganges. Sie war ganz allein mit den Riesen und ihren Schatten. Sie bemühte sich, nicht zu rennen, als sie auf das Tor zuhielt.

Um das ganze Tor zog sich ein steinernes Relief, das sich auch am Boden fortsetzte. Eine sich selbst in den Schwanz beißende Steinschlange. »Ouroboros, der Selbstverzehrer«, ging es ihr durch den Kopf. Symbol der kosmischen Einheit. Hen to pan – Eins ist Alles. Anfang und Ende.

Der Sage nach umschloss Ouroboros die Höhle der Ewigkeit, die Spelunca Aevi. Symbol für die Zeit, die Ewigkeit und die Wiederkehr des Goldenen Zeitalters, in dem Wohlstand, Gerechtigkeit und Frieden auf der Erde herrschten.

Hinter dem Tor öffnete sich eine gut zwanzig Meter lange und etwa fünfzehn Meter breite Vorhalle ohne Rückwand. Die Spitze des Trosses verschwand im türkisblauen Zwielicht und Anna eilte ihm hinterher.

Bei den zwei Säulen, die die Vorhalle auf beiden Seiten abschlossen, vergrößerte sich die Höhle. Ein Gang von wohl sechs Metern Breite, gebildet aus zwei Säulenreihen, umschloss eine Art Innenhof, dessen andere Seite nicht auszumachen war. Der Stierhirsch überquerte den Gang, blickte ein weiteres Mal kurz zurück und trabte davon. Es schien, als hätte er seine Arbeit getan.

Das Kopfsteinpflaster ging in einen grauen Terrazzo über. Anna fuhr mit dem Fuß mehrmals über den Boden. »Omnia prius experiri quam armis sapientem decet« erschien in Mosaikschrift auf dem staubbefreiten Boden und etwas weiter links konnte sie »Amor vincit omnia« auf dem glänzenden Belag lesen.

In der Mitte des Innenhofes war ein Ring mit fünf Säulen, die bis zur Decke reichten. Einmal mehr überrascht, stellte Anna fest, dass es sich vermutlich um altägyptische Säulen handelte. Eigentlich gar kein Kreis, sondern ein Pentagramm. Unter anderen ein Symbol für die Quelle der Erkenntnis und Schutz gegen böse Geister. Jede Säule hatte bestimmt mehr als zwei Meter Durchmesser und war rund acht Meter hoch. Die massiven Stützpfeiler waren reich mit Hieroglyphen und Bildwerken verziert. Jeweils zwischen zwei Säulen standen über zwei Meter hohe Trilithen. Jeder Trilith bildete mit seinen zwei stehenden Tragsteinen und einem querliegenden Deckstein ein Tor. Die Durchgänge waren so eng, dass man nur knapp hätte hindurchgehen können. Zusammen mit den Säulen bildeten die Dreisteine einen Kreis.

»Die sehen aus wie die Steine in Stonehenge«, sagte Anna leise im Selbstgespräch.

Sie trat an den ihr am nächsten befindlichen Trilithen heran. An beiden Tragsteinen waren surreale Malereien aufgebracht und im Deckstein eine lateinische Inschrift eingemeißelt: et lux in tenebris lucet et tenebrae eam non conprehenderunt. Auf den linken Stein war eine Art Garten Eden aufgemalt. Drei Menschen und Tiere in einer idyllischen Natur. Auf den rechten ein feuriges Höllenbild, auf dem Tiere und Musikgeräte Menschen quälten oder töteten. Anna kamen diese Bilder bekannt vor, konnte sie jedoch nicht zuordnen. Alle Trilithen waren mit ähnlichen Werken versehen.

Die Säule zu ihrer Rechten war aus Sandsteintrommeln zusammengesetzt. Nun wusste Anna, wofür der abgebaute Sandstein aus der großen Halle verwendet worden war. Diese Säule wirkte jünger als die übrigen und war nicht mit Hieroglyphen und altägyptischen Szenen bedeckt. Stattdessen fanden sich darauf Bilder aus verschiedenen Epochen und Inschriften in verschiedenen Sprachen.

Zwischenzeitlich hatten sich die Tiere dicht um den Säulen-Trilithenkreis gruppiert. Einige standen, andere saßen, weitere kauerten oder lagen auf dem Boden. Es war ein Gekreische, Geschnatter, Gepfeife, Gewieher und Gefauche, als ob sich die Tiere unterhalten würden.

»Merkwürdig«, dachte Anna, »dass sich keines in den Kreis begeben hat.« Neugierig machte sie einen Schritt auf den schwarzen Boden innerhalb des Kreises, blieb stehen und, als nichts passierte, strebte sie auf den Mittelpunkt zu. Durch den Staub am Boden war ein großes, weißes, gleichschenkliges Kreuz erkennbar. Außen zwischen den Kreuzachsen in Kreisen eingelegte farbige Mosaikbilder. Vor ihr ein Menschenkopf, im Uhrzeigersinn weiter der Kopf eines Löwen, dann der eines Adlers und im vierten Bild der eines Stieres. Ihr Blick wanderte zur Kuppel, die über dem Kreis anstieg. Diese war nur schwach durch die Glowworms beleuchtet, aber dennoch erkannte sie, dass sie mit einem

Nachthimmel, umgeben von Wolkenrändern, ausgemalt war. Spiralarme mit Sternen schimmerten und eine Vielzahl von Sternbildern: Das des Schützen, des Krebses und des Schlangenträgers konnte sie zuordnen. Es musste die Milchstraße sein. An der höchsten Stelle ein goldenes Auge. Anna kniff ihre Augen zu. Das Horusauge. Das linke Auge des altägyptischen Welt- und Lichtgottes. Das Auge, das er seinem Vater Osiris als Opfer dargebracht hatte. Osiris, auch Alpha genannt. Der Zeitschöpfer, in dessen Macht aller Dinge Anfang und Ende lag. Der Lärmpegel senkte sich, bis die Schar im bläulichen Dämmerlicht schließlich verstummte und alle Tiere Anna fixierten. Irgendwo lief dumpf rauschend Wasser durch den Berg.

Freitag, 13. Dezember, 17:25 Uhr,
Waldrand Schwarzer Forst

Entgegen den Versprechungen von Werkhofleiter Delaprez war die Forststraße nicht nochmals geräumt worden. Hostettler sagte nur ein Wort:
»Shit.«
Er stellte das Autoradio leise, in dem Udo Lindenberg etwas von »hinterm Horizont geht's weiter« krächzte, und funkte seinen zeitweiligen Chef Brevaronne an, um sich zu beschweren. Doch bei Brevaronne war er an der falschen Adresse:
»Monsieur Korporal sind ja wohl kein Rekrut, n'est-ce-pas? Was haben Sie denn erwartet? Einen Tapis rouge? Sie haben

ja wohl einen Allradwagen mit Ketten, alors erledigen Sie umgehend Ihren Auftrag!«

Ohne eine Antwort abzuwarten, beendete er das Gespräch. Hostettler war perplex. So etwas hatte er noch nie erlebt und auch nicht verdient.

Er stieg aus und bei der hinteren Türe wieder ein. Dann bellte er Studer an:

»Los, worauf wartest du? Setz dich hinters Lenkrad und fahr endlich los!«

Hostettler ließ die Scheibe einen Spalt herunter und leuchtete mit einem Handscheinwerfer, der theoretisch einige hundert Meter Leistung hatte, ins Moos. Dichtes Schneetreiben verhinderte, dass diese voll zum Tragen kam. Mehrmals blieb der Wagen stecken und einmal musste Hostettler sogar aussteigen, um zu schieben.

Zuerst glaubte Hostettler, das Schanzenbrüggli, eine kleine überdachte Holzbrücke aus dem Jahre 1835, sei weggerissen worden, als die Autoscheinwerfer nach der Rechtskurve nicht die vertrauten Umrisse zeigten. Doch dann schälten sich zwei Pfeiler ohne Dach aus der weißen Wand heraus. Auf einen Wink Hostettlers trampelte Studer zur Brücke, um sie abzusperren. Währenddem leuchtete Hostettler die Landschaft ab. Ihm entfuhr ein:

»Heiliger Bimbam!«

Der Lichtkegel erfasste zwei Schneemänner und ein Schneepferd, die auf ihn zuhielten. Hostettler und Studer stampften dem Trio entgegen, griffen den Bauern unter die Arme und stützten sie, bis sie am Wagen angelangt waren. Hostettler klopfte einigermaßen den Schnee von den beiden Männern ab, bevor Studer Decken um sie legte.

»Die Kinder?«

Streits Frage war vor lauter Zähneklappern kaum zu verstehen. Hostettler schüttelte den Kopf.

Die steifen Finger wollten sich nicht um die Becher mit heißem Tee aus der Thermoskanne legen, sodass Studer den beiden Bauern abwechselnd die Gefäße an die Lippen setzte.

Das Funkgerät knatterte. Hostettler nahm an, aber außer Rauschen hörte er nichts. Auch seine Bemühungen, Kontakt aufzunehmen, scheiterten.

»Wir bringen Sie ins Lazarett«, beschied er.

Doch als Hostettler den Wagen startete, drehte Wild Cloud, der an die hintere Stoßstange gebunden worden war, die Ohren, schnaubte und stieg hoch. Als er sah, wie Hostettler zu ihm kam, setzte er die Vorderbeine wieder auf die Straße, drehte sich um und schaute zur zerstörten Brücke.

Der Korporal redete ihm gut zu. Doch Wild Cloud blieb stur, selbst als Hostettler ziemlich scharf am Seil zog. Verärgert wollte er die Schlinge um den Hals des Pferdes entfernen, als er nochmals mit zusammengekniffenen Augen in die Richtung spähte, in die der Braune starrte. Diesmal entfuhr ihm ein »Was um Himmels Türi?«, als eine weitere verschneite Gestalt, die vom Blaulicht erfasst wurde, auf ihn zuwankte. Der Korporal ließ das Seil los und kämpfte sich auf den Mann zu.

»Help, I need help … the tourist bus«, stöhnte der Fremde. »Thirty People. Bus Crash. Into a tree. There …«

Der Ausländer streckte den Arm nach hinten aus und zeigte in Richtung Wald. Hostettler hatte gerade erst einen Auffrischungskurs Englisch hinter sich und hätte sich wohl unter weniger dramatischen Umständen gefreut, seine Kenntnisse zur Anwendung zu bringen.

»I understand Sir. I am a Police Officer. We will bring help. Accident Forst Street, right?«, brüllte Hostettler.

Der Italiener hauchte ein »Si«. Hostettler schob seinen Arm unter der Schulter des Mannes hindurch und brachte ihn zum Streifenwagen. Als Hostettler anfuhr, folgte Wild Cloud anstandslos.

Der Entschluss

Freitag, 13. Dezember, 12:23 Uhr, Upper New York Bay,
Brooklyn, neben dem Hafengelände Erie Basin

Die Schwaden, die aus dem Kompost aufstiegen, dampften
in der kalten Winterluft. Gemächlich wirbelten kleine
Schneeflocken zu Boden. Aus dem Radio, das im Container
stand, sang George Harrison sanft von schlafender Liebe.
Davies Paille nahm seine Brille ab, befreite sie von Wasser-
tropfen und zog die Kapuze seines Mantels tiefer ins Gesicht. Die Freiwilligen waren in der Mittagspause. Am
Abend vorher, nach Arbeitsende, hatte er ihnen dafür dan-
ken wollen, dass sie etwas Gutes für die Erde taten. Das
hatte er jahrelang so gemacht. Gestern nicht. Eigentlich
seit zwei Monaten nicht.
Der Druck, der auf ihm lastete, hatte seit Aufkündigung
des Pariser Klimaabkommens durch den Präsidenten stetig
zugenommen. Und war durch die Lockerung der strengen
Verbrauchsregelungen für Autos vor zwei Wochen massiv
gestiegen. Er wusste, was das bedeutete: mehr Spritfresser
auf den Straßen, deutlich höherer Treibstoffverbrauch und
einen x-fachen Ausstoß an Kohlendioxid und anderen
schädlichen Gasen. Tausende zusätzliche Tote und eine Be-
schleunigung des Klimawandels. Nur ein Sekundenbruch-
teil war Bitterkeit in ihm hochgestiegen. Dann kam die
Trauer. Es war eine tiefe und mächtige Trauer, die nach ihm
griff. Er trauerte nicht um sich selbst oder um etwas, das

ihn betraf, sondern weil er das künftige Leid aller Lebewesen im Voraus empfand. Er fühlte es in sich, das Kommende, das Verheerende.

Auf CNN hatte er vorher im Büro Live-Bilder vom ersten Blizzard in der Schweiz gesehen. Der Appetit war ihm vergangen. Ein weiterer Beweis dafür, dass das Klimaproblem größer, gewaltiger und schlimmer als jedes andere war. Und zweifellos schlimmer als jedes persönliche Problem. Die Klimaveränderung würde zum Ende der Welt führen.
Er dachte an Hurrikan Sandy, die 2012 die Ostküste heimgesucht hatte. In New Jersey soff ein Vergnügungspark ab, in New York wurden Siedlungen komplett weggespült. In der Börse in Manhattan, in der Baustelle des World Trade Center und in allen Auto- und U-Bahntunneln stand das Wasser meterhoch. Mit Windgeschwindigkeiten von rund 150 km/h wurden Klimaanlagen wie Geschosse durch die Häuserschluchten geschleudert. Innerhalb weniger Minuten fegte die gewaltige Sturmflut durch die Straßen. Prügelte Autos, Blech, Bäume, Holzteile, Müll und Sandsäcke vor sich her. Die Flutwelle riss auf der Farm alles mit, was sie greifen konnte, und warf es an den Maschendrahtzaun, der das Gelände zur Sigourney Street abgrenzte. Sogar die Erde wurde ausgewaschen und die Komposthaufen wurden fortgetragen. Es stank nach Salz, Moder, Fäkalien und verwesendem Fleisch, als er das Gelände am Tag danach betrat. Zwei Jahre hatte es gedauert, alle Schäden zu beheben. Davies stützte sich auf seine Schaufel und starrte in die Dunkelheit. Damit er seinen Plan durchziehen konnte, durfte er sich nicht von Mitgefühl und Liebe beeinflussen

lassen. Er verdrängte die Gedanken an den Wohleyberg und die Tiere im Forst.

Warum verschlossen so viele Menschen die Augen vor der Klimakatastrophe und machten einfach so weiter wie bisher?

Was konnte ein Einzelner tun? Was konnte er persönlich tun, um den Wahnsinn zu stoppen? Seit zwei Monaten trieb ihn diese Frage um. Aufmerksam hatte er die Mahayana-Sutras studiert. »Anderen sei nicht nur kein Schaden zuzufügen, sondern man solle sich aktiv darum bemühen, ihnen zu helfen und sein Leben in ihren Dienst stellen«, war die zentrale Aussage dieser Schriften. In Davies war der Entschluss gereift, dass er das größte Opfer bringen musste, zu dem er im Stande war.

Saranto, sein Stieglitz, hatte gespürt, dass in Davies etwas vorging, aber dieser weigerte sich, mit ihm darüber zu sprechen. Dann weigerte er sich, überhaupt mit ihm zu sprechen. Schickte ihn fort. Tage- und nächtelang umkreiste Saranto die Farm und das Wohnhaus, schrie so durchdringend, dass Passanten und Mitarbeiter sich nach dem Vogel umdrehten. Inzwischen hatte er ihn seit drei Tagen nicht mehr gesehen. Er hoffte, dass das Band zerrissen war.

Davies instruierte seinen Assistenten Dom Morales, wie der Prozess der Kompostproduktion und des Vertriebs zu steuern war. Er beschriftete die verschiedenen Komposthügel je nach Stadium ihres Abbauprozesses, dann jeden Schalter und jeden Schlüssel, überhaupt alles auf der Farm. Er zeigte ihm, wie man die Sonnenkollektoren und die Lichtanlage betätigte. Schickte ihm E-Mails mit Kontaktlisten, gab ihm Formulare, die Beamten ausgehändigt werden mussten, und leitete Morales an, wie man Jahresberichte auszufüllen hatte. Als dieser ihn fragte, ob er in Rente gehen wolle, meinte Davies nur: »Ich will, dass du vorbereitet bist, falls mir etwas zustößt.«

Noch immer stand Davies in sich gekehrt vor den Schwaden, rezitierte murmelnd Worte aus dem 23. Kapitel des Lotos-Sutra: »... rein und hell wie die Sonne und der Mond, wickelte er sich in himmlische juwelenbesetzte Roben und goss duftendes Öl über sich ...« Davies runzelte leicht die Stirn und presste seine Unterlippe etwas nach oben, so wie er es immer tat, wenn er eine sorgfältig gewählte Aussage machte oder eine Einsicht gewonnen hatte. Dann schritt er müde hinüber zum Container und stellte das Radio aus.

Im Spiegel der Menschheit

»Hast du nicht in der Schule gelernt, dass, wenn es derart stürmt, man um Leib und Leben fürchten muss und deshalb zu Hause bleiben sollte? Oder meinst du, du seist schlauer als alle anderen und dir geschehe nichts?«

Die Stimme erklang laut und krächzend aus der Dunkelheit.

Anna zuckte zusammen und sah sich erschrocken um. Warum machten die Tiere keinen Mucks und schauten sie weiter unverwandt an? War das etwa der Irre mit der Knarre? Die Furcht vor dem Unbekannten griff nach ihrer Kehle.

Eine zweite Stimme, der ersten ähnlich:

»Armes Ding. Hat sich wahrscheinlich im Dunkeln verflogen.«

Erste Stimme:

»Aber so dunkel ist es doch gar nicht. Es ist Vollmond.«

Die beiden Stimmen lachten, dass es durch die Höhle hallte.

Zweite Stimme:

»Wer nicht antwortet, hat die Frage nicht verdient.«

Anna biss die Zähne zusammen. Sie durfte sich die Angst nicht anmerken lassen. Sie straffte die Schultern und fragte zurück:

»Warum versteckt ihr euch hinter Worten in der Finsternis und zeigt euch nicht?«

Beide Stimmen gleichzeitig:

»Wir fliegen erst bei einbrechender Dämmerung, Menschlein. Wenn Grau in Grau die Konturen verschwimmen lässt.«

»Mein Gott, Irre«, dachte Anna.

»Ich habe dich etwas gefragt, Menschenkind. So antworte!«, donnerte die erste Stimme.

Sie zuckte zusammen und antwortete mit schwankender Stimme:

»Nein, ich bin weder schlauer noch klüger als alle anderen. Deswegen gehe ich ja zur Schule.«

Erste Stimme:

»Dann musst du dümmer als diese sein und gehst deshalb zur Schule.«

»Ich bin nicht dümmer«, warf Anna entrüstet ein.

Zweite Stimme bestimmt:

»Nun, du hast etwas gelernt, du wusstest, wie gefährlich so ein Sturm ist, wurdest aber nicht klüger und hast dich ihm ausgesetzt.«

»Ja, das war dumm von mir«, sagte Anna kleinlaut.

»Dann sind es die Klügeren, die etwas lernen wollen. Für sie ist also die Schule gemacht?«, warf die erste Stimme ein.

Anna überlegte und antwortete:

»Es gehen die in die Schule, die nichts wissen. Ob klug oder dumm.«

Die zweite Stimme:

»Wer aber nichts weiß, ist doch dumm oder etwa nicht?«

Das war eine knifflige Frage und Anna grübelte eine Weile:

»Klugheit hängt nicht vom Wissen ab, sondern davon, wie man mit dem Wissen, das man hat, umgeht. Ein kluger Schüler weiß, dass er lernen sollte, und der dumme Schüler weiß, dass er lernen muss.«

»Diese erste Frage hast du richtig beantwortet«, echoten die zwei Stimmen gleichzeitig.

Anna, stolz über die Anerkennung, verlor etwas von ihrer Angst.

»Darf ich euch nun duzen, meine Herren?«

Die Erste:

»Wohlan Mädchen, die Höflichkeitsform ist nicht verbindlich. Nur eine menschliche Erfindung, um sich Respekt, Achtung oder Ehrerbietung zu verschaffen. Oder gar, um Distanz und inhaltliche oder persönliche Abkehr zu demonstrieren. Doch bleiben wir beim Lernen: Um klug zu sein, muss man also nur wenig lernen, weil man mit dem, was man weiß, schon genug Wissen hat?«

Anna mutig:

»Nein, so habe ich das nicht gemeint. Lernen ist wichtiger als Wissen. Wer nichts Neues lernen will, ist dumm. Und man muss sich auch von Gelerntem trennen können. Klug ist, wer immerzu lernt. Und zwar aus unmittelbaren Quellen. Auf diese Weise erkennt man die wirklichen Zusammenhänge und zieht die richtigen Schlüsse. Wird fähig, Wahres von Falschem zu unterscheiden und richtig zu handeln, denke ich.«

Anna spähte ins Dunkel, in die Richtung aus der die Stimmen kamen, konnte aber niemanden erblicken.

Die Zweite:

»Dann sage mir, Kind der Menschen, für welchen Zweck sollte man lernen?«

Anna spontan:

»Damit man später eine Arbeit hat, mit der man sich sein Leben finanzieren, sich einigermaßen etwas leisten kann und es möglich ist, eine Familie zu gründen, würde ich sagen.«

Die Erste:

»Dann lernst du also, um deine wirtschaftlichen Interessen und Bedürfnisse zu befriedigen. Im Prinzip, um einen möglichst hohen Lohn und sozialen Status zu erzielen? Zur Sicherstellung deiner Einzelinteressen?«

Anna enttäuscht:

»Du drehst mir das Wort im Munde um. Ich bin keine dem Konsum verfallene Kapitalistin.«

Die Zweite bestimmt:

»Aber genau das ist ein Kernproblem von euch Menschen. Der Fokus eures gesamten Erziehungs- und Bildungssystems richtet sich auf ökonomische Erfolgsfaktoren aus. Mathematik und Naturwissenschaften werden durch die OECD forciert. Die Logik des Wirtschaftens steht im Zentrum des Lehrplans. Gelehrt wird, was später auf dem Arbeitsmarkt verwertbar ist. Ihr marginalisiert gesellschaftswissenschaftliche und musische Fächer, weil sie euch im ökonomischen Sinne kein nützliches Wissen vermitteln. Anthropologie, Ethnologie, Psychologie, Sozialpsychologie, Philosophie; ethische, religiöse, ästhetische Bildung; literarisches, historisches, geografisches, politisches, gesundheitliches Wissen schauen stumm und mit großen Augen durchs Fenster des Klassenzimmers – und bleiben außen vor.«

Die Erste:

»Die meisten eurer Jugendlichen sind Pragmatiker. Viele von ihnen denken, sie könnten sowieso nichts ändern, andere sind zu faul dazu. Sie passen sich dem System an. Wirtschaftlicher Aufstieg führe zu sozialem Aufstieg, hat man ihnen eingetrichtert. Und das Leben bestehe aus einer Kette von Ursachen und Wirkungen. Deshalb würde, wer jetzt lerne, gute Noten erhalten. Mit guten Noten schaffe man die Versetzung in die nächste Klasse. In Folgeschritten würden sie dies und das erreichen und so weiter und so fort. Das nur auf kompetitive Leistung gedrillte Kind definiert sich als Erwachsener nur über diese Leistung. Irgendwann machen sich die negativen Konsequenzen dieser Erziehung bemerkbar. Der ständige Druck, die zu hohen Ansprüche an sich selbst und die übermäßige Arbeitsbelastung führen erst zu anhaltendem Stress und dann zu Depressionen. Wirtschaftlicher Erfolg ist nicht der Sinn des Lebens. Hast du dir auch einmal Gedanken dazu gemacht, welche Auswirkungen euer ewiges wirtschaftliches Wachstum global hat?

Ihr braucht ein Bildungssystem, das euch zeigt, dass die Kunst im Leben ist, es so sinnvoll, wie es geht, zu meistern. Ohne dabei anderen oder euch selbst zu schaden. Ihr braucht ein System, das zuerst das Herz und dann das Hirn einschaltet.«

Anna, die immer mehr Freude an diesem Gespräch entwickelte, erwiderte ernst:

»Du hast recht, der Mensch sollte im Herz stecken, nicht im Kopf.«

Die Zweite:

»Ihr fühlt das Falsche, wisst und denkt zu wenig, weil euer Weg nach außen führt und nicht nach innen. Das beste Außen ist ein Nichts gegen das beste Innere. Nur durch richtiges Wissen und dessen richtige Anwendung dem Geschöpf es wohlergeht.«

Die Erste:

»Denken ist die Antwort eurer Erinnerung an Wissen und Erfahrung. Und somit seid ihr Sklaven der Vergangenheit. Befreit euch davon.«

Etwas flatterte durch die Höhle und landete auf dem Deckstein eines Trilithen. Zwei Steinkäuze. Einer öffnete den Schnabel:

»Du weißt, dass du nichts weißt. Alles Lernen wird nicht dazu führen, dass du alles weißt.«

Der zweite Kauz:

»Dumm ist nur, wer nichts lernen will.«

Der erste:

»Klug ist, wer weiß, dass Lernen und Wissen nur Basis der Weisheit sind.«

Anna entrang ein Keuchen:

»Das kann nicht sein … Tiere können nicht sprechen!«

Der eine Steinkauz weinte. Die zweite kleine Eule hingegen lachte und ihr Kopf fuhr wie ein Periskop nach oben und nach unten.

»Wir sprechen schon lange zu euch, Menschenkind, aber irgendwann habt ihr aufgehört, uns zuzuhören.«

Anna sah sie entgeistert an. Sie musste sich im Sturm Fieber zugezogen haben und phantasieren.

»Meinst du denn, der Mensch ist das einzige Tier, das denken und sprechen kann? Und wir seien gehirnlose Maschinen ohne jegliche Vernunft?«, fragte der zweite Kauz.

Anna erinnerte sich daran, wie Django, als er durch das Wohnzimmerfenster spähte, seinen Erzfeind Kater Carlo um die Hausecke verschwinden sah. Eilig sprang er durch das Haus, um ihn durch das Fenster im Schlafzimmer weiter beobachten zu können. Und auch, wie langweilig es ihm war, wenn sie an ihrem Pult über Hausaufgaben brütete. In regelmäßigen Abständen legte er sich auf ihre Schulbücher, protestierte miauend und wollte sie ins Freie locken.

»Doch, das können sie. Schade nur, dass sie normalerweise nicht mit uns sprechen können.«

Anna schaute den zweiten Steinkauz an. Nun weinte der zweite und ersterer lachte:

»Nachdem ihr uns nicht mehr zugehört habt, gab es keinen Grund mehr, mit euch zu reden. Nicht nur habt ihr uns jegliche Vernunft und Gefühle abgesprochen. Auch dass wir eine Seele haben, habt ihr über viele Jahrhunderte hinweg verneint.«

Die zweite Eule geriet in Rage:

»Das war der Freipass für die Teufel unter euch, die uns versklavt, grausam gequält, ausgebeutet, haben … Seit 1970 habt ihr 60 % der Säugetiere, Vögel, Fische und Reptilien ausgerottet. Bis zu einer Million Tier- und Pflanzenarten sind durch euch vom Aussterben bedroht! Ökosysteme kollabieren. Wohin man auf dieser Welt auch schaut: Bestien, Lumpen und Ganoven! Ihre Gier schafft unsägliches Leid und zerstört die Welt. Wie lange noch wollt ihr wegschauen und schweigen?«

Die zweite Eule drehte den Kopf und fiel der ersten ins Wort:

»Pferde sind nicht die einzigen Tiere, die manchmal durchgehen, lieber Julien. Zweifelsfrei ist sie keine Teufelin.«

Anna bedrückte der Ausbruch von Julien.

»Ich weiß, was wir den Lebewesen der Erde antun. Ich schäme mich oft, wie verbrecherisch wir mit ihnen umgehen. Tiere und Pflanzen sind nicht weniger Wert als Menschen. Wer gegen die Natur grausam ist, kann kein guter Mensch sein. Wir meinen, wir seien gottähnlich und deshalb sei die Erniedrigung der Natur auch legitim. Nur weil der französische Philosoph Descartes vor ein paar Hundert Jahren der Meinung war, wer nicht sprechen könne, der vermöge auch nicht zu denken, stimmt dies noch lange nicht. Selbst das Rationale am Menschen stammt vom Säugetier ab. Beispielsweise haben wildlebende Elefanten ein bestimmtes Wort für Mensch … Wale verfügen über eine ausgeklügelte Lautsprache. Und eine Colliehündin hat vor Jahren die menschlichen Bezeichnungen von mehr als tausend Gegenständen sowie deren Ober- und Unterbegriffe gelernt, konnte zwischen einem Objekt und einer Tätigkeit unterscheiden und war in der Lage, mit ihrem Trainer zu kommunizieren.«

Julien ließ seinen Blick über die versammelten Tiere schweifen:

»Du hast recht, mein lieber Freund Arthur. Unsere Rechtlosigkeit bei den Menschen und des Menschen Umgang mit uns – ohne jegliche Moral und ohne Verpflichtung – hat mich zur Unbesonnenheit verleitet.«

Er schaute Anna an, öffnete den Schnabel und zog seine Gesichtsfedern nach hinten. Es sah aus, als ob er lächeln würde: »Nun, es macht den Anschein, als ob du erkennst, dass der Mensch nicht das Maß der Dinge ist, sondern dass auch die Tiere und die übrige Natur ein Mitspracherecht haben. Und dass alle Geschöpfe und Wesen unter dem Himmel einem Ursprung entstammen, eine Familie sind und sich deshalb ohne weiteres lieben könnten. Eine bedingungslose Liebe, aus der sich Rechte und Pflichten untereinander von selbst ergeben.«

Er machte eine Pause, zog die weißen Überaugenstreifen wie Augenbrauen hoch und starrte Anna mit großen, runden und gelb funkelnden Augensternen an.

Anna nickte.

»Ja, Julien …«, begann sie und fügte rasch hinzu: »Darf ich dich so nennen, Julien?«

Arthurs Kopf fuhr nach oben und wieder nach unten, sodass man kurz den großen weißen Fleck am Hals sehen konnte. Und Julien plusterte sein graubraun und weiß gepunktetes Gefieder auf, das im fahlen Licht wie Seide glänzte, dann nickte er:

»Nun, da du erkannt hast, dass letztlich alle Geschöpfe gleicher Herkunft sind, … dann sage mir Mädchen, wonach sollten alle diese Kreaturen streben?«

Anna antwortete schnell:

»Dass es ihnen allen gut geht?«

Arthur lachte, Julien weinte. Beide drehten ihre Köpfe hin und her. Auch die Tiere lachten und weinten. So jedenfalls kam es Anna vor. Sie schaute beschämt zu Boden.

»Nun gut, das liegt ja wohl auf der Hand, meine Liebe … und womit erreichen sie das?«

Julien schob den Hals mit einem Ruck nach vorne und blinzelte spöttisch.

»Etwa indem sie durch die Nacht wandern und auf einen Schauer Sterntaler warten?«

Nun lachten die beiden Käuze laut. Ihre Köpfe fuhren versetzt, in schneller Folge mehrmals nach oben und unten. Sie glucksten vor Vergnügen, knicksten von einem Bein auf das andere und plusterten vor Lachen ihre gepunkteten Federkleider auf. Auch die Tiermenge stimmte ein. Nur allmählich nahm das Gelächter ab.

Anna kniff konsterniert Augen und Lippen zusammen, dann sagte sie:

»Ich weiß nicht, was es da zu lachen gibt! Da draußen«, sie zeigte mit dem Handschuh in irgendeine Richtung, »sind ein gewaltiger Schneesturm und ein mordlustiger Jäger. Deshalb habt ihr euch hierher, in diese Höhle verkrochen. Schaut euch an! Ausgemergelt vor Hunger, durstig, krank. Wie lange halten wir es hier drinnen ohne Essen aus? Zwei Tage, vielleicht drei?«

Das Lachen verstummte schlagartig.

»Nun Menschenkind, nichts schwächt den Willen zum Überleben mehr als ständiges Grübeln über eine scheinbar aussichtslose Situation. Denn wer sich den Kopf zerbricht, kann nicht mehr klar denken. Er verzweifelt darüber und wird tatenlos bleiben. Damit wir überleben, braucht es Mut und Hoffnung, Galgenhumor, einen Plan und den Willen, diesen wahr werden zu lassen. Und das alles haben wir. Denn vom Himmel wird's kein Manna regnen. So sag mir nun, wie es grundsätzlich zu erreichen ist, dass es uns allen gut geht.«

Arthur lächelte sie an.

Anna wurde rot. Die Eulen hatten recht, ohne Zuversicht wäre alles verloren. Verlegen griff sie die Frage auf:

»Nebst dem wir genug zu Essen und zu Trinken haben, beispielsweise, dass wir es im Winter warm haben, durch Kleider, Fell, Federn und so weiter. Indem wir reine Luft atmen können … Dass wir ein Domizil haben, das uns vor dem Wetter schützt und euch zusätzlich vor Feinden. Und wo wir in Ruhe schlafen können. Und auch, dass wir Menschen Arbeit haben, damit uns ein geregeltes Einkommen finanzielle Sicherheit gibt und uns im Alter eine Rente garantiert … Und natürlich ein Gesetz, das Ordnung schafft und uns vor Unrecht schützt.«

Julien kniff ein Auge zusammen:

»Du würdest also sagen, dass wenn der Körper alles erhält, was er braucht, und das Wesen vor Unbill jeglicher Art geschützt ist, dann geht es uns allen gut?«

Anna dachte darüber nach, wie einsam sie sich gefühlt hatte, bis sie im Wald auf all die Tiere getroffen war. Wie sehr ihr Mutter und Vater fehlten und wie Django ihr um die Beine strich, wenn er schmusen wollte.

»Als ich allein durch den Schneesturm geirrt bin, als ich glaubte zu sterben, war es die Liebe, die mich am Leben hielt. Die Liebe zu meiner Mutter, zu meinem Vater, zu meiner Freundin und die Liebe zu Django. Ich sehnte mich nach ihrer Nähe, nach ihrem Beistand. Nur wenn wir lieben und uns jemand liebt, geht es uns wirklich gut. Was ist das Leben ohne Liebe, ohne herzliche Beziehungen? Ohne einen treuen Begleiter? Ohne jemanden, der sich Zeit für uns nimmt? Ohne gegenseitige Unterstützung, ohne gemeinsa-

me Erlebnisse, ohne Austausch und ohne Beisammensein?«
In der Höhle war es so still geworden, als ob niemand da
wäre. Julien wischte sich mit einem Flügel die Tränen aus
den Augen und Arthur schluckte trocken, dann räusperte
er sich und lachte:
»Wie wahr Mädchen. Ein Leben ohne Liebe ist wie ein Irrgarten ohne Ausgang. Liebe ist der Faden, über den das Böse stolpert. – Liebe ist das eine Auge in der Nacht. Doch
was ist das zweite?«
Anna kaute auf ihrer Unterlippe:
»Ich denke, das andere Auge ist die Vernunft. Und man
sagt ja auch, Licht ins Dunkel bringen; dann ist die Vernunft das zweite Auge.«
Arthur beäugte sie auf einem Bein stehend.
»Du willst wohl damit sagen, dass man zwar bedingungslos
lieben sollte, aber nicht um jeden Preis. Damit nicht der, der
liebt, oder andere Menschen durch sein unvernünftiges
Handeln Schaden nehmen könnten. Man soll sich selbst
treu bleiben und nach seinen eigenen Maßstäben leben. Das
bedeutet, wahre Liebe trägt auch Vernunft im Herzen.«
Julien aufgeregt:
»Nun, wenn ihr überhaupt noch wisst, was Liebe ist. Wie
steht es beispielsweise mit der Beziehung Frau-Mann bei
euch? Soweit wir informiert sind, sind vor allem in Indus-
trieländern, aber auch in ihnen nacheifernden, Internet
und Konsumgeilheit drauf und dran, wahre, tiefergehende
Gefühle, ja, sagen wir ruhig die richtige Liebe, aufs Spiel zu
setzen. Eure Dating-Apps infantilisieren euer Paarungs-
und Beziehungsverhalten, es verkommt zu einer Anbagger-
und Entsorgungskultur: Abschleppereien, One-Night-

Stands, Gelegenheitssex, ›friends with benefits‹, Seitensprünge et cetera et cetera. Ihr bestellt euch Liebe online – wie Pizza. Konsumiert Sex wie schnelllebige Waren. Mit vorprogrammierten Apps zur hemmungslosen Freierei und zum alltäglichen Scheitern von Beziehungen. Kommt ihr euch mal näher, wird kurze Zeit später per Exting Schluss gemacht. Es lebe die Yologamie und das Schwinden der Fähigkeit zur Empathie. Der freie Mensch, auf der Suche nach einer Beziehung, die Bestätigung, Zärtlichkeit und Nähe verspricht, bleibt auf der Strecke, sieht nur noch die in ihren fossilen Urtrieben verhafteten Geier, auf der Suche nach einem besseren Sexdeal und begegnet versprochener Liebe mit Argwohn und Verachtung.«

Anna wurde rot und schaute Julien mit offenem Mund an.

»Du fragst dich, warum das so ist? Zu groß die Egomanie, meine Liebe. Zu groß die Angst, die Convenience Zone und die bisherigen Freiheiten hinter sich lassen zu müssen, das individualistische Glück zu beschränken. Dann schon lieber emotionale Ökonomie, den schnellen Kick fürs narzisstische Ego. Sex wie Suff. Suff wie Sex. Sex, Suff und Eitelkeiten. Der Sex berechenbar bitte, aber bitte ohne unberechenbare Gefühle.«

Annas Ohren glühten. So hatte noch nie jemand mit ihr über das Thema gesprochen. Trotzdem gab sie sich einen Ruck.

»Ganz sicher sind nicht alle, die auf Online-Dating-Plattformen sind, nur auf der Suche nach Sex.«

Julien:

»Ach nein? Warum sind dann beinahe 50 % der Nutzer keine Singles?«

Annas Röte hatte sich weiter über ihr Gesicht ausgebreitet. Arthur tat das Mädchen leid:

»Lassen wir das mal so stehen und fassen wir zusammen. Du meinst also, wenn man in stabilen Verhältnissen, gemeinsam mit den Liebsten unter einem Dach eine Suppe schlürfen kann, dann geht es einem gut? Sich selbst im Kreise der Geliebten zu genügen?«

Anna schaute auf:

»Ja, sich selbst genügen setzt aber Selbstachtung voraus. Ich denke es geht uns nur gut, wenn wir uns selber annehmen und anerkennen können. – Wenn ich etwas leiste, zum Beispiel eine einigermaßen gute Note in Mathe erreiche, dann kann ich stolz auf mich sein. Und selbst wenn nicht, steigert es meine Selbstachtung, denn ich habe es versucht. Es ist klar, man kann nicht überall gut sein. Dort wo man aber kann, sollte man. Sei es auch nur in einer Freizeitbeschäftigung oder bei einem Hobby. Dann kann man sich für sich freuen. Dann geht es einem gut. Gut geht's einem auch, wenn man das Gefühl hat, dass man irgendwie nützlich ist auf dieser Welt oder dass jemand einen braucht. Wenn ich aber aus Angst zu versagen, aus Bequemlichkeit oder Unlust auf der faulen Haut liege, dann werde ich mich über kurz oder lang nicht mehr zufrieden fühlen und mich im Innersten dafür schämen. Egal, ob man das Ziel erreicht, sagt mein Großvater immer, wer nicht aufsteht, bleibt am Ende auf der Strecke.«

Julien reckte den Hals, trat auf seinen kurzen Beinen hin und her, schaute erst zur Höhlendecke und beäugte dann Anna kritisch:

»Willst du mir etwa weismachen, dir sei egal, wie und was

die anderen über dich denken? Deine Freunde, deine Eltern, deine Lehrer et cetera et cetera? All die, die dir wichtig sind?« Julien lachte. Arthur schaute weinerlich zu Boden. Anna stemmte eine Hand in die Hüfte.

»Ich habe nicht gesagt, das sei mir egal. Natürlich tut es mir gut, wenn mich meine Freunde schätzen, Respekt vor mir haben und meine Eltern stolz auf mich sind.«

Sie schnitt eine Grimasse:

»Aber du hast schon recht, natürlich ist es schön, wenn mich meine Freunde cool finden!«

Julien stichelnd:

»Dein größtes Vergnügen scheint also darin zu bestehen, bewundert zu werden. Hast du etwa ein gesteigertes Verlangen nach Anerkennung? Es scheint mir, du bist übermäßig stark damit beschäftigt, anderen zu imponieren. Ich glaube, du hast eine überhöhte Selbstbezogenheit, ganz nach dem Motto ›Me, myself and I‹. Eine Egomanin. Wahrscheinlich bist du auch ein Selfie- und Twitter-Freak. Das wird einsam werden auf der Suche nach ständigem Applaus.«

Arthur:

»Da gibt es doch diesen Narzisstenwitz: Sie versprach ihm ewige Liebe; er bekam nicht einmal ihre Freundschaft. ›Was ist es denn, was mir fehlt‹, fragte er. ›Deine Liebe ist zu groß für mich, sie nimmt mir jeden Raum mich selbst zu lieben.‹ – ›Und Freundschaft?‹ – ›Freundschaft? Freundschaft würde mir das Herz brechen.‹«

Alle Tiere lachten.

Empört schüttelte Anna den Kopf:

»Habt ihr einen Vogel? Ich habe mich doch vorhin erklärt. Ich weiß, es gibt immer mehr Selbstsüchtige. In der Politik, in der Wirtschaft, aber auch bei mir in der Schule. Aber ist es die Schuld von uns, den jungen Menschen, dass es immer mehr Narzissten werden? Ich glaube nein, die Gesellschaft ist schuld daran. Eine Gesellschaft, die auf grenzenloses materielles Wachstum schwört und das Beziehungswachstum hinten anstellt! Das muss ja zu kollektivem Narzissmus führen. Dieser wird aber als solcher nicht wahrgenommen, weil mittlerweile die Mehrheit der Menschen diesen Wahn in sich trägt.«

Julien presste erst den Schnabel zusammen, öffnete ihn dann:

»Erstens, nicht frech werden Menschenkind und zweitens, ja, Geld, Besitz, Reichtum, Wettbewerb und Machtstreben als zentrale Werte eurer Gesellschaft bringen logischerweise keine sozialen Menschen hervor.«

Anna senkte die Augen:

»Entschuldigung, ich wollte nicht frech werden, es war wohl, weil ihr mir etwas unterstellt habt …«

Arthur schüttelte sein Federkleid:

»Euer Egoismus und eure Infantilität führen zu Maßlosigkeit. Beides wirkt sich vernichtend auf unsere Welt aus: Klima- und Umweltkatastrophen, politische und ressourcenorientierte Kriege, zunehmende soziale Ungerechtigkeiten, eine Gesellschaft, die in zwei Klassen zerfällt. Der Einzelne überfordert. Es scheint, Menschen wollen lieber Neurosen als Blumen ohne Dornen. Wohin man auch schaut. Überall auf der Welt.«

Julien lachte:

»Dumme Menschen sind leichter zu verführen und zu führen - von Idioten an der Macht. Niemand scheint den Siegeszug der infantilen Narzissten stoppen zu können. Oder zu wollen.«

Anna schmunzelte:

»Ihr werdet mir wohl kaum unterstellen wollen, ich sei eine Narzisstin. Es ist doch wohl eine normale Sache, wenn ich Freude daran habe, dass einer Freundin eine meiner Jeans oder was auch immer gefällt.«

Sie wandte sich an die zwei Käuze:

»Oder etwa nicht?«

Julien prustete:

»Bist du eine Shopping Queen?«

Anna wollte gerade aufbegehren, als Arthur ihr zuvorkam:

»Du bist zwar keine Narzisstin, nein, lässt dich aber gern von deinen Freunden bewundern?«

Tränen schossen ihr in die Augen. Sie richtete sich auf, wischte sich mit den Ärmeln ihres Parkas die Augenwinkel und schaute trotzig in die Runde:

»Ihr seht in mir also eine seelenlose Materialistin? Jemand, der zur Schau stellt, was er hat, und so Anerkennung erheischen will?«

Anna atmete tief durch, um sich zu beruhigen.

»Viele denken ja, je mehr Geld, Vermögen und Güter man hat, umso besser werde das Leben und umso angesehener sei man in der Gesellschaft. Je länger man aber dem Geld nachjagt, je mehr man glaubt, dass Geld glücklich macht und je mehr man der Überzeugung ist, Geld spiegle den persönlichen Erfolg im Leben wider, umso weniger ist man mit seinem Leben insgesamt zufrieden. Das belegen verschiedene Studien. Geldsüchtige fühlen sich ›leer‹ und immer weit von ihren Zielen entfernt. Selbst schwerreiche Leute fühlen sich nicht reich und häufen immer mehr Kohle an. Aus Langeweile und weil es immer jemanden gibt, der reicher ist als sie. Ihr Selbstwertgefühl ist tiefer als bei anderen Leuten und oft haben sie psychische Probleme wie Kaufsucht, Depressionen und Angstzustände. Und: Reiche Leute lügen, betrügen und stehlen eher, als Arme das tun. Auch das kann man nachlesen. Wie krank ist denn das alles?«

Anna hielt kurz inne, fixierte die zwei Käuze und sagte enttäuscht:

»Kleider machen keine Leute, Arthur. Und Geld hat keine Moral. Nur weil ich ein paar modische Sachen besitze und daran Freude habe, müsst ihr jetzt nicht kommen und mich zu Unrecht in eine ›Haben- und Sein‹-Ecke stellen. Ich kaufe mir meine Kleidung nicht, um dazuzugehören, um zu gefallen oder bewundert zu werden. Wenn ich reich wäre, würde ich mir damit nicht immer mehr und mehr an Besitz kaufen, sondern damit Gutes tun.«

Die beiden Vögel ruckten mit den Köpfen auf und ab. Julien weinte und Arthur lachte.

Arthur:

»Die Welt wird es erfahren.«

Julien zog die Überaugenstreifen hoch:

»Wie auch immer das bei dir sein mag, die Welt jedenfalls erstickt an der menschlichen Geldgier. 8,7 Billionen Dollar! Das ist das weltweite Gesamtvermögen von lediglich 2153 Milliardären. Diese Anhäufung von enormem Reichtum bei wenigen von euch führt zu einer Zunahme von Elend, Arbeitsqual, Sklaverei, Unwissenheit, Brutalisierung, sozialer Degradierung und zur Zerstörung der Natur. Überall auf der Erde.«

Arthur:

»Euer zügelloser Kapitalismus rüstet sich für die finale Schlacht. Ihr habt weltweit 244 Billionen Dollar Schulden. Zahlen werden diese die Armen, nicht die Reichen.

Euer Wirtschaften basiert auf purem Egoismus und dient der Maximierung eures persönlichen Nutzens. Wenige Privilegierte beuten die große Mehrheit der Weltbevölkerung aus, um sich selbst immer weiter und weiter zu bereichern. Das Verlangen nach materiellem Profit verhindert, dass ethische Ziele wie das Gemeinwohl, der Schutz der Arten und ihres Lebensraums, die Abschaffung der Sklaverei et cetera et cetera erreicht werden. Dazu kommt, dass eure neoliberale Wirtschaftspolitik und die rechtskonservative Einstellung vieler von euch viele Berührungspunkte haben. So ist beiden die Diskriminierung von Menschengruppen gemein.

Würdest du somit sagen, Menschenkind, das Geld, Vermögen und Besitz etwas Schlechtes ist, Faktoren, die dazu führen, dass es den Menschen nicht gut geht? Oder denkst du, Geld trage zum menschlichen Glück bei?«

Arthur betrachtete sie mit schiefgelegtem Kopf.

Anna schüttelte den Kopf.

»Geld und Besitz sind weder gut noch schlecht. Erst der Umgang damit entscheidet, ob daraus etwas Gutes oder etwas Schlechtes wird. Auch hier gilt, nicht alle Menschen sind geldgierige Narzissten, haben ein niedriges Selbstwertgefühl, Minderwertigkeitskomplexe, wollen sich Liebe erkaufen, suchen ein sonstiges pervertiertes Bedürfnis nach Wertschätzung zu befriedigen oder haben eine Geldneurose.«

Julien streng:

»Wir wissen es alle, euer Geldkomplex scheint zu einem Ersatz eurer Religionen geworden zu sein. Natürlich ein sinnloser Versuch, Gott im Geld zu finden. Auch eure im Kindesalter erschaffene gesellschaftliche Angst, weniger zu haben, weniger zu sein, weniger geliebt zu werden als andere und das Kindern antrainierte Konkurrenzstreben können ein Ventil in die Besitzgier öffnen. Solange ihr nicht etwas an den Erziehungsmethoden ändert, wird eure ökonomische Ruhelosigkeit weiterhin darauf abzielen, dass ihr es nicht nur ›gut‹, sondern ›besser‹ als die anderen habt. Ihr wollt nicht haben, was ihr braucht, ihr wollt haben, was andere brauchen. Euch genügt euer Leben nicht, das ihr in euch selbst und in eurem eigenen Dasein findet, ihr wollt nach dem Leitbild anderer leben. Ihr wollt ein eingebildetes Leben. Ohne Ende müht ihr euch ab, dieses imaginäre Sein zu verschönern und zu erhalten und vernachlässigt das wahre Sein. Euer Wirtschaften ist Kriegsschauplatz neurotischer Ressentiments und Ängste. Der Mensch ist nicht nur der größte Feind der Umwelt, sondern auch seiner selbst.«

Anna kopfschüttelnd:

»Noch ist nicht alles verloren, noch gibt es viele Menschen, die Gutes bezwecken wollen. Und das sind die klugen, weisen Menschen. Sie haben ethische Ziele, moralische Ziele. Für die anderen bräuchten wir ein psychologisches Konzept zur Heilung ihres unersättlichen Geldstrebens.«

Julien: »Wie sollte das gehen? Seit Äonen definiert der Mensch seinen Wert übers Monetäre.«

Anna:

»Der Respekt, den man sich verdient, bringt größere Selbstachtung als Vermögen und Ruhm, als Schmeichelei und Bewunderung.«

Unruhe breitete sich unter den Tieren aus. Sie schienen sich flüsternd zu beraten. Julien flatterte mit den Flügeln und Stille kehrte ein.

Arthur nickte:

»Du hast recht, Menschenkind. Kleider machen keine Leute. Am wertvollsten ist es, wie du sagtest, sich selbst zu genügen. Denn der ausschließliche Wunsch nach fremder Anerkennung hat letztlich etwas Trostloses, mit dem Wissen, dass man sich selbst nicht genügt. Er führt niemals zu innerer Fülle. Auch deine Vorstellungen über Geld sind fraglos wohlüberlegt und richtig. Nicht durch Geld an sich wird die Welt reicher, sondern durch seinen weisen Einsatz.«

Julien stichelnd:

»Wenn ich nun aber deine Worte richtig interpretiere, so ist dein finales Bedürfnis nicht Selbstachtung, sondern primär der Respekt, den dir deine Leute entgegenbringen sollen. Und zwar am besten gleich ohne jegliche gefühlsmäßige Beziehung zu ihnen. Tritt nun dein wahrer Charakter zutage, geht es deinem Ego lediglich um Dominanz über Mitmenschen? Sieh an, sieh an, wo sie Lebendiges fand, fand sie den Willen zur Macht und mit der Macht zu Respekt!«

Anna versteifte sich.

»Mir scheint, ihr wollt mich absichtlich falsch verstehen. Verhalte ich mich so, als sei ich der Mittelpunkt der Welt? Die wirklich Machtsüchtigen sind selbstbezogen und viele handeln unmenschlich. Ich lüge auch nicht, wie dies Machtbesessene tun. Sie lügen und schummeln, erwarten aber von anderen, dass sie dies nicht tun, und kritisieren sie schärfstens bei jeder Abweichung und sei sie noch so klein. Manager zum Beispiel sind vielfach machtsüchtig, beinah' die Hälfte von ihnen, habe ich gelesen, seien zudem korrupt und ein Viertel ist zu unethischem Verhalten bereit, wenn es ihrer Karriere dienlich ist. Bei den Jüngeren sei dies noch schlimmer als bei den Älteren. Sie würden sich mit höheren Unternehmenszielen hinausreden und argumentieren, dass sie dies nur tun würden, um die Geschäftslage und den Gewinn ihres Unternehmens zu verbessern. Ich denke, diese moralischen Verfehlungen sind typisch für Machthungrige. Aber es gibt noch andere Anzeichen für Machthunger … war ich etwa nicht höflich? Habt ihr je einen höflichen Mächtigen gesehen? Und sehe ich aus, als ob ich einen hohen Testosteronspiegel hätte? Ich muss andere nicht unterdrücken, auf welche Art auch immer, um von ihnen Respekt zu erhalten, oder gar um bei ihnen meinen Willen, selbst gegen ihr Widerstreben, durchzusetzen. Ich bin keine Egomanin!«

Arthur beruhigend:

»Macht ist ein Aphrodisiakum, meine Liebe, Macht ist die einzige Lust, derer man nicht müde wird. Aber gut, es macht nicht den Eindruck, als ob du Allmachtsgefühle hättest. Auch scheint dir die narzisstische Selbstbezogenheit abzugehen.«

Er drehte den Kopf zu seinem Artgenossen:

»Was meinst du Julien?«

»Nun …«, räusperte sich der Kauz und plusterte sich auf, »… gut, auch ich kann keine Omnipotenzgefühle bei dem Mädchen ausmachen, ihr Verlangen nach Wertschätzung und die Art ihrer Selbstachtung, denke ich, liegen bei einem gesunden Maß, auch scheint sie mir sozial, hat gar Mitgefühl, man denke an die Rettung von Edgar.«

Das Eichhörnchen sprang in den Säulen-Trilithenkreis, kletterte rasch an Annas Parka hoch, setzte sich auf ihre Schulter, schaute erst das Mädchen, dann die Käuze an und keckerte:

»Ganz genau, dieses Menschenkind spricht die Wahrheit, es verstellt sich nicht. Hätte es mich sonst gerettet? Ohne es wäre ich tot.«

Juliens Hals wurde lang und länger und die runden Augen schauten das Eichhorn rügend an:

»Edgar, du weißt, man soll sich nicht in die Prüfung einmischen, schon gar nicht, wenn man noch so jung ist!«

Edgar scheinbar empört:

»Ich habe mich nicht eingemischt, ich habe nur die Wahrheit gesagt ...«, er schaute das Mädchen erneut an und blinzelte ihm zu.

Anna streichelte Edgar über den Kopf, den er vorstreckte. Da rief eine verlegene, weibliche Stimme:

»Edi! Edgar! Edgar Allen! Du kommst jetzt sofort hierher! Sofort!«

Widerwillig sprang Edgar nach unten und verschwand in der Menge.

Julien räusperte sich:

»Moralisch scheint sie mir gefestigt. Selten so jemanden kennengelernt. Gut, sie ist noch jung, aber ich denke nicht, dass sie wie die Politiker agieren wird, welche die Interessen des Landes von ihren eigenen Zielen ableiten, wenn sie zu Macht gelangen.«

Arthur nachdenklich:

»Hm, vielleicht können wir es wagen. Ihre soziale, empathische Natur spricht auch dafür.«

Es war sehr still geworden in der Höhle. Anna drehte sich zu einem hinter ihr stehenden Reh um und öffnete den Mund, um zu fragen, was hier vor sich ginge. Das Reh zuckte mit den Ohren, schüttelte den Kopf und deutete mit der Schnauze auf die Käuze. Die schienen intensiv nachzudenken, zogen ihre Oberaugenstreifen nach oben und wieder nach unten. Dann, unerwartet, richtete sich Arthur auf, salutierte mit dem rechten Flügel:

»Respekt, Respekt, Menschenkind. Wir gratulieren dir zu deinen Erkenntnissen über die menschlichen Beweggründe. Du erhältst das Gastrecht, in der Höhle unter dem Schutze der Tiere zu verbleiben, bis der Sturm sich legt. Ebenso lange wirst du die Sprache der Tiere verstehen. Da du nun so weit gekommen bist, ist dir gestattet, uns deinen Namen zu nennen.«

Julien nickte ihr zu und schlug die Flügel zusammen, die Tiere stampften auf den Boden oder klatschten in die Pfoten.

Anna nahm ihre Kappe ab. Ihr blondes Haar quoll hervor und leuchtete schwach im Dämmerlicht. Sie verneigte sich. »Ich danke euch für die Aufnahme. Mein Name ist Anna Bubenberg und ich komme aus Cappellen.«

Die Diskussion hatte sie zum Schwitzen gebracht. Sie zog den Parka aus und legte ihn auf den Boden. Ein Raunen ging durch die Menge. Als Anna sich wieder aufrichtete, bemerkte sie, dass die Eulen sie mit großen Augen anstarrten.

»Was ist denn?«, fragte sie.

Aus der Menge schnappte sie Wortfetzen auf: »… die Sterne … ein Zeichen, … das blonde Haar … ist sie es?«

Arthur und Julien schwangen sich vom Deckstein auf und flogen zu einer Säule. Verwundert folgte Anna ihnen und betrachtete das Bild, vor dem die beiden auf- und abflatterten und sich flüsternd unterhielten.

Ein Ritter in Rüstung, mit Nasenhelm, aus dem schulterlanges blondes Haar quoll, auf einem Fels vor Tannen stehend. In der linken Hand ein Schwert und in der rechten einen brennenden Kessel. Um ihn herum vier sechszackige Sterne auf Himmelsgrund. Über seinem Haupt ein kreisender Habicht vor sich öffnenden Wolken, aus denen vier Sternschnuppen traten. Unter dem Gemälde war in Latein eingemeißelt:

»Fortitudo – Justitia – Prudentia – Temperantia«

Dann hörte sie, wie Julien zu Arthur sagte:

»Du meinst, die Prophezeiung des Alten dürfte sich erfüllen?«

»Es könnte sein, Julien, es könnte sein. Jedenfalls sprechen viele Zeichen dafür.«

Die Eulen setzten sich zu Annas Überraschung auf ihre linke und rechte Schulter. Annas Blick wanderte nach unten zu ihrem blauen Hoodie, auf dem vier Sternschnuppen über vier sechszackige Sterne hinwegzogen.

Pushka sah sich das Rezept an, das er im Ristorante erhalten hatte. Für Außenstehende sah es wie ein Rezept für ein Filetto di fassano piemontese aus, aber er decodierte schnell die E-Mail-Adresse und das Passwort und loggte sich ein, um seine Nachricht im Entwurfsordner abzuholen.

Seit über zwanzig Jahren hatten er und zehntausende ihm unterstellte Partner, bei Menschen- und Drogenhandel, Zwangsprostitution, Erpressung, Betrug, Korruption, Wucherei, Diebstahl, Börsenmanipulation, Cyberkriminalität, Geldwäsche, Subventionserschleichung, Schutzgeldzahlungen, Visumfälscherei, Veruntreuung, illegaler Müllentsorgung, Markenfälschung, Glücksspiel, Auftragsmorden und bei feindlichen Geschäftsübernahmen die Hände im Spiel. Der Mailentwurf betraf den Waffenhandel. Seine liebste Business Unit. Die Rüstungskonzerne, deren Secondhandware er übernahm und weltweit verkaufte, realisierten jährlich 316 Milliarden Euro Umsatz aus neuem Kriegsgerät. Natürlich übernahm Pushka auch die Neuware der russischen Kriegsgüterindustrie im Wert von 15 Milliarden Euro und verkaufte sie ins Ausland. Partner AS42 schrieb, die MiG-21-Kanonenrohre seien in der Helvetica Arma Bellica angekommen. Die kompletten Kanonen würden nach Revision termingerecht durch die Sutech Logistic nach Angola spediert. Der Mittelsmann bei der HAB erwartete die Anzahlung. Pushka strich sich zufrieden über seinen Bart. Ein kleines, aber feines Geschäft. Sowas wickelte er zwischendurch gerne mal selbst ab.

Seine Assistentin legte ihm ein Fax hin:

WW1.AS1.AUS1.AMN1.AMS1.AFR1.CH1.CH2.AMN2.
AS7./BC/1230/1512/46.955691/7.337825/.

Er warf nur einen Blick darauf, wies sie an, den Learjet bereitstellen zu lassen. Zahlenreihen flimmerten über den Bildschirm. Pushka löste einige Kapitaltransfers bei der Profiterole Global Bank, Niederlassung Kingston, aus. Einer weltweit agierenden Investmentbank, die zum Bankenkonsortium der Organisation gehörte. Auf den Partner vor Ort, Siam Kan, konnte er sich verlassen.

»Katjuscha«, ein russisches Liebeslied, pfeifend, nahm er seinen Mantel und verließ zufrieden sein Büro.

Freitag, 13. Dezember, 18:30 Uhr,
Vorposten Ecke Dorfstraße/Forststraße

Auf dem Holzlagerplatz, vier Kilometer vom Dorf entfernt, hatten die Grenadiere trotz heftigem Sturm ein Kommandozelt aufgebaut und mehrfach abgesichert. Obwohl es zwischen dem Ortungswagen und einem 12 Tonnen schweren Armeelastwagen relativ windgeschützt platziert worden war, rüttelte der Blizzard das Zelt durch.

Es war spartanisch eingerichtet. Ein klappbarer Kommandotisch in der Mitte. Zwei Feldbetten mit Schlafsäcken und Armeedecken. In einer Ecke gestapeltes Material und Erste-Hilfe-Ausrüstung, in einer anderen die Funkstation.

Vier Turmo-Öfen, in denen bläulich Petroleum brannte. Es roch nach Teelichtern.

Polizeiwachtmeister Winterfeld und Capitaine Brevaronne waren über Landkarten und Einsatzpläne gebeugt, als ihnen die Ankömmlinge gemeldet wurden. Winterfeld, des Italienischen halbwegs mächtig, gelang es, die genauen Umstände des Busunfalles mit Viamugnaio zu klären.

Danach fuhr der Polizist Studer den Busfahrer nach Cappellen und brachte Wild Cloud in der Polizeigarage unter. Die beiden Bauern versorgte man im behelfsmäßigen Lazarett.

Winterfeld fuhr sich mit der Hand über das glattrasierte Kinn, nahm die Polizeimütze ab und legte sie auf den Kommandotisch. Brevaronne hob das Kinn hoch, verschränkte die Arme auf dem Rücken, wippte auf den Zehenspitzen. Hostettler hielt die Faust vor den Mund, um sich mehrmals zu räuspern.

»Nun, meine Herren, fassen wir die Lage zusammen«, begann Winterfeld. »Das Handy von Hagen konnten wir über längere Zeit verfolgen.«

Hostettler fuhr mit dem Zeigefinger über eine Landkarte.

»Weiter oben am Riederlenbach haben wir dann das Signal verloren. Das Mobiltelefon von Anna konnten wir nur kurz an einem Standort orten. Er lag auf der nördlichen Route von Hagen. Ebenfalls kurz empfangen konnten wir den Standort eines weiteren Handys, ebenfalls auf der Route von Hagen. Wir gehen davon aus, dass dieses Gerät dem Wilderer gehört. Es ist anzunehmen, dass eines oder beide Kinder in Kontakt mit ihm gekommen sind. Man muss das Schlimmste befürchten.«

Winterfeld drehte die Mütze in den Händen, schaute sorgenvoll auf die Karte und fuhr fort:

»Die Situation hat sich nun aufgrund des Busunglückes massiv verschärft. Neunundzwanzig Senioren, teilweise verletzt. Ein Streifenwagen wird vermisst. Ebenso ein Bauer samt Traktor. Telefonleitungen sind wie Fäden unter der Schneelast gerissen. Die Ortung von Mobiltelefonen ist wegen inosphärischer Störungen unmöglich ...«

Winterfelds Finger trommelten auf die Landkarte:

»Wir sind nur fünfzehn Mann, um diese Krise zu bewältigen. Wir werden unsere Truppe aufteilen müssen. Fünf Mann machen sich auf die Suche nach den Kindern und die restlichen acht Mann bergen die Touristen, so können wir ...«

»Non, non, non!«, fiel ihm der Capitaine ins Wort. »Das macht keinen Sinn. Wir haben zu wenig Männer und Rettungsmaterial für eine Aufteilung. Wir brauchen alle Grenadiere und Schlitten für die Senioren! Les enfants, das müssen wir klar sehen, sind sowieso verloren. Es tut mir leid, seien wir realistisch. Die Wahrscheinlichkeit, dass sie bei dieser eisigen Kälte und nach so langer Zeit noch am Leben sind, ist de facto zéro. Anders sieht es bei den Senioren aus. Hier haben wir die Chance, alle zu retten! Voilà.«

Brevaronne schaute Winterfeld hart in die Augen. Winterfeld, der sowohl Anna als auch Hagen kannte, ging an die Decke und benutzte Ausdrücke, die Hostettler nie vermutet hätte, von ihm zu hören. Kurze Zeit später hatte Brevaronne, dem Widerspruch offensichtlich ein Fremdwort war, genug. Er knallte seine Faust auf den Kommandotisch, sodass die Karten in die Luft sprangen:

»Messieurs, es bleibt keine Zeit für Gejammer. Sind Sie

Amateure ou Profis? Wo haben Sie Ihren Beruf erlernt? Triage! Wir müssen jetzt prioriser! Ohne Gefühlsduselei oder wie sagt man. Methodisch. Rechnerisch. Professionell. Ihnen fehlt es an Urteilsfähigkeit! Damit übernehme ich bis zur Rettung der Senioren das Kommando!«

Während Winterfeld und Hostettler sich noch verdutzt ansahen, telefonierte Brevaronne, um den Italiener nach dem Durchschnittsalter der Reisenden zu fragen. »Sechzig«, wiederholte er und legte auf.

Endlich fand Winterfeld seine Sprache wieder:

»Capitaine Brevaronne, ich akzeptiere Ihr Verhalten nicht. Das Kommando habe ich …«

Brevaronne drehte sich halb zu Winterfeld um und hob die Hand:

»Moment, Monsieur l'agent!« Dann dozierte er, die Rechnung sei einfach, bei einer durchschnittlichen Lebenserwartung von knapp 83 Jahren hätten die Senioren noch 23 Jahre pro Person zu leben. Bei 29 Touristen folglich 664 Jahre. Dem gegenüber stünde die Lebenserwartung der Jugendlichen von zusammen 136 Jahren. Die Senioren hätten demnach noch fünfmal so lange. Damit sei der Fall klar. Er werde jetzt die Rettung der Senioren einleiten. Winterfeld opponierte gegen diese Milchbüechlirechnung, man könne den Wert eines Menschenlebens nicht mit anderen Leben aufwiegen. Brevaronne knallte seinen militärischen Einsatzbefehl auf den Tisch und verwies auf eine fett markierte Stelle unter 8. Besondere Anordnungen: »In Fällen, in denen die Leitung des Krisenstabes ›Blizzard‹ seine Funktionsfähigkeit betreffend der Planung, der Anweisung und der Durchführung der Rettung von Zivilisten nicht oder ungenügend gewährleistet (Lageeinschätzung, Strategieeffektivität, Operationseffizienz, Ressourcenallokation, Führungskompetenz etc.) endet Ihre Unterstellung im Krisenstab unmittelbar und wird dadurch aufgehoben. Sie übernehmen ab diesem Zeitpunkt SOFORT das Kommando über Ihre Truppe gemäß Ihrer Lageeinschätzung zur Erfüllung Ihres Dienstauftrages.«

Brevaronne richtete sich auf, salutierte stramm vor Winterfeld:

»Sie brauche ich nicht!«, und verschwand durch den Windfang ins Freie.

Freitag, 13. Dezember,
Kirche Capellen

Die Turmuhr schlug ungehört 19 Uhr. Die Zimmermänner, die das Fenster von Jesus mit Brettern zugenagelt hatten, schlossen die Eingangstüre hinter sich. Tobias Kupfernagel setzte sich an die Orgel und ließ seine klammen Finger über die Manuale gleiten, bevor er »Ein gůter newer teutscher Tantz« von Jacob Paix anstimmte. Der Sigrist schloss die Augen und seine Lippen kräuselten sich zu einem unergründlichen Lächeln.

Die Legende aus dem Morgenland

Freitag, 13. Dezember, 19:25 Uhr,
Schwarzer Forst, Wohleyberghöhle

Die Tiere drängten sich um die junge Frau, beinahe alle stellten sich vor. Die Hirschkuh Dain mit ihrem Kalb Dwalin, und Vater Durathor; Wildschweinoberhaupt Varaha mit seiner Rotte; Ratatosk, die Mutter von Edgar; Habicht Simurgh und seine Kollegen; Fuchsenfamilie Bassareus mit den listigen, schnellen Augen; das gefährlich wirkende Rudel des Wolfs Vargr; der kräftige, aber drollig wirkende Bär Kamuy und seine Lieben, die allesamt gähnten; die Luchsbrüder, Lynkos, dessen Ohr schmerzte, und Rufus mit seinen Töchtern Lilou und Lulu; jede Menge Ringelnattern, in deren Schuppen sich das Höhlenlicht spiegelte; eine große Zahl Dachse und viele Tiere mehr. Es dauerte eine geraume Weile, bis alle Waldbewohner sie begrüßt hatten, dann setzten und legten sie sich kreuz und quer hin. Es dauerte nicht lange, dann schliefen sie ein.

Die beiden Steinkäuze, der Hirschstier, der schwarze Wolf, der Anführer der Füchse, Bär Kamuy, der große Dachs Theodor und einige weitere zogen sich zur Beratung ins Dunkle zurück.

Anna fühlte sich ebenfalls müde, warf ihren Parka wieder über, zog ihr Handy hervor. Der Akku war leer. Enttäuscht schloss sie die Augen und atmete schwer aus. Der nagende Schmerz in ihrem Magen wurde stärker. Sie ertastete das

Pausenbrot, das sie in der Schule vergessen hatte zu essen und setzte sich an eine Säule. Wolkentanz kam angetrabt. Edgar hüpfte heran, sah sie fragend an und sprang auf ihre übereinandergelegten Beine.

Sie wollte Wolkentanz etwas abgeben, der schüttelte den Kopf, bleckte die Zähne und schlief ein. Edgar hingegen schmeckte es und er keckerte leise vor Freude. Als er mehr wollte, erklärte sie dem Eichhörnchen, dass die andere Hälfte für den nächsten Tag bestimmt sei, da sie nicht wisse, wohl niemand wisse, wie lange der Aufenthalt in der Höhle noch dauern würde. Edgar gab Anna recht, kuschelte sich auf ihre Beine und schlief ebenfalls ein. Auch Anna fielen die Augen zu. Sie döste, dachte darüber nach, was an diesem Tag alles geschehen war.

Flügel kitzelten sie an der Nase.

»Wenn die Tugend geschlafen hat, wird sie frischer aufstehen. Aufwachen, Anna! Schlafen kannst du nachts!«

Arthur wohlwollend:

»Steh auf, junge Frau, wir machen mit dir eine Führung durchs Kastell.«

Halb benommen wischte Anna sich durchs Gesicht und öffnete die Augen. Die beiden Käuze flatterten direkt vor ihr auf und ab.

Anna:

»Kastell?«

Julien:

»Ja. Wie du unschwer erkennen kannst, ist die Höhle ja wohl nicht allein durch die Natur entstanden.«

Edgar sprang von Annas Beinen, das Mädchen stand auf, streckte sich.

Arthur:

»Stillhalten, sofort!«

Die Eulen landeten auf den Schultern des Mädchens. Julien deutete mit einem Flügel:

»Zwei alte Reiter auf ein neues Pferd. Da lang, hopp Rösslein!«

Arthur und Julien lachten.

In einiger Entfernung waren die Säulen des zweiten Kreises, der den Innenhof umschloss, zu erkennen. Anna schritt über den grauen Terrazzo auf sie zu. Edgar hüpfte mit. Arthur sah ihren neugierigen Blick auf den staubigen Boden:

»Ein Fechtboden, so sagte man uns. Darauf wurde früher trainiert. Fechten mit Degen und Schwertern, Hellebarden und so weiter, aber auch Baxen und Ringen und Voltigieren.«

Anna zog die Brauen hoch:

»Voltigieren? Baxen?«

Julien:

»Oh ja, Boxen würde man wohl heutzutage sagen.«

Arthur reckte seinen Schnabel in Richtung eines lebensgroßen gezäumten und gesattelten Holzpferdes.

»Reitübungen: heben, springen und schwingen. Voltigieren.«

Edgar stellte sich auf die Hinterbeine und beschnupperte das Holzpferd. Dann kletterte er an einem Bein auf den Pferderücken und turnte auf dem Sattel herum. Anna lachte und Arthur zog einen Oberaugenstreifen hoch:

»Nicht zu vergessen und an erster Stelle die Übungen in Dialektik und Eristik. Denn das Wort ist Werkzeug des Erleuchteten *und* des Dunkelmannes. Durch das Wort wurde schon immer das meiste Gute und das größte Übel gestiftet.

Das Wort schafft Wissen über die Ideen des Guten. Und folglich ist nicht das Schwert, sondern das Wort die stärkste Waffe im Kampf gegen das Böse und für die Freiheit. Das wahre Wort ist eine Kriegsmacht, die ganze Armeen aufhalten kann.«

Arthur drehte den Kopf um beinahe hundertachtzig Grad. »Siehst du dort hinten, im Halbdunkel, die Tribüne?«

Anna nickte.

»Dort saßen nicht nur Gaffer und Lehrmeister, die dem Treiben auf dem Fechtboden zuschauten, sondern dort wurde auch über Religionen, Philosophie, Wirklichkeit, Ethik und so weiter diskutiert. Welche Bedeutung Sitte und Moral haben, wie man Gemeinsinn und soziales Gewissen schafft, wie man verhindert, dass Andersdenkende dämonisiert werden, wie der Einzelne glücklich wird, wie der Mensch wachsen kann, wie er zum authentischen, ganzen und einzigartigen Menschen wird et cetera et cetera. Und natürlich wurde die Kunst der Gesprächsführung geübt. Wie man jemanden mit wahren Argumenten überzeugt, sein persönliches Wachstum fördert, sein menschliches Potenzial auslotet oder ihn, wenn nichts mehr hilft, zu seinem Wohle überredet.«

Anna:

»Das ist doch Manipulation, Arthur …«

Julien:

»Manchmal heiligt der Zweck die Mittel, Anna. Aber nur dann, wenn dadurch Böses abgewendet wird.«

Arthur:

»Mit Gedanken und Wörtern kann man die Welt verändern. – Es gab durch alle Zeiten hindurch, so steht es geschrieben, immer wieder herausragende Großmeister, die mit ihren Körpern sprechen konnten und deren gesprochenes Wort die Wahrheit von der Unwahrheit trennte, wie das Schwert den Mantel.«

Anna verwundert:

»Mit ihren Körpern sprechen?«

Julien:

»Die Legende berichtet, dass sie durch eine exzellente Mimik und Gestik ganze Geschichten erzählen konnten, ohne dass sie dazu Worte brauchten. Und auch, dass sie ihre Gedanken allen Wesen der Erde übermitteln konnten und sie umgekehrt alles verstanden, was diese dachten.«

»Faszinierend – und wofür das alles?«, staunte Anna.

»Nun«, räusperte sich Julien bedächtig, »zum Schutz der objektiv geltenden Werte. Solche universellen Werte bestehen, unbesehen davon, ob ihr Menschen sie als wertvoll anseht oder nicht. Es sind solche, die zum Wohlergehen der Wesen auf der Erde beitragen. Werte wie Schutz der Mitwelt, Schutz der Natur, Schutz des Lebens, Schutz der physischen und psychischen Integrität, aber auch Freiheit, Gerechtigkeit und Frieden. Wenn etwas zum Wohl der weltlichen Wesen beiträgt, dann, ja dann ist es sehr wertvoll. Darum gibt es in der ursprünglichen, natürlichen Welt a priori ein für alle verbindliches Gesetz, ein Recht, das durch konstruktive, objektive Vernunft begründet ist. Diese Vernunft soll die triebhaften, negativen, egoistischen und zerstörerischen Kräfte, die den Kreaturen innewohnen, überwinden. So lautet denn auch das Gesetz: Niemand soll einem anderen – da alle gleich und unabhängig sind – an seinem Leben und Besitz, seiner Gesundheit und Freiheit Schaden zufügen. Doch dieses Gesetz geht weit über den Einzelnen hinaus. Es betrifft die ganze Welt.

Die Menschen vergehen sich gegen dieses Gesetz mit der Zerstörung von Landressourcen, der Veränderung des Klimas, der Verminderung der biologischen Vielfalt, der Stickstoffüberlastung in den natürlichen Kreisläufen und vielem mehr. Damit vernichtet der Mensch den sicheren und gerechten Platz, den alle Wesen brauchen, um sich zu entwickeln, um wachsen zu können. Das Fundament zur Erhaltung dieses Platzes ist eine weltweit nachhaltige Entwicklung der Ökologie, des gesellschaftlichen Zusammenlebens und der Wirtschaft. Und zwar genau in dieser Reihenfolge, denn die Natur ist das Fundament, in das alle Lebewesen existenziell eingebettet sind. Auch der Mensch. Und ihm kommt die Verantwortung zu, dass die natürlichen Lebensgrundlagen nicht zerstört werden und sich die Kreaturen dieser Welt gesund entwickeln können – und nicht an deren Zerstörung leiden oder sterben müssen.«

Julien machte eine kurze Pause und sah Anna an:

»Stimmst du mir zu?«

»Das ist doch selbstverständlich«, rief Anna. »Da wird ja niemand widersprechen!«

»Könnte man meinen …«, lachte Julien und Arthur weinte. Julien klapperte mit dem Schnabel:

»Aber ihr akzeptiert keine moralischen Regeln mehr, euch fehlt die Motivation dazu. Wir haben bereits darüber geredet; was ihr macht, ist ein weltweiter Ökozid. Nehmen wir zum Beispiel den Klimawandel. Er ist nicht zu leugnen.

Wenn es euch nicht gelingt, die Erderwärmung auf maximal 1,5 Grad bis Ende des 21. Jahrhunderts zu begrenzen, wird Armageddon uns alle treffen. Der Permafrostboden wird auftauen und gigantische Mengen Treibhausgase freisetzen. Genauso die sich erwärmenden Methanhydrate auf dem Meeresboden. Und der Amazonasregenwald wird – falls nicht schon von euch niedergebrannt oder abgeholzt – an der Hitze kollabieren und seinen gespeicherten Kohlenstoff ebenfalls freigeben. Stürme und Waldbrände werden die Taigawälder schwächen. Der Nordpol wird im Winter nicht mehr zufrieren und die Temperatur des Meerwassers durch die Absorption der Sonneneinstrahlung steigen. Die Eisschilde auf Grönland und am Südpol werden schmelzen. Taut schon nur das Grönlandeis allein, steigt der Meeresspiegel um sieben Meter und der Golfstrom wird im schlimmsten Falle versiegen. Der indische und westafrikanische Monsun sowie der Jetstream werden instabil und führen zu häufigeren heftigen Fluten und Dürren. All diese Elemente werden das Klima kippen lassen. Mit 250 Millionen bis eine Milliarde menschlichen Flüchtlingen ist insgesamt bis ins Jahr 2050 des Klimas wegen zu rechnen. Die Tiere und Pflanzen aber werden das nicht können. Falls ihr eure Weltwirtschaft nicht innerhalb von zwanzig Jahren total transformiert, überkommt uns alle unermessliches Leid. Legionen werden sterben.«

Arthur:

»Die Rolle eurer Überproduktion und eures Überkonsums kann nicht heruntergespielt werden. Eure westliche Welt ist schon lange eine Welt des Überflusses. Nicht nur wegen ihrer benzinfressenden SUVs und ihrer Wegwerfkleidung aus China. Die Menschen sind konsumsüchtig. Abermillionen Menschen im Osten streben diesen Werten nach. Aber trotz des weltweiten Wissens, dass euer übermäßiger Verbrauch unseren Planeten zerstört, gibt es einen deutlichen Mangel an politischer, aber auch an persönlicher Reaktion. Sogar bei denen, welche die Forderung nach Umweltmaßnahmen unterstützen und die Klimaleugner verurteilen, herrscht ein Mangel an Dringlichkeit. Mehr als 90 Prozent von euch sind verschmutzter Luft ausgesetzt, woran 7 Millionen Menschen pro Jahr sterben. Und was macht ihr? Anstatt den Wahnsinn zu stoppen, wählt ihr Präsidenten, die Klimaschutzabkommen aufkündigen, blendet Meldungen über Klimaveränderungen aus, bezeichnet die Mahner unter euch in der Arbeitskantine als ›grüne Nörgler und Erbsenpicker‹ und werft eure Bierdosen aus Aluminium in den Haushaltsmüll. Den Schaden, den ihr durch euer Verhalten bei Menschen, Tieren und Pflanzen verursacht, ist grenzenlos. Und die Kosten eures grenzenlosen Konsums sind astronomisch. Die Evolution hat euch ein großes Hirn geschenkt, damit ihr euch den ökologischen Herausforderungen anpassen konntet. Nun seid ihr drauf und dran, das ökologische Gleichgewicht zu kippen. Wie paradox. Wie böse. Eure Selbstgefälligkeit wird uns allen das Genick brechen.«

Julien hatte sich während seiner Rede immer weiter aufgeplustert und begonnen, mit den Flügeln zu schlagen.

Anna scharrte mit dem linken Fuß über den Boden und zog die Unterlippe zwischen die Zähne. Dann antwortete sie:

»Aus egoistischen Gründen treffen wir oft nicht die besten

Entscheidungen in dieser Welt. Wir lassen uns von unseren Emotionen manipulieren, die unsere Vernunft überstimmen. Immer im Sinne des Guten zu entscheiden und zu handeln, ist nicht einfach.«

Arthur:

»Es gibt vor allem Konflikte, weil ihr zu wenig wisst. Es reicht nicht mehr, nur tugendhaft zu denken und dann zu handeln. Ihr müsst, um moralische Entscheidungen treffen zu können, mehr Informationen haben als früher. Und zwar wahre. Nur so könnt ihr euch eine fundierte Meinung bilden und die Konsequenzen eurer Entscheidungen abschätzen. Und zwar, soweit möglich, ohne emotionsgesteuerte Vorurteile. Das heißt im Umkehrschluss, moralisches Handeln bedingt die Suche und Verarbeitung zweckmäßiger Informationen und die Beurteilung sachlich-zeitlicher Konsequenzen alternativer Entscheidungen. Und was die Wahrheit anbelangt; der beste Weg der Wahrheit näherzukommen, besteht darin, gegenwärtige Überzeugungen ständig Widerlegungsversuchen in Form kritischer Tests auszusetzen. Auf diese Weise werdet ihr eure Irrtümer am schnellsten los, während nur das ›wahr‹ ist, was alle solchen harten Tests übersteht. Die Informationen, die es dazu braucht, sind eine Holschuld und keine Bringschuld von irgendwelchen Politikern, Fakebugfreunden, Stammtischkollegen oder wem auch immer. Es wird viel gelogen heutzutage, deshalb ist es wichtig, Informationen auf Glaubwürdigkeit hin zu überprüfen.«

Julien:

»Aber die Menschen heutzutage fliegen leider lieber dreimal im Jahr in die Ferien, spielen tagelang Onlinespiele, beschäftigen sich mit Social Media oder glotzen sich mit Germany's Next Topmodel oder Naked Survival zu Tode, anstatt sich auch nur mit den einfachsten Grundlagen von Umwelt, Gesellschaft, Politik und Wirtschaft zu beschäftigen. Die Leute verblöden und werfen dann Steine, um ihre – unlogischen oder unethischen – politischen Anliegen durchzusetzen. Ihr denkt nicht wirklich, ihr seid kaum bei Bewusstsein, bis etwas schief geht.«

Arthur:

»Durch das Defizit der Informationsbeschaffung und -verarbeitung werden die Leute manipulierbar. Berücksichtigt man die Wohlstandsungleichheit unter den Menschen und kombiniert diese mit einer repräsentativen Demokratie, resultiert daraus eine gespaltene Politik und Populismus. Kein Wunder, dass westliche Demokratien gefährdet sind. Populisten an der Macht wollen Demokratien ohne Rechte, sprechen politischen Oppositionellen die Legitimität ab, rufen zu Gewalt auf und wollen die Medienfreiheit einschränken. Wir stehen am Rande einer autokratischen Epoche.«

Anna nickte. Die Käuze schwiegen.

Anna:

»Was den Klimawandel und die Umweltverschmutzung betrifft, glaube ich, müsste man als Erstes die Menschen stärker für die Folgen ihres Verhaltens sensibilisieren. Ihnen klar und einfach erklären, was sie selbst machen können. Kleine, machbare Schritte Richtung Nachhaltigkeit. Dann verdeutlicht man ihnen, welche großen globalen Auswirkungen diese Mini-Schritte des Einzelnen auf die Umwelt haben. So kann ein Wandel im Denken und umweltfreundliches Verhalten gefördert werden. Bei Wirtschaftsunternehmen und Politikern muss ein ähnliches Vorgehen angewandt werden. Und je früher man damit anfängt, desto besser. Wenn Kinder von vornherein Respekt vor der Umwelt und umweltbewusstes Handeln lernen, geht es ihnen in Fleisch und Blut über.

Als Zweites sollte man Nachhaltigkeit öfter durch Anreize und Kontrolle steuern. Ein Beispiel dafür ist die Besteuerung oder das Verbot von Plastiktüten, das in vielen Ländern der Erde eingeführt wurde. In Irland wurde bereits 2002 eine Steuer eingeführt, die den Verbrauch von Plastiktüten um 94 % senkte, glaube ich. Der Erlös wurde für Umweltmaßnahmen eingesetzt. Aber Plastiktüten sollten generell verboten werden, wenn man bedenkt, dass z. B. China allein täglich 3 Milliarden Kunststofftüten verbraucht. Ich bin auch überzeugt, dass nur die hohe Besteuerung und die Rationierung fossiler Brennstoffe dazu führen, dass der Ausstoß an Schadstoffen auf das Notwendigste begrenzt wird. Investitionen in fossile Energien müssten verboten werden. China und Indien haben zwar angeblich ihre Pläne für neue Kohlekraftwerke zurückgeschraubt, doch Länder wie die Türkei, Ägypten, Pakistan, Vietnam oder Indonesien bauen die Kohlekraft weiter massiv aus. Und die Chinesen investieren hintenherum in Kohlekraftwerke im Ausland. Das macht alle Emissionsreduktionen zunichte. Damit das Pariser Klimaziel erreicht werden könnte, wäre ein weltweiter Kohleausstieg zwingend. Das dürfte schwierig werden. Die Kosten bei den Erneuerbaren Energien sind zwar gefallen, können aber noch nicht flächendeckend mit der billigen Kohle konkurrieren.

Das heißt, die Finanzierungskosten für die Erneuerbaren in Entwicklungs- und Schwellenländern liegen auf einem vergleichsweise hohen Niveau. Damit hier mehr investiert wird, müssten die Kapitalkosten durch kluge Finanzpolitik sinken.«

Julien:

»Es ist nicht genug, zu wissen, man muss auch anwenden; es ist nicht genug, zu wollen, man muss auch tun. Es genügt nicht irgendwann, sondern jetzt. Ihr weist alle Anzeichen einer dissoziativen Persönlichkeitsstörung auf. Ihr wisst zwar, dass der Klimawandel tödlich ist, aber eure Gemütslage bleibt heiter. Ihr verdrängt das Leid, das ihr der Umwelt zufügt. Euer Hirn signalisiert weder Bedrohung noch Angst und so lauft ihr guten Mutes auf den Abgrund zu.

Eure fossile Brennstoff-Industrie sitzt auf Anlagen und Investitionen im Wert von 100 Billionen Dollar. All das müsste sie jetzt buchhalterisch abschreiben: Pipelines, Bohrinseln, Raffinerien, Schaufelbagger, Förderbänder, Patente, Förderrechte usw. Das würde zu Abermilliarden von Verlusten führen, deshalb unternimmt sie alles, damit es nicht zu einer Energiewende kommt. Im Gegenteil, es wird noch investiert. Diese skrupellosen, kriminellen Manager treiben die Infrastrukturen in eine Welt, die sich niemals amortisieren lässt. Euer Gewissen genügt anscheinend nicht, um moralisch motiviert zu handeln. Ihr alle werdet am Schluss die Rechnung zahlen müssen. Nicht nur finanziell.«

Anna schaute zu Boden.

Julien fuhr fort:

»Eure Welt ist aus dem Lot, es gibt keine harmonische Ordnung, kein Gleichgewicht zwischen Gut und Böse. Nicht nur in der Ökologie: Jeder will jeden beherrschen, jeder nimmt jedem seine Würde und jeder schlägt jeden tot.«

Arthur: »Jedes Tabu wird gebrochen. – Respekt, Achtung, Höflichkeit und Anstand wurden schon lange durch Selbstsucht und Rücksichtslosigkeit erdrosselt. Entstanden sind eine grauenhafte Lust an der Qual des anderen und eine wertlose Begierde nach Macht, Geld, Konsum und Spaß. Letztlich fehlt es an Liebe und an einer unmittelbaren Ehrfurcht vor dem Leiden der Natur, des Tieres und des Menschen. Das alles sind Wundmale dieser eurer nihilistischen Welt.«

»Ja, ich weiß, wir haben ja vorhin darüber geredet.« Anna streckte das Kinn vor. »Aber nochmals, nicht alle und nicht jeder und jede sind so böse und verdorben. Ich habe es dir ja schon erklärt.«

Arthur:

»Nicht alle, aber viele, zu viele. Immoralisten beispielsweise, sie plädieren mit perfiden Mitteln für die Unverbesserlichkeit der Welt. Erklären Untugenden zu Tugenden. Dem Bösen wurde kein Visum für die Welt ausgestellt. Weil aber niemand an der Grenze steht und es zurückweist, droht sein Siegeszug. Es genügt nicht, zu spekulieren und zu hoffen, dass der Tribut des Bösen irgendeines Tages nicht mehr zu begleichen sei. Es gibt kein Jenseits von Gut und Böse. Wird es nie geben, solange es den Menschen gibt.«

Anna:

»Meinst du nicht, du übertreibst? Immerhin gibt es noch die Kirche und den Rechtstaat.«

Julien:

»Die moralische Ordnung in dieser Welt wird weder durch euren Gott mit Bart, Astrologen, Wahrsager noch Richter aufrechterhalten, sondern nur durch jeden Einzelnen. Selbst wenn sich das Kollektiv gegen ihn wendet, hat er für sie zu kämpfen.«

Arthur:

»Wandel ist eine Tür, die von innen geöffnet werden muss, meine Liebe.«

Anna:

»Ich hoffe, wir machen uns zu viele Sorgen. Viele meinen, die Welt funktioniere ja gut, so wie sie ist. Und unterm Strich überwiege das Gute. Es hat mal jemand gesagt, Sorgen seien ein Missbrauch der eigenen Phantasie.«

»Das ist nicht nur nicht richtig, es ist nicht einmal falsch! Sorgen, die auf wirklichen Fakten basieren, entspringen nicht einer imaginären Vorstellungskraft. Der eine wartet, dass die Zeit sich wandelt, der andere packt sie an und handelt!«, rezitierte Arthur und plusterte sich auf.

Julien nutzte die Unterbrechung:

»Apropos Wahrsagerei, kennt ihr den? Vom Elend geschmort, von der Hölle gebraten, ging sie hin zur Wahrsagerin. Die schaute ihr tief ins Auge und flüsterte: ›Bedenket, ich bin ein Medium!‹ ›Das ist mir recht –‹, sagte die Geplagte erleichtert, ›ich mags so gar nicht blutig.‹ Dann lachte er so laut, dass es durch die Höhle hallte: »guhat, guhat, guhat …«

Edgar kicherte und Anna schmunzelte. Nur Arthur fand es

nicht lustig, zog beide Augenstreifen in die Höhe, gab ein kurzes »Kwiau« von sich, lehnte sich nach vorne, um dann ein Auge zuzukneifen und Julien zu fixieren:

»Meinst du, du Gassenphilosoph, das bringt Anna weiter? Sie hat die Vorurteile ihrer Kindheit abzulegen und ihre Gefühlswelt und Seele mit der Fackel der Vernunft zu beleuchten. So wird sie das eigene Wesen finden. Nur so wird sie fähig werden, einen Beitrag zu ihrem und zum Glück dieser Welt zu leisten.«

Julien:

»Meinst du, du Wortmechaniker, dass du mit deinen verschraubten, versenkten und ratternden Sätzen das Menschenkind fürs Gute motivierst?«

Arthur:

»Mir war schon vorhin so, als wäre es dir lieber, die menschlichen Niedergangserscheinungen nur kurz zusammenzufassen, allgemein und mit abstrakten Worten. Bist du zu faul, des Menschen Geistesleben hell zu beleuchten, das sich selbst in einfachsten Dingen in seiner Unwissenheit, Gewissenlosigkeit und Gedankenlosigkeit zu erkennen gibt?«

Anna lachte und schüttelte den Kopf. Dann sagte sie:

»Keine Angst, ich bin nicht demotiviert. Im Gegenteil! – Seid ihr eigentlich Zwillinge, dass ihr euch so streitet?«

Arthur:

»Ja, eineiige!«

Die beiden Käuze krümmten und schüttelten sich vor Lachen. Tränen liefen ihnen aus den Augen, die sie mit ihren Flügeln wegwischten. Anna schaute die beiden verdutzt an. Dann begriff sie und schmunzelte:

»Spaß verdoppelt sich, wenn man ihn teilt. Deswegen hat es wohl zwei von euch gegeben.«

»Spaß muss sein«, lachte Arthur, »doch lass uns weiter ausführen.«

Er kicherte und fuhr fort:

»Das Gesetz ist zu verteidigen, selbst wenn Bösem mit Bösem begegnet werden muss. Nicht Auge um Auge aus emotional gesteuertem, kindlichem Vergeltungsdrang, sondern gezwungenermaßen, um das Böse zu entwaffnen.«

Anna:

»Aber ist es nicht so, dass wenn wir schlechte Methoden ergreifen, um das Schlechte zu besiegen, auch schlecht sind oder schlecht werden? Unrecht mit unrechten Mitteln zu bekämpfen, gibt dem, was Unrecht ist, Stärke – oder etwa nicht?«

Arthur:

»Nach der rechten kann man auch die linke Wange hinhalten, das genügt dann aber. Es genügt aber dann nicht, nur den Teufel an die Wand zu malen, indem man zeigt, wie böse er ist und wie leicht er uns verführt. Schlechtes mit Schlechtem zu vergelten aber ist in den seltensten Fällen eine Lösung. Aufklärung, Erziehung, Bekehrung und persönliches, menschliches Wachstum müssen in Zukunft alles zum Guten wenden. Das Wahre ist vom Falschen zu trennen, denn beides ist in vielen Ideologien vermischt. Eine Aufklärung, die nicht zwangsläufig Religionen, Mythen, Märchen und Träume zerstören muss, sondern sie reinigt und deren symbolische und metaphorische Kräfte nutzt und nicht die Kreatur ins Bodenlose stürzen lässt.«

Julien wies Anna auf einen aus Sandstein gehauenen Ritter in Rüstung hin.

Julien:

»Nun kehren wir zum Ursprung und Zweck dieser Höhle zurück.« Der Steinkauz machte mit seinem Flügel eine ausholende Bewegung: »Wie du erkennen kannst, wird hier die Kastelldecke durch einen zweiten Säulenkreis, bestehend aus acht Säulen, getragen. Ritter aus aller Herren Länder mit unterschiedlichen Rüstungen und Waffen, die aber eines gemeinsam haben: Ein jeder Streiter trägt ein Wappentier in seinem Schild.«

Julien verstummte und Arthur führte weiter aus:

»Es geht die Legende aus dem Morgenland, dass wenn ein Tier und ein Mensch exakt zur gleichen Zeit geboren werden, auch ihre Sehnsucht nacheinander erwacht. Von dem Augenblick an suchen sie einander und ruhen nicht eher, bis sie sich gefunden haben. Dann tanzen sie den Tanz der Liebe. Die ganze Welt verneigt sich vor den beiden und Gott Horus lächelt ihnen zu. Wenn dies geschieht, erleuchtet sie des Gottes überirdische Kraft und sie sind auserwählt, gegen die Schlange Apophis, die Missionarin des Bösen, zu streiten. Ihr Leben lang. Und stirbt das Eine, so auch das Andere. Zur selben Zeit. Verschränkt als Eins in Ewigkeit. Doch Seth, der Gott des Chaos und Verderbens, sucht dieses Band zu zerstören. So jedenfalls erzählt es die Legende.«

Julien:

»Alle diese Streiter und ihre Verbündeten, die Tiere, heißt es, kamen aus der ganzen Welt. Hierher, in diese Höhle, in dieses Kastell, um sich auszubilden für den Kampf um das

Gute. Dann zogen sie um den Globus, um dem Bösen Einhalt zu gebieten, errichteten auf jedem Kontinent zusätzliche Kastelle, um weitere Ritterpaare auszubilden.

Ihre Heldentaten gingen um die ganze Welt. Die Berufenen waren keine überirdischen Gestalten, sondern einfache Tiere und Menschen, ohne besondere Talente oder Stellung. Streiter des Bundes wurden solche, die durch ihr Mitgefühl litten, solche, die Unrecht erlitten hatten, solche, welche die Zukunft lesen konnten oder vom Bösen Geläuterte. Sie taten es nicht etwa festen Glaubens, am Ende zu siegen, sie taten es, weil es das einzig Richtige war. Ihr Mut brauchte keine Gewissheit. Gar viele nahm man gefangen, folterte sie, brachte sie um. Auch ihre Familien wurden ausgelöscht und ihre bescheidene Habe verbrannt.«

Julien weinte, Anna wischte sich Tränen aus den Augenwinkeln und Arthur lächelte verlegen.

Anna:

»Wurden alle umgebracht? Gibt es keine mehr?«

Arthur:

»Dazu kommen wir noch, nicht vorgreifen bitte.«

Dann fuhr er fort:

»Seit Zehntausenden von Jahren sind von hier aus, von diesem Kastell, dem Kastell der Wandlungen ...«, Arthur flatterte von einer Himmelsrichtung in die andere, »... Menschen gemeinsam mit ihren Tierbrüdern und -schwestern ausgezogen, um dem Bösen und dem Krieg in der Welt entgegenzutreten. Und auch dafür zu sorgen, dass der stetige Wandel der Welt auf dem Pfad der Tugend erfolgte, dass die Fortschritte in Wirtschaft, Technik und so weiter nicht nur dem Mammon dienten. Sondern, dass

sich der Wandel und der Fortschritt der Ethik unterzuordnen hatten.«

Anna:

»Waren das säbelschwingende Sittenwächter und ihre Haus-
tiere?«

Julien plusterte sich auf und sah sie belehrend an:

»Nein, Anna, man könnte sie Ritter nennen. Am Anfang
waren es sechzehn aus acht Ländern und ihre wilden Tiere,
die auszogen und denen neue folgten. Damit sie bestehen
konnten, schulten sie sich eben hier in allen notwendigen
Künsten. Hier auf dem Fechtboden, der sich um das Zentrum des Kastells zieht, wurde auch der Kampf mit Waffen
gegen das Übel geübt.«

Anna:

»Dann waren das wohl Kreuzritter oder Templer ... oder
sowas in der Art.«

Julien:

»Nein, nur einige wenige davon. Anfänglich waren es meist
Sammler, Bauern und Jäger. Sogar Bewerber, deren Bänder
zu ihren Tieren durch Seth zerrissen worden waren, konn-
ten bei rechter Gesinnung versuchen, erneut mit einem
Tier einen heiligen Bund einzugehen, um dann Teil der
Gemeinschaft zu werden.

Alle die, welche sich auf Empfehlung eines Ritterpaares be-
warben, deren Gesinnung wurde geprüft. In einem zweiten
Schritt wurden sie durch einen mystischen Prozess erleuchtet, wenn sie denn diesen Schritt überhaupt schafften. Erst
darauffolgend wurden sie ausgebildet und in die Gebräu-
che, Rituale und Zeremonien des Bundes der Alpha Ritter
eingeführt. Hatten sie alles erfolgreich absolviert, wurden

sie zum Ritter geschlagen und damit aufgenommen. Die Hohemeister auf jedem Kontinent nannte man ›Erleuchtete erster Ordnung‹. Die Ordnung bezog sich auf die Erkenntnisse des Ritters hinsichtlich Wahrheit und Wirklichkeit. Und nicht auf eine soziale Hierarchie.«

Arthur:

»Die ersten von ihnen sollen vor rund 60 000 Jahren dieses Kastell begründet haben. Neandertaler. Ihre Höhlenmalereien hast du gesehen. 5000 Jahre später erschienen erstmals Menschen der Gattung Homo sapiens in den Höhlengängen. Und zehntausende Jahre danach übernahmen Streiter mesolithischer Stämme die edle Aufgabe, so um 9000 vor Christus. Sie ritzten erste Labyrinthe in die Höhlenwände. Ihnen folgten dann die Tardenoisier. Kurz nach diesen, um 5500 vor Christus, kamen die La-Hoguette-Krieger aus dem Westen und setzten die Steine des Trilithen-Kreises. Dann zogen die Jamnaja, Steppenreiter aus dem Osten, ins Kastell und im Übergang zur Bronzezeit die Glockenbecher-Krieger. Tausende Streiter kamen und gingen. Und mit ihnen ihre Kulturen. Damals war das noch gänzlich eine natürliche Höhle. Der Legende nach sei der erste aller Krieger, ein geheimnisumwobener Mann aus dem Morgenland, in die Unterwelt gestiegen, um seine Weggefährtin, eine Elster, zu befreien, die Seth dort gefangen hielt. Nach hartem Kampf warf er den Gott des Verderbens ins Magma. Daraufhin habe die Erde gebebt, kaltes Wasser aus einer höheren Gesteinsschicht sei tief hinunter in den flüssigen Stein gestürzt. Kochend und unter hohem Druck soll es wieder durch die Erdschichten hochgestiegen sein und sich kreuz und quer einen Weg durch die Kalk- und Sandsteine bis in den Wohleyberg hinauf gefressen und den Kuppelsaal gebildet haben. La-chend und mit der Elster auf der Schulter sei der Streiter auf der Spitze der Druckwelle hochgeritten. Das Paar tanzte an-geblich genau hier vor Freude. Und seitdem ist der Saal das Herzstück des Bundes, in dem alle Rituale abgehalten und al-le Prüfungen abgelegt werden.«

»Echt jetzt?« Der Schalk funkelte in Annas Augen.

»Viel ist uns bewusst, doch allwissend sind wir nicht«, gluckste Julien spöttisch und kniff ein Auge zu. »Die Ge-schichte von Seth, den ihr heute Teufel nennt, mag eine Sa-ge sein, jedoch, riechst du seinen Schwefel?«

Julien und Arthur lachten.

»Was das andere anbelangt: Du hast ja die Artefakte gese-hen.« Julien schüttelte sich. »Sollen wir fortfahren?«

Anna:

»Ja, unbedingt, das ist wahnsinnig spannend …«

Arthur:

»Imhotep, der große Baumeister des altägyptischen Reiches, errichtete um 2.700 vor Christus die Säulen zwischen den Trilithen um die Decke der Kuppel zu stützen. Die Ägypter vergrösserten die Höhle bis hierhin zum Kreuzgang, also zum zweiten Säulenkreis mit den Rittern. Die Minoer ver-legten 200 Jahre später den Terrazzo. Und 800 Jahre vor Christus rückten die ersten Krieger der Kelten aus der Hall-statt-Kultur ins Kastell ein. So gings weiter. Das steht in den ältesten Büchern in der Bibliothek. Du siehst also, die Höhle war schon vor Jahrtausenden eine, sagen wir mal verein-facht, eine Stätte des Wandels. Und das Kastell der Wand-lungen war schon immer ein Schmelztiegel der Nationen. Und aller Religionen. Selbst Atheisten waren dabei. Das

Kastell stand sowohl Männern als auch Frauen offen. Eine davon war Eleonore von Aquitanien. Skythen, Römer, Kelten, Wikinger, Teutonen, Kimbern, Alamannen, Burgunder, Hunnen, Phönizier, Perser, Griechen, Araber und andere kämpften gemeinsam für die gute Sache. Sogar Samurais sollen darunter gewesen sein. Wer aber die Prüfung nicht schaffte, dem wurden die Tropfen des Vergessens verabreicht.

Es steht geschrieben, dass die Hohemeister sogar neben den Tieren auch mit allen Pflanzen kommunizieren konnten. Man sagt auch, wenn die Erleuchteten der ersten Ordnung den Namen ihres Tieres auf eine bestimmte Art flüsterten, sei dieses aus dem Nichts erschienen. Und umgekehrt ebenso. Auch dass sich die Streiter in ihr Tier hätten verwandeln können und umgekehrt das Tier in den Streiter. Von einem Hohemeister, dem Grafen von Monteperos, erzählt man sich, er habe in der mexikanischen Stadt Chacalzingo ein Kastell errichtet. Um die Ausdehnung des Bundes zu verhindern, habe Seth ihn und seinen Gefährten, einen Hund, durch einen Riss im Boden trennen wollen, aber der Hund sei im letzten Moment über den riesigen Graben gesprungen.«

Julien:

»Wie auch immer, Arthur, du wirst wieder einmal langfädig. Und nun, Anna, tritt mal in den Kreuzgang.«

Anna tat wie geheißen, nicht ohne die Säulen des Ganges zu bewundern. Zwischen den hinteren, äußeren Säulen waren Backsteinwände aus dünnen Ziegeln gemauert worden.

Julien fuhr fort:

»Ehemalige Legionäre des römischen Prokonsuls Gaius Iulius Cäsar und Krieger des tigurinischen Stammesherzoges Divico fanden nach der Schlacht bei Bibracte ihren Weg zum Bund der Streiter. Wenn es ihnen gelang, das Band zu ihrem Krafttier zu erneuern und die Prüfungen zu bestehen, wurden sie aufgenommen. Von ihnen stammen viele der Kammern, Gewölbe und Säle.«

Anna:

»Divico, war das nicht der Anführer der Helvetier, die im Schweizer Mittelland lebten? Der war doch damals schon uralt, nicht? Man ist sich ja nicht sicher, ob er bei Bibracte überhaupt noch gelebt hat, da Informationen dazu lediglich von Cäsar stammen. Vielleicht wollte er mit dieser Lüge seinen Sieg nur noch größer erscheinen lassen.«

Arthur:

»Ja, ja, Geschichte ist die Lüge, auf die man sich geeinigt hat. Aber er war es tatsächlich. Es steht in unseren Annalen, dass der Herzog nach der Schlacht von Bibracte bis zu seinem Tod Ausbilder im Kastell gewesen sei. Hohemeister und ihre Tiere wurden oft über zweihundert Jahre alt.

Übrigens Julien, du hast die Phönizier vergessen, die haben noch davor den Sternenhimmel mit den Tierkreiszeichen in die Kuppel gemalt.«

Julien streckte den Schnabel in die Höhe:

»Mein lieber Freund Arthur, Weitschweifigkeit ist keine Tugend, sie führt dazu, dass man am Schluss den Überblick verliert und gar nichts mehr weiß. Mach es nun kurz und präzise.«

Arthur lachte.

»Es ist das Einfachste der Welt, andere zu belehren, und so

schwierig, es bei sich selbst zu tun, nicht wahr, mein lieber Kauz!«

Julien schüttelte sein Federkleid auf und schraubte seinen Hals in die Höhe.

»Mein lieber Arthur, ...«, begann er.

Anna, die schon ahnte, dass dies auf einen längeren Streit hinauslaufen würde, schlenderte lachend davon, um die Säulen zu betrachten. Dann rief sie den beiden Eulen zu:

»Ihr seid mir zwei Vögel! Ist es nicht so, dass ihr mich lehren wollt, Frieden und das Gute in die Welt zu tragen? Was seid ihr denn für Vorbilder, hm?«

Die beiden Käuze hielten inne und schauten in der Gegend umher, als ob sie die Ansprache nicht betreffe.

»Sagt mir lieber, ihr beiden, die innere Säulenreihe des Kreuzganges besteht gänzlich aus Rittersäulen und dieser hier aus Säulen, die nur Tiere darstellen. Was hat es damit auf sich?«

Unheil

Die Straßenleuchten mit ihren Eishüten und -bärten warfen ein trauriges Licht auf die menschenleeren und schneeverstopften Straßen. In mehr als 50 Häusern waren die Heizungen ausgefallen und die Bewohner evakuiert worden.

Im Heimetli schob Kupfernagel den weißgerüschten Vorhang eines Fensters zur Seite, hauchte an die Schneekristalle, versuchte in die Finsternis zu spähen, hustete und nahm einen tüchtigen Schluck Grüne Fee. Dann drehte er sich um, zog die Nase hoch und schaute nachdenklich in die Runde. Nur drei Gäste hatten sich außer ihm eingefunden. Chefkoch Conosciuto spielte mit seinem schnieken Cousin am Stammtisch Briscola.

Der Sigrist drückte an der Wurlitzer eine Taste. Das Gerät ratterte, rastete ein, der automatische Arm griff sich eine Single, legte diese auf den Plattenteller und der Tonarm senkte sich langsam. Ein Telefonsignal, ein Rufton, jemand wählte eine Nummer. Kraftwerk – »The Telefon Call«.

Einer der Männer wippte mit den Stiefelspitzen, Gabriele verzog das Gesicht, schaute zu Kupfernagel, dann kurz auf den Koch, der sich mit der rechten Hand über die wettergegerbte Glatze fuhr und offensichtlich nicht wusste, welche Karte er als nächste spielen sollte. Gabriele stand auf und drängte den Sigristen, der gerade einen weiteren Song auswählen wollte, mit dem Arm sanft zur Seite.

»Ich darf auch mal, ja? Wissen Sie, bei uns gibt es keine solchen Musikboxen mehr.«

Der Sigrist zuckte mit den Schultern und setzte sich an den Tisch neben dem Eingang. Gabriele drückte Frank Sinatras »I'm gonna live till I die«.

Als er zurück zu Conosciuto kam, warf dieser die Karten auf den Tisch.

»Mamma mia, carte merda!«

Die beiden lachten. Paul Lüthy trat aus der Küche und lachte mit.

»Sebastiano, du kannst wohl besser kochen als Kartenspielen …« Dann wechselte er den Tonfall: »Aber wenn wir gerade beim Kochen sind, deine Künste werden wohl weder heute noch die nächsten Tage gebraucht. Scheißwetter!«

Das Telefon hinter der Theke klingelte. Widerwillig nahm Paul ab, räusperte sich und bellte ein »Lüthy« ins Telefon. Er hörte eine Weile zu, dann glitt erst Staunen, dann Freude über sein Gesicht. Er richtete mit seiner linken Hand den Hemdkragen und nickte. Ein ja, sicher; gerne doch; es ist mir eine Ehre; kein Problem reihte sich aneinander. Schließlich legte er auf.

»Halleluja, nun sind wir komplett ausgebucht morgen.«

Lüthy klatschte in die Hände. Alle Hotelzimmer seien weg. Der »Erphesfurter Humanistenkreis« habe sich angemeldet. Prof. Dr. Dr. Buzzi, Präsident des Stiftungsrates, habe höchstpersönlich angerufen. Die Stiftung sei sehr kurzfristig durch ihr Mitglied, Alfonso Gabriele, auf die bemerkenswerte Kirche und das Werk von Monsignore Amstutz aufmerksam gemacht worden. Sie möchten sich die Kirche gern selbst ansehen und entscheiden, welchen Betrag man zu ihrer Erhaltung spenden wolle. Er, Paul Lüthy, habe schon immer gesagt, Pfarrer Amstutz sei einer der ehrenwertesten Bürger des Dorfes und nun erhalte er seinen Lohn für die harte Arbeit, die er leiste.

Sigrist Kupfernagel hätte sich beinahe an seiner dritten Grünen Fee verschluckt.

Freitag, 13. Dezember, 20:00 Uhr,
Schwarzer Forst, Wohleyberghöhle

Julien und Arthur landeten vor Annas Füßen, die eine Tiersäule bewunderte.

Julien:

»Es sind die achtzehn seelenverwandten Tiere der damaligen achtzehn Ritter. Das hier …«, der Kauz flog vor die nächststehende Sandsteinsäule, »das hier ist ein afrikanischer Blaubock. Er wurde von euch im Jahre 1799 ausgerottet. Genauso wie der Auerochse im Jahre 1627, weiter hinten.«

Arthur:

»Und wie eine Vielzahl anderer Tiere ebenso. Allein seit den siebziger Jahren des letzten Jahrhunderts habt ihr 60 Prozent aller wildlebenden Wirbeltiere ausgerottet! Selbst wenn ihr euer Morden sofort stoppen würdet, bräuchte die Erde fünf bis sieben Millionen Jahre, um sich komplett von eurem Gemetzel zu erholen.«

Die Käuze weinten. Anna senkte hilflos den Kopf. Edgar schoss an ihr hoch, setzte sich auf ihre Schulter und riss an ihrem Parka.

»Du hast mir doch geholfen, du musst allen Tieren helfen! Wenn wir Tiere sterben, stirbt auch ihr! Mobilisiere die Menschen, du musst etwas dagegen tun! Bitte, bitte!«

Julien:

»Lass gut sein, Edgar, Anna wird wohl künftig etwas dagegen unternehmen, so wie ich sie einschätze und soweit es in ihrer Macht steht.«

Anna schluckte und nickte wortlos.

Arthur:

»Es ist zu traurig, weiter über den Verlust unserer Schwestern und Brüder nachzudenken, man dreht sich im Kreis und wird dadurch geradezu depressiv.

Was diese Säulen anbelangt, sie wurden zu Ehren des ewigen Vertrages erschaffen. Ein Vertrag, den die Alpha Ritter mit ihren Seelenverwandten abgeschlossen haben. War es in früherer Zeit so, dass die Tiere nur den Anweisungen der Ritter folgten, wurde nun beschlossen, dass sich alle unter die oberste Leitung des allgemeinen Willens stellten. Jedes Mitglied, ob Mensch oder Tier wurde zum untrennbaren Teil des ganzen Bundes. Der Vertrag basierte auf dem freien Willen aller und der Gleichwertigkeit aller.«

Ein lauter werdendes Wetzen war zu hören und als sich Anna und die Käuze danach umdrehten, kam ihnen Dachs Theodor entgegen. Über seinen Rücken hinweg tauchten die aufgeweckten Augen von Sancha auf. In der triefenden Schnauze trug die Hündin Hagens Handy. Sie überholte den Dachs, sprang auf das Mädchen zu, legte ihr das Tele-

fon vor die Füße und bellte etwas, das Anna nicht verstand.
Anna überrascht:

»Du liebe Zeit, Sancha, wo kommst du her und wessen
Handy ist das?«

Sancha hechelte:

»Du kannst ja so reden, dass ich dich verstehe, Anna. Wie
kommt das?«

Anna:

»Das ist eine längere Geschichte, aber bitte erzähl du zuerst.«

Sancha:

»Das ist auch eine längere Geschichte, darum mache ich es
kurz. Ich wurde vom Sturm in den Wald verschlagen und
habe dort gesehen, wie ein Wilderer einen Jungen misshan-
delt und entführt hat. Der Junge hat dabei sein Handy verloren, darum habe ich es mitgebracht. Der miese Kerl hat
auf mich geschossen. Ein Streifschuss. Aber erwischt hat er
mich glücklicherweise nicht richtig.« Die Hündin schaute
den Dachs an. »Theodor ... Theo hat mich hierhin, in die
Stollen mitgenommen. Das Handy ist nass, ich weiß nicht,
ob es noch funktioniert. Probier du es aus, Anna.«

Arthur:

»Theodor, wir haben dich vermisst, wir befürchteten das
Schlimmste.«

Theodor zeigte seine oberen dolchähnlichen Schneidezäh-
ne und lachte.

»Keine Sorge, ich war gerade im Stollen bei den Wurzeln
der alten Freya und habe mit Nordamerika kommuniziert.
Da hörte ich Schüsse, habe kurz zum Loch rausgeschaut
und Sancha gesehen. Wir wären schon eher hier angekom-

men, aber ein Tunnel ist eingestürzt. Wir mussten einen Umweg machen.«

Anna runzelte die Stirn:

»Mit Amerika kommuniziert? Habt ihr etwa Telefone?«

Arthur:

»Wir hatten dir schon gesagt, dass Alles Eins ist. So ist es auch mit den Pflanzen. Die Bäume um unseren Berg berühren mit ihren Wurzeln die Wurzeln anderer Bäume, anderer Pflanzen und das gewaltige Netz der Pilzfäden. Diese wiederum sind verknüpft mit Hunderten, ja Abertausenden Wurzeln weiterer Bäume, Pilzfäden et cetera et cetera. Alle Pflanzen und Pilze auf der Erde leben in einer Symbiose und können sich verständigen. Aber nicht nur das, sie können auch fühlen, hören und sehen. Unsere Freundin, die Esche Freya, ist so ein Baum, einer der mächtigsten Bäume überhaupt, ein Weltenbaum. Sie erreicht über ihre Verbindungen die ganze Schweiz, ja die ganze Welt. Das Netz durchläuft Europa, verbindet sich mit Salzpflanzen an den Küsten, diese mit Seegräsern, die die Ozeane unterqueren und in Kontakt mit Mangroven an den Meeresufern treten. Kontinent um Kontinent wird so verbunden. So können wir mit allen Tieren und Pflanzen der Erde in Kontakt treten. Und sie mit uns. Dabei …«

Julien plusterte sich auf und fiel Arthur giftig ins Wort:

»Das genügt jetzt, du Plappermaul! Willst du ihr etwa schon alle Geheimnisse verraten? Geht's noch?«

Arthur keckerte:

»Ja, ja, du. Plustere dich nicht so auf, sonst verlierst du zu viel Energie und fällst am Ende noch wie ein Papagei von der Stange!«

Anna trat schnell zwischen sie:

»Aufhören bitte! Aufhören! Es gibt jetzt Wichtigeres!«

Edgar:

»Ja, aufhören, sonst teeren wir euch, gefedert seid ihr ja schon.«

Die Eulen blickten konsterniert auf. Anna konnte ein Grinsen nicht unterdrücken. Edgar erschrak ob seines Mutes, kletterte an Sancha hoch und versteckte sich in ihrem Fell.

Julien hob eine Flügelspitze:

»Nicht frech werden, Kleiner, sonst kriegst du eine taube Nuss!«

Die beiden Eulen schüttelten sich vor Lachen.

Das Mädchen wandte sich an Theodor und Sancha:

»Wisst ihr, wohin Hagen gebracht wurde?«

Theodor:

»Vermutlich in die Pfadfinderhütte. Es gibt sonst keinen wetterfesten Ort für Menschen weit und breit.«

Sancha:

»Ja, das denke ich auch. Der Mensch hat jedenfalls nach Feuerstelle gerochen.«

Anna schaute von einem Tier zum anderen:

»Wir müssen Hagen retten! Wer weiß, was dieser Kerl ihm antut.«

Die Tiere sahen einander an und dann zu Boden.

Anna fuhr fort:

»Es ist meine Pflicht, ihn zu retten. Ihr helft einander ja auch. Kann ich auf euch zählen?«

Theodor grummelte:

»Bei dem Sturm ist heute gar nichts mehr zu machen. Wir müssten abwarten, bis er schwächer wird.«

Arthur:

»Um einem Menschen zu helfen, benötigen wir einen einstimmigen Beschluss des Rates. Julien und ich werden ihn nachher einberufen.«

 Anna kaute auf ihrer Unterlippe, seufzte und nickte dann.

Arthur:

»Lieber Theodor, sag uns, wie es um die Lage in Nordamerika steht.«

Theodor machte ein trauriges Gesicht:

»Leider kann ich nichts Positives berichten. Im Gegenteil. Saranto berichtet, er habe sich von ihm zurückgezogen, wolle den Schwur und das Band zwischen ihnen lösen. Der Streiter habe im Kampf gegen das Böse resigniert, sei ausgebrannt und leer, und trage sich gar mit dem Gedanken des Todes. Der Stieglitz befürchtet, dass das Schlimmste geschehen könne, er weiß nicht mehr ein noch aus und ist selbst nahe eines Zusammenbruchs.«

Julien:

»Beim heiligen Kastell! Die Höllen der Menschen schaffen Verzweiflung. Und der Verzweifelte handelt – verzweifelt.«

Anna überrascht:

»Dann gibt es noch Ritter?«

Arthur:

»Der Ritter in Amerika ist der Letze aller Alpha Ritter. Und wenn er stirbt, stirbt alles, auch die Hoffnung. Dann steht die Welt dem Bösen allein gegenüber.«

Julien:

»Und das Kastell der Wandlungen zerfällt in Schutt und Asche.«

Anna:

»Und wenn wir alle, wir alle aufstehen und uns dagegen wehren? Wenn selbst die Mächtigsten dieser Welt dagegen ankämpfen?«

Arthur:

»Hatten wir nicht schon ausführlich darüber gesprochen? Die Reichen und Mächtigen lassen sich nur solange begeistern, wie die geforderten Lösungen nicht ihren eigenen Reichtum und ihre eigene Macht bedrohen. Diese Gattung Menschen glaubt, dass sozialer Wandel primär durch den freien Markt und freiwilliges Engagement angestrebt werden sollte und nicht durch die Politik, das Gesetz und durch Reformen der Systeme. Und dass dieser Wandel von ihnen und ihren Verbündeten überwacht werden sollte. Was ihr aber als Menschheit nötig hättet, wäre eine ethische Marktwirtschaft, eine, die alle Menschen und die Umwelt miteinbezieht. Du siehst also, deine Idee ist lediglich ein schöner, nicht alltagstauglicher Traum, meine Liebe. Die Wirklichkeit, die du dir erträumst, ist unmöglich.«

Die anderen Tiere nickten.

Anna:

»Die Wirklichkeit, die wir haben, ist unmöglich! Wenn diese Wirklichkeit einen Traum zerstören kann, dann kann doch auch ein Traum diese Wirklichkeit zerstören! Und wir Jungen, wir können noch träumen und für unsere Träume kämpfen!«

Arthur:

»Meinst du? Da habe ich meine Zweifel, und selbst wenn, eine oder einer muss immer die Initiative ergreifen und vorangehen. Kein Traumtänzer, sondern jemand, der zu mobilisieren weiß, jemand, der organisiert, jemand, der die

Anstrengungen koordiniert, bündelt und konzentriert. Deine Wirklichkeit wird es nicht geben – und ohne Ritter geht es nicht, Menschenkind. Das wurde schon vor Jahrtausenden von euch selbst erkannt.«

Anna:

»Und wenn ich, was wäre, wenn ich …«

Julien:

»Wir werden sehen, meine Liebe, wir werden sehen. Ich schlage vor, du erkundest zuerst einmal das Kastell. Folge am besten einfach dem Kreuzgang. Er läuft um das Kastell. Dort findest du die Küche, den Mühlenraum, den Dynamoraum, in dem Strom erzeugt wurde, den Schlafsaal und weitere Räume. Wenn du fertig bist, komm zu uns zum Säulen-Trilithenkreis. Bis dahin wird der Rat seinen Entscheid gefällt haben.«

Anna:

»Bitte, wirkt darauf ein, etwas für Hagens Rettung zu unternehmen. Ich werde schauen, ob ich etwas Essbares und Wasser für uns finde.«

Die beiden Käuze nickten und flogen im Zwielicht davon. Anna schaute ihnen kurz nach, dann trat sie in den Kreuzgang. Edgar, auf dem Rücken von Sancha stehend, rief:

»Ich komme mit! Hüh, Rösslein! Hüh!«, und hüpfte auf und ab.

Diese setzte sich belustigt und so rasch in Bewegung, dass Edgar beinahe hinuntergefallen wäre. Etwas kleines Schwarzes segelte heran:

»Hey ihr da, wartet auf mich, ich will mit!«

Eine Amsel ließ sich auf Sanchas Rücken nieder, trippelte einige Male hin und her, bis sie eine gemütliche Position gefunden hatte.

Anna:

»Wie heißt du denn? Und warum schläfst du nicht wie die anderen Tiere?«

Die Amsel klapperte ein paar Mal mit dem gelben Schnabel, um dann zu antworten:

»Erstens heiße ich Herr Musil Amselmann, mit Betonung auf Herr und zweitens plagen mich Hunger und Durst dermaßen, dass ich nicht schlafen kann.«

Musil zog die Schultern hoch und schüttelte blasiert den Kopf.

Anna deutete einen Knicks an.

»Oh, pardon Monsieur Amselmann, ich wollte Ihnen mit dem unbedachten Du nicht zu nahe treten. Auch wir sind recht hungrig. Wir müssen etwas Essbares finden. Sonst fallen am Ende noch alle übereinander her. Daher wollen wir uns einmal umsehen. Natürlich sind Sie herzlich eingeladen, uns bei der Besichtigung zu begleiten. Ob Sie allerdings ebenfalls mitreiten dürfen, das müssten Sie schon Sancha fragen.«

Musil:

»Mädchen, wir Tiere sind keine Barbaren, wir haben eine Vereinbarung, wir haben Charakter und ich dazu noch Stil, was man hier nicht von allen sagen kann. Na, Hundchen, magst du mich tragen oder bin ich dir zu schwer?«

Ganz offensichtlich hatte Sancha nichts dagegen einzuwenden und trabte los. Der kecke Vogel schwellte sein Brüstchen und begann, erstaunlich laut und klar, das Finale der Ouvertüre der Oper von Wilhelm Tell, den »Marsch der Schweizer Soldaten«, zu schmettern. Edgar und Sancha stimmten gutgelaunt, aber ziemlich falsch, mit ein.

Anna lief dem Trio lachend hinterher:
»Wartet, ihr Bremer Stadtmusikanten.«

Freitag, 13. Dezember, 20:05 Uhr,
Weiler Hübeli, Bachstraße 34

Heinrich und Rhea Bubenberg starrten regungslos und
stumm auf den Fernseher. Ganz im Unterschied zu sonst,
wenn sie mit Anna Planet Wissen oder ZDF History
schauten und die Sendungen rege diskutierten. Doch an
diesem Abend bemerkten sie nicht einmal, was lief.
Es polterte an der Haustüre. Heinrich sprang auf. Als er die
Türe einen Spalt öffnete, zwängte sich Hostettler in den
Flur. Der Schnee, der von Hostettlers Kopf und Schultern
fiel, schmolz sofort auf dem warmen Parkett.
»Können Sie Schneeschuhlaufen?«, fragte er. Rhea schüt-
telte den Kopf, während Heinrich zögerte.
»Es ist eine Weile her, aber ja, ich denke schon.«
Der Polizeikorporal wandte sich an Rhea: »Bitte, bringen
Sie mir ein paar warme Kleider für Anna.«
Rhea klammerte sich an Heinrichs Arm.
»Haben Sie sie … wissen Sie …?«
»Holen Sie die Schneeschuhe, Herr Bubenberg, ziehen Sie
sich dick an. Wir haben eine Spur, aber wir brauchen Ver-
stärkung!«
»Was ist mit Loke Gutthorm, der könnte ja auch …?«
»Der ist in seinem Bundesamt. Schweizweiter Katastro-
phenalarm … kommen Sie, beeilen Sie sich!«

177

Während Heinrich und Rhea mit fliegender Eile Sachen zusammenpackten, klärte Hostettler sie über das Busunglück auf. Die Grenadiere kämen alle bei der Bergung der Touristen zum Einsatz. Nur mit Kollege Sauer könne er sich aber nicht in diesen Sturm wagen, sein Kollege Studer habe von dem Hengst Wild Cloud einen kräftigen Tritt erhalten und sei nicht mehr einsatzfähig.

Das Kastell

Anna betrachtete die zusammengedrehten Stromkabel mit Textilisolation, die hinter verstaubten Spinnweben an den Wänden entlang liefen und in Felsenräume abzweigten. Sie betätigte einige der Porzellanschalter im Kreuzgang, die sie für Lichtschalter hielt, erfolglos. Auch in der Küche versuchte sie vergeblich, Licht einzuschalten. Sie öffnete Schränke, schaute in Regale, Büchsen und Gläser. Ihre Ausbeute bestand lediglich aus einem Glas mit Getreide, altem Mehl und Zucker. Die Körner nahm Herr Musil Amselmann gern, Sancha lehnte beim Zucker ab, er sei ungesund, und für Edgar fand sie einige Sonnenblumenkerne. Als sie gerade aufgeben wollte, sah sie, was sie suchte. Vorsichtig steckte sie Hagens Handy zum Trocknen in den Reis. In der nächsten Büchse entdeckte sie Haferflocken, roch an ihnen und würgte einige Handvoll runter.
Sie lief weiter durch den Gang und ihr fiel ein ins Mauerwerk eingelassener, mannshoher, langer Schrank mit Schiebetüre auf. Nur mit Mühe und dem Einsatz aller Kräfte gelang es ihnen schließlich, diese zu öffnen. Sancha stand auf ihren Hinterbeinen und legte ihr ganzes Gewicht auf Anna, Edgar drückte unten mit seinem kleinen Körper und Musil flog um die drei herum und feuerte sie an. Die vier staunten nicht schlecht, als dahinter eine Doppelreihe Sä-

cke zum Vorschein kamen. Anna kippte zwei um, holte aus der Küche ein Messer und schnitt die zugenähten Säcke auf. Weizen und Roggen quollen hervor. Sie zerrte weitere Säcke aus dem Schrank, die Sonnenblumenkerne, Hirse, Hanf und Leinsamen enthielten. Musil und Edgar stürzten sich auf die Körner.

Im nächsten Raum hingen im Halbdunklen zwei mächtige Wasserräder aus Eisen in leeren Wasserkanälen.

»Das ist die Mühle!«, quietschte Edgar und schoss voraus. Anna folgte langsamer, inspizierte alles genau.

Beide Kanäle waren ein Stück vor den Antriebsrädern durch in den Sandstein eingelassene Schützenplatten gesperrt worden. Deshalb führten sie kein Wasser. Die Radwelle des rechten Wasserrades führte durch einen mit Säcken verhängten Mauerdurchbruch in den danebenliegenden Raum zu einem Räderwerk, das mit einer schweren Maschine verbunden war. Im Dämmerlicht studierte Anna mit zusammengekniffenen Augen die Betriebstafel, auf der Dynamo Oerlikonwerke 1889 stand, ging hinüber in den Mühlenraum und zog mit einem Hebel die Eisenplatte hoch. Wasser schoss in den Kanal, traf auf die Schaufeln des Rades, das sich ruckend in Bewegung setzte.

Die Tiere beschnupperten das herausspritzende Wasser und leckten es dann gierig auf. Auch Anna tauchte ihre hohle Hand in den Kanal und trank.

Das Wasserrad drehte sich langsam, wurde schneller. Die Dynamomaschine summte gleichmäßig und die Zeiger an den elektrischen Anschlussapparaten schnellten hoch. Anna lachte und drehte den Schalter neben der Tür. Die durchsichtigen Glühlampen gingen flackernd an. Auch im

Kreuzgang glückte es. Das Licht fiel auf die Säulen, die einen milden Schatten warfen. Jetzt erst wurde sie des Ausmaßes des Kastells gewahr. Die Säulen des Kreuzganges auf der gegenüberliegenden Seite mussten an die sechzig Meter entfernt sein. Einige der Tiere am Säulen-Trilithenkreis hoben den Kopf. Rasch stellte Anna das Licht aus.

Musil:

»Ist das das Licht der Sonne, das ihr Menschen auf eurer Suche nach Erkenntnis gefangen nahmt, in diese Höllenmaschine sperrtet, um es stückweise, wider jeder Natur, ganz nach eurem Bedürfnisse, freizulassen? Es scheint mir nicht das Stärkste, auch flackert es und ist wohl ohne Bestand.«

Edgar:

»Mein lieber Musil, mir scheint, du lebst dein Leben rückwärts. ›Vorwärts in die Vergangenheit‹ lautet dein Motto. Dieses Licht erleuchtet die Finsternis. Es wurde nicht gefangen, es wird in diesen glasigen Glühlampen erzeugt. Und zwar aus der Elektrizität, die in der Maschine produziert, hierher geleitet wird, und den Metallfaden zum Leuchten bringt. Eine elektromagnetische Strahlung, ein Strom von Photonen, dabei sind diese sowohl Teilchen als auch Welle, sprich Materie, aber gleichzeitig auch nicht Materie, im Prinzip wie das Yin und Yang der Chinesen …«

Musil warf ein:

»Ich kenne nur einen Strom und das ist der Strom der Zeit. Und wie die Menschen in diesem Strom untergehen, so gehen auch ihre Ideen unter. Und diese Idee des Lichts; soll ich jetzt den Rest meines Lebens damit verbringen, darüber nachzudenken, was Licht ist? Ich sehe gut und alles, des

Tags und gleichfalls in der Nacht. Und die Katze in der Finsternis, meinst du, ihr offenbart sich die Welt in Unschärfe? Im Gegenteil, sie ist Eins mit ihr! Geh mir weg mit deinem falschen Licht, das mehr Schatten wirft, als es Helligkeit zu spenden weiß. Die Menschen beleuchten jeden Unsinn, nur ihre Seelen nicht. Ich beleuchte dir mal die Menschheitsgeschichte, dann kannst du eins und eins zusammenzählen, dann geht dir ein Licht auf ...«
Edgar:
»Was nützt ein weiter Horizont, wenn das Fenster geschlossen bleibt? Es scheint mir unmöglich, dir die Schönheiten der Naturgesetze angemessen zu vermitteln, wenn du von Mathematik nicht mehr verstehst als das Einmaleins. Derjenige ist für Mathematik begabt, für den die mathematischen Zeichen Symbolkraft besitzen!«
Sancha brummte:
»Das reicht jetzt, ihr Streithähne, ein kleines Pferd kann seine Reiter auch abwerfen!«, und schüttelte sich.
Anna:
»Es sind eure Meinungen über das Licht, und nicht das Licht selbst, die euch trennen. Und jeder hat das Recht, zu denken und zu sagen, was er will. Also streitet euch nicht, sondern erzählt besser den anderen vom Wasser und von den Körnern.«
»Festhalten, Cowboys!« Sancha schoss los, Edgar krallte sich ins Fell, Musil flog auf und weg waren sie.
Die junge Frau setzte ihre Exkursion fort. Die folgenden Räume entpuppten sich als Kelterei, Brauerei und Küferei, Badesaal und Wäscherei.
Im nächsten Gewölbe roch es muffig. Anna schaltete das

Licht ein und erblickte einen Schlafsaal für 18 Personen. Alle Betten waren gemacht bis auf eines. Das Bett ganz hinten rechts. Im danebenstehenden Schrank waren noch einige Kleidungsstücke eines Mannes. Solche Sachen kannte sie aus dem Historischen Museum in Berno.

Die Waffenkammer war ihr unheimlich. Es gab Hunderte von Waffen in Schränken, Gestellen, Schubladen. Alte Waffen wie Ahlspieße, Bögen, Armbrüste, Steinbüchsen, Lanzen, Äxte, Schwerter und Schilde, Zweihänder, Morgensterne, Rüstungen, Harnische und sogar eine kleine Bombarde. Aber auch neuere: Musketen mit Lunten-, Flint-, Schnapphahn- oder Steinschloss. Zündnadelgewehre, Vorder- und Hinterladergewehre, Stutzer, Repetiergewehre, Mehrladegewehre, Revolver, Pistolen und Maschinenpistolen jeder Art, kiloweise Handgranaten und einige Maschinengewehre. Sie schüttelte sich und ging schnell.

Die nächste Türe war im Unterschied zu den vorhergehenden ein Spitzbogenportal mit einer Mittelsäule und zwei Türen. Auf der linken Seite befand sich ein Steinrelief des Ritters mit den Sternen, den sie auf der Säule in der Mitte des Kastells gesehen hatte. Unter ihm stand geschrieben: »Pro Fide Mori.«

Auf der rechten Seite in alten englischen Lettern:
»The idea does not belong to the soul; it is the soul that belongs to the idea.«

Über dem Türsturz war eingemeißelt:
»Psyches Iatreion.«

Das kam Anna irgendwie bekannt vor.

Mit hohlem Knarren öffnete sich die schwere Holztüre. Das fahle Licht des Ganges fiel ein kurzes Stück ins Innere.

Anna tastete nach dem Schalter und wurde von dem Anblick überwältigt. Vor ihr tat sich ein sicher sechzig Meter langer Saal auf. Das Gewölbe wurde durch Pfeiler an den Längswänden getragen, die den Innenraum in einzelne Bereiche gliederten. Unten und oben liefen die teils vergitterten, kunstvoll bearbeiteten Bücherschränke, offenen Kästen und Regale wellenförmig an den Wänden entlang bis ans Ende der Halle. Auf halber Saalhöhe eine breite hölzerne Galerie, zu der Wendeltreppen führten. Die Decke war reich an zierlichen Stuckaturen und farbenprächtigen Fresken, in denen Szenen von Rittern und Tieren abgebildet waren. In der Mitte der Bibliothek befanden sich Lesepulte und -bänke.

Anna ging staunend an Tausenden Büchern vorbei. Alle geordnet nach Sektoren, Bereichen und Themen. Sie las einige der Buchrücken: Platos Logik des Seins; die Philosophie des Plotin; Vedanta philosophy; Ethica; Ratio Praelectionum Wolfianarum; Arcana Caelestia; Kritik der reinen Vernunft; System des transzendentalen Idealismus; Pantheum der ältesten Naturphilosophie; die Weltalter; Chance, Love and Logic; Evolutionary Love; Adventures of Ideas; Phänomenologie des Geistes; die Welt als Wille und Vorstellung.

Mathematik und Naturwissenschaften schlossen sich mit Werken von Galilei, Kepler, de Fermat, Pascal, Newton, Planck, Einstein, Peirce und Whitehead an.

Es folgte deutsche, englische und französische Literatur.

Sie trat an die Vitrinen, in denen gebrannte Tontafeln mit Keilschrift, Schriftrollen, Landkarten, Fernrohre, Sextanten und andere historische Gegenstände aufbewahrt wurden. Ein Grammophon wartete wohl schon seit Jahrzehnten auf seinen Einsatz.

Auf den Lesepulten lagen aufgeschlagene Bücher und Anna warf einen Blick in einen in dunkles Leder gebundenen Band:

»Ehe das Meer und das Land war und alles bedeckend der Himmel, hatte Natur nur das eine Gesicht im kreisenden Weltall, Chaos genannt: ein rohes, noch unverdautes Gemenge, nichts als kunstlose Last, zusammengestaucht und zugleich wild in sich entzweit: die Samen nicht richtig verbundener Dinge ...«

Auch in das Buch auf dem nächsten Pult warf sie einen kurzen Blick:

»Und gleichwohl lassen wir allezeit allerhand Mucken und Vögel um und über uns wegfliegen, Fische vorbeischwimmen, die vierfüßige Thiere umher lauffen, das Ungeziefer unter uns kriechen, die Pflanzen wachsen, die Menschen zeugen, Sonne, Mond und Sterne sich so ordentlich bewegen, bey welchen allen unendlich größere Kunst vorwaltet, als bey allen zusammengenommenen Kunstwerken, die von Anfang der Welt bis hierher gewesen, erfunden worden, und noch erfunden werden möchten. O betrauerliche Blindheit!«

Und im dritten Buch stand geschrieben:
    »Daran erkenn' ich den gelehrten Herrn!
    Was ihr nicht tastet, steht euch meilenfern,
    Was ihr nicht faßt, das fehlt euch ganz und gar,
    Was ihr nicht rechnet, glaubt ihr, sei nicht wahr,

Was ihr nicht wägt, hat für euch kein Gewicht,
Was ihr nicht münzt, das, meint ihr, gelte nicht.«

So ging sie von Pult zu Pult und schaute bei jedem, auf dem
ein offenes Buch lag, in dieses hinein:
»Wir fühlen, daß selbst, wenn alle möglichen wissenschaftlichen Fragen beantwortet sind, unsere Lebensprobleme
noch gar nicht berührt sind. Freilich bleibt dann eben keine Frage mehr; und eben dies ist die Antwort.«
…
»Wenn unsere Triebe auf Hunger, Durst und Begierde be-
schränkt wären, dann könnten wir beinahe frei sein. So
aber werden wir von jedem Windstoß umhergetrieben, von
jedem zufälligen Wort oder jedem Bild, das uns dieses
Wort vermittelt.«
…
»No man chooses evil because it is evil; he only mistakes it
for happiness, the good he seeks.«

Es dauerte längere Zeit, bis sie sich von den Büchern losreißen konnte, aber der Gedanke an den Entscheid, den die
Tiere hoffentlich bald fällten, trieb sie endlich weiter. Sie
betrat kurz das Labor und staunte über die alten Gerät-
schaften. An der folgenden Türe hing eine Messingtafel mit
der Aufschrift »Das Auge mit dem du die Wahrheit siehst,
ist dasselbe Auge mit dem dich die Wahrheit sieht.« Dahinter befand sich ein in rohen Stein gehauener Andachts-
raum. Neben der Wand gestapelte Meditationsmatten und
in der Mitte eine halbabgebrannte große Kerze.
Sie kam am Rittersaal vorbei, in dem zwei lange Eichenti-

sche und vier Rüstungen standen, schaute nur kurz durch
die offenen Flügeltüren der kombinierten Schreinerei und
Lederwerkstatt. Sie ging weiter zur Schmiede samt angren-
zendem Pferdestall, wo Wolkentanz altes Stroh und Heu
mit seinen Hufen aus einem Bretterverschlag befreite und
dieses hungrig verschlang. Liebevoll tätschelte sie ihm den
Hals, klopfte seine staubige Decke aus, als die Bremer
Stadtmusikanten dahergeeilt kamen.
Sancha keuchte: »Komm schnell, der Rat hat zwar Stunden
gebraucht, aber er hat entschieden. Sie wollen dich sehen.
Sie wollen noch vor der Nachtruhe wissen, ob du einver-
standen bist!«
Anna: »Einverstanden?«
Wolkentanz wieherte: »Sitz auf, dann geht es schneller.«

Freitag, 13. Dezember, 23:03 Uhr,
Cappellen, Hospiz zur Heimat

Serviertochter Steffe, die eben die letzten Gläser wegge-
räumt und die Kaffeemaschine geputzt hatte, schaute hinüber zu Kupfernagel, wollte Feierabend. Der Kirchensigrist
stand am gefrorenen Fenster und blickte Richtung Wohleyberg. Wirbelnde Schneeflocken verloren sich in dunkelster
Nacht. Der Sigrist pfiff leise zu Gitarrenriffs. »Hocus Pocus«
von Focus. Ruhig gönnte sich der Kirchendiener einen letzten Schluck Fee, nickte zweimal bedächtig, drehte sich um,
stellte sein Glas auf einen Tisch. Dann nahm er leise seinen
Hut und ging. Noch vor Ende des Stücks.

Man hatte Anna ins Zentrum des Rings gebeten und da stand sie nun, mitten auf dem weißen Kreuz, innerhalb des Quadrates, das die Köpfe des Stieres, des Löwen, des Adlers und des Menschen auf dem Terrazzo bildeten. Arthur blinzelte vom Trilithen aus in die Runde, bis das Gemurmel verstummte.

Julien bedächtig:

»Der Rat ist sich uneins darüber, ob er dir deine Bitte gewähren soll. Man ist sich zwar über deine Redlichkeit wohl einig. Aber die Rabendame Corax erzählte, dass dieser Junge, Hagen beim Namen, vor einiger Zeit auf sie geschossen habe, als sie bei der Esche Wasser trank.«

Anna:

»Es ist doch unsere ...«

Julien:

»Pflicht meinst du? Du meinst, unsere Pflicht zum Mitleid soll uns aufs Schafott geleiten? Unser Überleben ist unsere Pflicht!« Der Kauz schüttelte seine Federn.

Arthur:

»Nun, immerhin ist es unser Mitleid, das ihm die Chance zu seiner Errettung ermöglicht.«

Anna:

»Ich versteh nicht. Was für eine Chance?«

Arthur:

»Es gibt eine Weissagung des Hohemeisters Maharishi Bhrigu aus Aquitanien. In der Nacht des 13. November 1833 prophezeite er, dass wenn der letzte Alpha Ritter sich für die Ewigkeit rüste, sich ein einfacher Mensch erhebe und geführt durch einen Sternenhagel, getrieben vom Sturm des Zufalls, im Kastell der Wandlungen erscheine. Dieser Mensch, der einen tiefen Wunsch und vier Sterne im Herzen trage, werde dort geprüft und durch Erleuchtung gewandelt. Er werde nicht als Ritter des Schwertes zum Kampf gegen das Böse antreten, sondern als Ritter mit dem Harnisch des Geistes. Sein Geist des Herzens und der Vernunft beflügle ihn, die grenzenlose Verantwortung gegenüber allem, was lebt, zu übernehmen. Führe ihn zu edelsten Verpflichtungen und er werde durch Feuer und Wasser schreiten und die große Wahrheit des Menschwerdens verkünden, auf dass das Böse keinen Platz mehr finde. Und auf dass Freiheit und Glück für alles irdische Leben Einzug halte.«

Anna klatschte:

»Du bist in jedem Fall mit Abstand eloquenter im Predigen als unser Monsignore Amstutz.«

Arthur:

»Mein liebes Kind, falls du der irrigen Annahme bist, es handle sich um einen Spaß, täuscht du dich.«

Julien:

»Das hast du nun davon, von deinem aufgebauschten, schwülstigen Gerede, fern jeder Zugänglichkeit für ein heutiges Gehirn!«

Die beiden Vögel hoben erneut an zu zanken, doch Anna fiel ihnen ins Wort.

Anna:

»Entschuldigt, ich dachte, es sei nur eine mehr dieser Sagen.«

Arthur:

»Dass du aber gerade jetzt mit uns Tieren sprichst, ist das auch nur eines von Grimms Märchen?«

Anna schlug die Augen nieder:

»Nein, natürlich nicht.«

Arthur:

»Kann ich jetzt fortfahren?«

Anna nickte.

Der Kauz räusperte sich:

»Dieser neue Ritter der Wandlungen werde das Ganze und das Einzelne mit seinem Geist durchdringen. Legionen aus aller Welt – Menschen, Tiere, gar die Pflanzenwelt – würden ihm in Eid und Pflicht nachfolgen. Selbst Menschen, die sonst geistigen Müßiggang betrieben, würden sich rüsten. Aus Ehrgefühl, um für die gute Sache zu kämpfen und nicht nur auf sie zu hoffen.«

Die beiden Vögel verstummten und schauten sie starr an.

Anna:

»Und? Was hat das mit Hagen und mir zu tun?«

Die Käuze regten sich nicht.

Edgar streckte sich am Fuße des Trilithen, klopfte mit seinen Pfoten auf seine Brust, zeigte dann auf sie. Anna sah an sich herunter, griff sich verblüfft an den Pullover und lachte:

»Ihr meint nicht etwa, das beträfe mich? Ich sei dieser Ritter?«

Julien:

»Bist du nicht im Sturm und Sternenhagel hier erschienen? Trägst du nicht vier Sterne auf der Brust? Und droht uns nicht allen, dass der letzte Ritter stirbt? Und du bist doch ein einfacher Mensch, oder etwa nicht?«

Anna:

»Ja, aber …«

Arthur:

»Wir hatten auch unsere Zweifel, aber die Zeichen haben sich gemehrt.«

Julien:

»Bedeutet dein Ja-Aber, du traust es dir nicht zu oder hast du Angst davor, dass du es sein könntest?«

Anna:

»Wohl von beidem etwas.«

Arthur:

»Allen Alpha Rittern ging es so.«

Julien:

»Du sagtest erst vorhin, ein Traum könne die Wirklichkeit zerstören und konntest dir vorstellen, voranzugehen. Das stimmt doch, oder?«

Anna:

»Ja, das stimmt.«

Julien:

»Wenn dem so ist und die Chance besteht, dass du dieser Mensch bist, der unser Kastell und vielleicht auch die Welt retten kann, dazu auch Hagens Leben mit unserer Hilfe …«

Anna:

»Gut, ich will es versuchen!«

Arthur:

»Denke gut nach, denn es ist eine ungeheure Verantwortung. Und Last, falls du bestehst.«

Julien:

»Dieser Schritt wird dein ganzes Leben verändern. Man wird dich an den Pranger stellen, dir vorwerfen, das Ganze aus finanziellem Interesse oder Geltungssucht zu tun, sagen, du seist eine Dilettantin, die keine Ahnung habe, wovon sie spricht. Sie werden sagen, du seist eine Marionette der Medien, von Lobbyisten und Parteien. Hass wird dir von allen Seiten entgegenschlagen, man wird dich als Sektiererin, als minderjährige Heilige, als Moral-Pippi, ja, als verhaltensgestörte Hysterikerin verhöhnen. Nur aufgrund deines Handys wird dir Doppelmoral vorgeworfen werden und dir alles im Munde umgedreht, was immer du sagen wirst. Deinen Eltern wird man vorwerfen, sie seien verantwortungslos und du ein Opfer von Kindesmissbrauch. Andere Eltern werden ihren Kindern verbieten, mit dir zu verkehren, du wirst Freunde verlieren, man wird dich auf der Straße schräg ansehen, gar den Gehsteig wechseln, wenn sie auf dich treffen. Du wirst auf Widerstände stoßen, mit denen du nie gerechnet hättest.«

Arthur:

»Und das Schlimmste! Das Böse wird dich jagen, wird dir nach Leib und Leben trachten, weil du ihm, Seth, auf den Schwanz treten wirst. Er kennt kein Gewissen, keine Moral und seine Perspektive des Erlaubten und des Machbaren ist ungeheuer.«

Julien:

»Und bedenke, wer gegen ihn kämpft, kann auch derart an der Seele Schaden nehmen, dass er zusammenbricht und diese Welt verlassen will.«

Arthur:

»Summa summarum, du hättest persönlich eine bessere Zukunft, wenn du es nicht wagen würdest. Die Zukunft, die du verpasst, kommt niemals zurück.«

Julien:

»Weiter wirst du alles, was du hier erlebt hast, vergessen, wenn du diese Prüfung nicht bestehst. Was schlimmer wiegt, du wirst dieses Kastell verlassen müssen. Auf der Stelle. Hinaus in den Sturm.«

Julien:

»Darum antworte nicht vorschnell und nimm dir Zeit für deinen Entscheid.«

Eine erwartungsvolle Stille senkte sich über die Höhle. Hunderte von Augenpaaren richteten sich auf die junge Frau. Anna schaute zu Boden, dachte kurz nach, erhob den Kopf:

»Seit Jahrtausenden seien von hier aus Tausende Ritter in alle Welt ausgeströmt, um für das Gute einzustehen. Und ihr sagt, der letzte wolle sterben. Selbst wenn die Ritter nur eine Legende wären und eure Prüfung ein Märchen, fühle und denke ich, dass die Welt aus Mangel an Moral in einer schweren Krise steckt; obwohl uns Moral seit Jahrtausenden in allen Kirchen der Welt gepredigt wurde. Aber auch die Wissenschaft und logisches Denken haben uns menschlich nicht weitergebracht. Wir verursachen milliardenfaches Leiden in der Natur und beim Menschen selbst. Allein dieses Leiden wiegt milliardenfach mehr als mein kleines persönliches Glück. Mein Mitleid nimmt mich in die Verantwortung und Pflicht, gegen alles Böse, alles Unrecht und alle Ungerechtigkeiten etwas zu unternehmen. Allein, dass ich in der Lage bin, Unrecht zu beseitigen oder zu mindern, nimmt mich in die Pflicht. Selbst wenn die Wahrscheinlichkeit, etwas ändern zu können, gegen null strebt, sind wir, bin ich, in der Pflicht, einzugreifen. Natürlich braucht das

Mut, aber Mut braucht keine Gewissheit. Gewissheit braucht nur der Tod. Es ist mir klar, dass ich dabei weder auf die Gesellschaft, die Politik noch den Staat zählen kann. Ich glaube an das Gute im Einzelnen, aber nicht an das in der Masse. Wenn aber jeder nur denkt, der andere sollte etwas unternehmen, oder denkt, ein Einzelner könne sowieso nichts ausrichten und resigniert, dann verkümmert der Keim des Guten. Die Geschichte hat bewiesen, dass nur die Kraft eines Einzelnen viel bewegen, vieles verändern kann. Der Einzelne ist der Ursprung allen Wandels. Entweder gehe ich zusammen mit allen anderen Kreaturen an der Welt zugrunde oder wandle sie. Auch wenn das Schicksal der Welt, das auf dem Spiel steht, vielleicht nicht durch mich beeinflusst werden kann, und die persönlichen Konsequenzen und Risiken groß sind, so wage ich trotzdem diesen Schritt.«

Anna strich mit den Fingern über die Sterne auf ihrem Pullover und lächelte.

»Dass manche meinen werden, ich sei nicht zurechnungsfähig, wird mich nicht stören. Ich habe Verständnis für sie. Mathematik liegt nicht jedem.«

Sie wurde ernst:

»Und wenn ich wirklich scheitere, dann wäre mein Tod nicht Sühnopfer für die Sünden aller Menschen, sondern Opfer für das Leidende auf dieser Welt. Es ist besser zu sterben, als das kommende Leid untätig ertragen zu müssen. – Es gibt Sachen, die man nicht denken sollte, solche, über die man nicht schreiben, nicht reden und nicht flüstern sollte. Und dann solche, die man rausschreien muss: Ja, ich will mit euch zusammen für das Gute und für eine würdevolle Zukunft allen Lebens auf unserer Erde kämpfen!«

Die Stille nach ihrer Rede dehnte sich. Schließlich platzte Anna heraus: »Ok, ok, das war jetzt etwas pathetisch und theatralisch. Aber ich meine es schon so.« Sie lachte verlegen. »Ihr redet ja selbst immer so hochtrabend daher.«
Schweigen umfing sie. Verunsichert suchte sie den Blick der Käuze, von Sancha, Edgar, Musil und Wolkentanz, aber es gelang ihr nicht, daraus etwas abzulesen. Dann, irgendwo weit hinten, begann jemand, auf den Boden zu trommeln. Klatschen setzte ein. Die Vögel pfiffen und krähten. Anna wurde rot, als sie einige Hochrufe vernahm. Julien krächzte, man solle sich beruhigen, noch sei die Prüfung nicht bestanden. Trotzdem vergingen mehrere Minuten, bis endlich wieder Ruhe eingekehrt war.
Arthur:
»Ja, das Mitleid ist die einzige moralische Triebfeder, die ein Gegengewicht zum Egoismus bildet. Sie eignet sich bestens als Grundlage jeder Moral.« Er schüttelte den Kopf und brummelte etwas von »hochtrabend«.
Julien wischte sich mit einem Flügel Tränen aus den Augen und zitierte:
»Das Trachten nach dem Guten und die Annäherung an das Gute führt zugleich auch zum Schönen, da das Licht des Guten die Quelle aller Schönheit ist.«
Nun fuhr er sich mit dem anderen Flügel über die Augen:
»Das war eines der eindrücklichsten, ... wenn nicht das eindrücklichste Bekenntnis, das wir je gehört haben. Du hast unser aller Herz berührt.«

Arthur schluckte einige Male, bevor er weitersprach:

»Wir haben durch deine Rede nicht nur gehört, sondern auch gefühlt, dass es dir nicht an Virtutes Principales, an Haupttugenden, an der Klugheit, der Besonnenheit, der Tapferkeit und der Gerechtigkeit fehlt.«

Julien:

»Bist du bereit, die Prüfung anzutreten? Wir wollen klarer erkennen, ob du Instinkt, Wissen, Erfahrung und Intuition verknüpfen kannst. Ob du fähig bist, ein tieferes Verständnis von Zusammenhängen zu entwickeln und ob es dir gelingt, bei Problemen und Herausforderungen, die jeweils schlüssigsten und sinnvollsten Lösungen, Konzepte und Handlungsweisen zu ermitteln und umzusetzen. Dabei interessiert es uns auch, wie du vorgehst und welche Hilfsmittel du gebrauchst. Das heißt, wir wollen sehen, ob du mehr als lediglich klug bist.«

Arthur:

»Wenn du die Prüfung bestehst, wirst du zur Ritterin des Alpha Bundes erleuchtet werden.«

Julien:

»Damit einher werden neue, ungeheure Fähigkeiten in dich einziehen!«

Anna presste die Lippen zusammen und fuhr sich mit feuchten Händen über ihren Hoodie:

»Ich bin bereit.«

Arthur:

»Folge uns zur Säule der ersten Ordnung!«

Julien:

»Das Mysterium des ritterlichen Wandels möge beginnen.«

Licht im Morgengrauen

Davies Paille stand von seinem Stuhl auf, ging hinüber zur Glastüre seines Livingrooms, rieb sich die Schläfen und blickte hinab auf die Straße, hinüber zum Park. Einzelne Schneeflocken fielen einsam auf die Straße. Die dunklen Schatten der Baumkronen hinter den Straßenlaternen waren kaum zu sehen. Er schloss die Vorhänge, setzte sich wieder an seinen Schreibtisch, auf dem eine Tasse Tee stand und einige Stapel Papiere lagen. Es gab noch viel zu tun diese Nacht.

Um 5:40 Uhr, noch vor dem Morgengrauen, verließ Davies sein Haus, schritt zügig durch den kleinen Vorgarten, hinaus auf den Gehsteig, vorbei an der grünen Bauwand, auf die jemand »Goner« und »A ZIVIL SAVAGE« gesprayt hatte, und bog links Richtung Bartel-Pritchard Square ab. Die vier Rollen des Shopping-Trolleys, den er neben sich herzog, hinterließen dünne schlängelnde Spuren im spärlichen Neuschnee der vergangenen Nacht. Keine Fußgänger. Wenig Verkehr. Ohne Jacke oder Mantel, nur mit einer grünen Wolldecke über seinen Schultern und dem Einkaufswagen an der Hand, sah er aus wie ein Obdachloser. Bei der Kreuzung zur 11th Avenue wechselte er die Straßenseite, lief zielstrebig die Southwest hoch, entlang des Prospect Park. An einer schmiedeeisernen Laterne, die nur trübe

Sicht spendete, bog er in den Park ein. In der anbrechenden Morgendämmerung verschmolz Davies mit den zwei Ginkgobäumen, als er sich auf einer Lichtung vor ihnen niederließ. Heilige Bäume. Verehrt als Symbol für Unsterblichkeit und Erleuchtung. Buddha wurde unter einem Baum geboren, unter einem Baum erlangte er Erleuchtung, unter Bäumen lehrte er und unter zwei Bäumen verschied er ins Nirvana. Deshalb hatte Davies diese Stelle auserwählt.

Er zog den mit frischer Erde gefüllten Plastiksack aus dem Einkaufswagen, öffnete ihn und verstreute den Humus auf der dünnen Schneefläche, bis er einen Kreis mit einem Durchmesser von etwa 1,50 Meter bildete. Dann füllte er ihn von der Mitte nach außen aus, bis eine kreisrunde Scheibe entstand. Er legte seine Plastik-Identitätskarte, die er an einem Schlüsselband befestigt hatte, auf den Einkaufswagen und setzte sich in die Mitte des Mandalas. Die hölzerne Mala, die er um seinen Hals trug, legte er zwischen Ring- und Mittelfinger seiner rechten Hand. Dann zog er mit dem Daumen jede der 108 Perlen der Gebetskette zwischen seinen Fingern hindurch und rezitierte bei jeder der Kugeln sein liebstes Mantra: »Om mani peme hung«.

Die schemenhafte Gestalt im Schneidersitz versank tief in Meditation, wurde zu Chenrezi, dem Bodhisattva des universellen Mitgefühls. Leuchtend, bunt und klar wie ein Regenbogen. Davies fühlte, wie Lichtstrahlen seinen Körper verließen und murmelte:

»Ich gebe meinen Körper als Lichtopfer, um die Dunkelheit zu vertreiben, um alle Wesen vom Leiden zu befreien und sie in das Paradies des Buddhas des Unendlichen

Lichts zu führen. Mein Lichtopfer ist für alle Lebewesen dieser Erde. Ein Opfer, um die Menschen in den Zustand der Erleuchtung zu führen. Auf dass sie erkennen, dass sie die Erde zerstören und ihr Verhalten ändern müssen. Von hier zur Ewigkeit.«

Er wickelte die Gebetskette um sein linkes Handgelenk, holte bedächtig ein Streichholzbriefchen hervor, zündete es an, legte es ruhig neben sich in den Kreis und schloss die Augen. Das Feuer entfachte sich jäh, breitete sich blitzschnell über die Erde aus. Eine Stichflamme schoss an ihm hoch, ergriff seine Kleider, fraß sich in seinen Körper und trat an einer anderen Stelle wieder aus. Wie eine Fackel saß er auf der verschneiten Wiese im Park und sein Licht leuchtete flackernd durch das Morgengrauen. Während er von den Flammen verzehrt wurde, zeigte Davies keine Regung. Nichts an ihm bewegte sich. Kein Laut kam über seine Lippen. Sein Gesichtsausdruck wirkte gefasst, bis das Gesicht derart geschwärzt war, dass man ihn nicht mehr hätte erkennen können. Sein Körper verdorrte und schrumpfte langsam. Als letztes verkohlte der Kopf. Jede Empfindung, jedes Gefühl und jede Wahrnehmung waren in Davies erloschen. Nirodha-samāpatti.

Das lodernde Licht wurde kleiner. Davies war bereits tot, als sein schwarzer Körper rückwärts mit angewinkelten Beinen umkippte. Schnee und Rasen um ihn herum waren in einem nahezu perfekten Kreis verbrannt. Letzte Flammen züngelten aus seinen Fußgelenken und seine aufgestützten Arme ragten beschwörend in die Morgendämmerung. Der Geruch verbrannten Menschenfleisches lag in der Luft.

Das Herz des heraneilenden Stieglitzes blieb mitten im Fluge stehen, als sein Blick auf die verkohlte Gestalt am Boden fiel. Mit einem leisen, dumpfen Geräusch schlug sein Körper neben Davies auf. Die ersten Strahlen der aufsteigenden Sonne glitten über das Feld und die Schneekristalle an den Ginkgobäumen glitzerten.

Die Prüfung

Die Säule, zu der die Käuze sie führten, war jene, auf der
der Ritter mit den Sternen aufgemalt war.

Arthur:

»Diese Säule, die Säule der ersten Ordnung, offenbart dem,
der die Ehre verdient, Aufgabe und Lösung zugleich.«

Anna:

»Das heißt, ich muss herausfinden, was die Prüfungsaufga-
be ist und ebenso die Lösung dazu? Wie lange habe ich
Zeit? Wie viele Versuche?«

Arthur:

»Du hast die ganze Nacht Zeit, bis neunzig Minuten vor
Sonnenaufgang. Bis die Vögel erwachen. Und du hast fünf
Versuche frei.«

Julien:

»Wenn du die richtige Lösung findest, erscheint das Licht
am Firmament.«

Anna:

»Was für ein Licht denn?«

Julien:

»Beginne jetzt sofort – oder gib auf.«

Statt einer Antwort versenkte Anna sich in die Betrachtung
der Säule. Zuoberst ein Spruch: »intrate per angustam portam quia – mt. 7,13.«

Darunter ein Mädchen mit drei Köpfen, das vor einem Feuer tanzte. In der rechten Hand trug sie eine Fackel, in der linken einen Dolch.

Ihr folgte ein scharrender schwarzer Stier vor dem Eingang eines Labyrinths. Daneben eine Katze, die einer Python mit einem Messer den Kopf abschnitt.

Unten an der Säule ein Hirsch mit goldenem Geweih und nochmals ein Spruch: »cum tacent clamant – quo usque tandem.«

Anna ging auf die andere Seite der Säule. Über dem Ritter stand geschrieben:

»And now about the cauldron sing, like elves and fairies in a ring, enchanting all that you put in!«

Im Anschluss an den Ritter, zwischen zwei Pfauenfedern und einem darüberliegenden Stern, ein merkwürdiger Text, kaum zu entziffern:

»YFE JWAO FIL KTSJA PSDH NTIWO IJIP. SGEH YFE FWTTL IAO QIH IJIP. YS OILFWAV JIYEHL OIAZE IAO LWAV. SGEH YFE FWTTL IAO QIH IJIP. QSHVSYYEA YFE ETQWA RAWVFY. KE I YHDE TSGEH SQ XWAE.«

Scardeburg

Vermutlich ein Kryptogramm.

Anna umkreiste die Säule einige Male. Als Erstes galt es, Gemeinsamkeiten herauszufinden, verbindende Elemente.

Die drei Köpfe, die Fackel, der Dolch, der Tanz – beim tanzenden Mädchen konnte es sich um Hekate, die griechische Göttin der Magie, handeln.

Der Stier unter dem Labyrinth war einfach. Das war der

Minotaurus. Und als Theseus ihn besiegt hatte, tanzte er vor Freude.

Anna blickte in die Kuppel zum Horusauge hoch. Das Auge, das Osiris neues Leben verlieh und dessen Tod und Wiedergeburt durch rituelle Tänze dargestellt wurden.

Auf der Suche nach weiteren Hinweisen übersetzte sie den englischen Text. Hm, Elfen und Feen, singend in einem Ring um einen Kessel … Das war doch ein Reigen, ein Tanz. Hatte nicht Julien erzählt, der erste Ritter habe in der Mitte der Höhle getanzt?

Sie atmete auf, das musste es sein. Hurtig zog sie die Stiefel aus, rieb sich die Füße und stellte sich in der Mitte des Säulenkreises auf. Schwanensee, dachte sie, ja, das dürfte wohl passen. Odettes Solo, das hatte sie viel geübt. Sie streckte die Arme nach oben, verneigte sich und begann, auf den Zehenspitzen zu tanzen. Sie endete schwer atmend. Arthur und Julien ruckten synchron mit den Köpfen nach links und rechts.

Arthur:

»Besonnenheit, Menschenkind, ist eine wichtige Tugend. Haben wir dich etwa in dieser Hinsicht überschätzt? Nun hast du noch vier Versuche.«

Wortlos ging Anna zurück zur Säule. Der Tanz war ihr so naheliegend erschienen. Allein, weil der erste Ritter und seine Elster genau hier getanzt hatten.

Sie fühlte sich wie hundert. Die Strapazen der vergangenen Stunden hatten an ihren Kräften gezehrt und der Druck der Prüfung, der auf ihr lastete, tat sein Übriges. Komm schon, dachte sie. Das schaffst du.

Ihr Blick blieb am Labyrinth hängen. In Plutarchs Biografie über Theseus, die sie letztes Jahr gelesen hatte, wurde ein Labyrinthtanz erwähnt, der auf den Helden zurückzuführen sei. Das Labyrinth auf dem Bild hatte sieben Umgänge. Stirnrunzelnd ging sie zum Kreuz in der Mitte des Kreises. Wenn ihr ein solch gewundener Tanz gelingen sollte, musste sie seinen Verlauf auf den Boden zeichnen. Zum Glück lag an den meisten Stellen eine dicke Staubschicht. Sie erinnerte sich, wie ein Labyrinth zu konstruieren war, nahm die vier Mosaikköpfe außen am Kreuz als Hilfspunkte und zog mit quergestelltem Fuß, von verschiedenen Punkten aus, Linien über den Terrazzo. Kritisch betrachtete sie ihr Werk. Doch, das sollte gehen. Die Umgänge waren trotz Hin- und Herlaufen gut sichtbar. Anna atmete aus, stellte sich an den Eingang des Labyrinths, hob den rechten Arm in die Höhe, tanzte durch die Umgänge bis zum Zentrum und blieb stehen. Nichts geschah. Sie tanzte zurück.

Aus Juliens Stimme ließ sich die Enttäuschung nicht heraushören:

»Noch drei Versuche!«

Irgendetwas hatte sie nicht berücksichtigt. Sie ging zur Säule zurück. »intrate per angustam portam quia – mt. 7,13« las sie erneut. »Mt.« Das kannte sie doch. Nur die Bibliothek konnte ihr sagen, ob sie recht hatte.

In Nitschkes Catholischer Bibel blätterte sie zu Matthäus und fand in Kapitel 7:

»III, 13. Gehet hinein durch die enge Pfort: dann die Pfort ist weit, und der Weg ist breit, der zum Verderben führt, und ihre seynd viel, welche dadurch eingehen.«

Auf der folgenden Seite ging es weiter:

»14. Aber wie eng ist die Pfort, und wie schmal ist der Weg, der zum Leben führt, und ihrer seynd wenig, die ihn finden!«

Anna griff sich einen Bleistift und einige vergilbte Notizblätter, die auf einem Pult lagen, und ging langsam zurück. Pforte. Portam. Sie musste durch eine Pforte in das Labyrinth eintreten. Waren denn die Trilithen etwas anderes als Pforten, die alle zur Mitte des Kreises wiesen? Aber welcher war der richtige? Ratlos ging sie von einem zum anderen. Endlich blieb sie vor einem Trilithen mit der Decksteininschrift »et lux in tenebris lucet tenebrae eam non conprehenderunt« stehen. Das einzige Wort, das sie verstand, war Lux. Licht. Licht war das Symbol des Lebens. Und der Bibelvers sprach vom Weg, der zum Leben führt. Auch hatte Julien vom Licht des Guten erzählt.

Der linke Tragstein zeigte ein Bild des Garten Eden. Das Gemälde auf dem rechten hingegen offenbarte einen Blick in die Hölle. Die fantastische Bildsprache war ihr von irgendwoher vertraut. Anna schloss die Lider und versenkte sich in ihren Erinnerungen. Hitze vom Asphalt wehte ihr entgegen. Dann Kühle wie in einer Kirche. Oder einem Museum. Sie öffnete schlagartig die Augen. Sie hatte diese Bilder in einem Museum gesehen. Nur – hier fehlte der Mittelteil! Ja, es war in Madrid gewesen, eine Aufseherin hatte sich zu ihr gestellt, als sie den Blick nicht mehr von den Gemälden hatte losreißen können … Hieronymus Bosch. Das dreiteilige Gemälde war »Der Garten der Lüste« und in der Mitte befand sich das Paradies, ein friedliches und fröhliches Beisammensein von Menschen und Tieren. In diesem Gemälde, sagte ihr die Aufseherin, vollziehe sich die endgültige Wandlung der menschlichen Wesensart von der fleischlichen zur geistigen Liebe. Ein Lächeln huschte über ihr Gesicht. Dies war die richtige Pforte. Sie musste es sein.

Sie ging durch den engen Spalt des Dreisteins zum Labyrinth und tanzte erneut durch die Gänge bis ins Innerste und zurück. Nichts passierte. Sie wurde nervös. Nach dem nächsten Versuch wäre die Staubspur verwischt.

Arthur:

»Noch …«

Anna:

»Ja, ich weiß, ich weiß, noch zweimal.«

Die junge Frau studierte ein weiteres Mal die Säule. Die Fackel und der Dolch waren nur Symbole der Hekate. Die drei Köpfe zwar auch. Aber was ihr erst jetzt richtig auffiel, war, dass sie unterschiedliche Gesichter hatten. Brauchte es vielleicht zwei Tanzende mehr? Es war ja auch die Rede von Elfen, die tanzen sollten, und nicht von einer Elfe. Die Legende! Sie besagte, dass Mensch und Tier tanzten, den Tanz der Liebe … und der erste Alpha Ritter mit seiner Elster tanzte … Sie musste mit zwei Tieren durch das Labyrinth tanzen!

Anna wirbelte herum, die Frage, wer bereit wäre, mit ihr zu tanzen, schon auf den Lippen, als ihr klar wurde, dass sie trotz dieser Erkenntnis noch nicht alle Elemente der Säule entschlüsselt hatte. Sie hatte schon drei Versuche hinter sich, unnötige, die zu vermeiden gewesen wären, wenn sie intensiver nachgedacht hätte. Das Lächeln verschwand aus ihrem Gesicht und machte erneut einer ernsten Miene Platz.

»cum tacent clamant – quo usque tandem« und das Kryptogramm auf der Rückseite der Säule, sie waren noch zu enträtseln. Anna schrieb die Sätze auf einen Zettel, eilte in die Bibliothek und setzte sich mit Schellers Lateinisch-deutsch Lexika an eines der Pulte. Cum war nicht schwierig, auch tandem fand sie rasch. Aber was bedeutete tacent? Ihr Blick glitt über die Wörter, die mit tac anfingen: taceo, tacere, tacitum … Tacent musste etwas mit Stille zu tun haben, aber war es ein konjugiertes Verb und wenn ja, welche Person? Sie wandte sich erst einmal clamant zu. Sie probierte Deutungen aus, strich durch, setzte den Satz neu zusammen: Die Stille schreit? Mit schreiender Stille? Mit einem Knall, der die Tiere zusammenzucken ließ, schlug sie das Lexikon zu.

Keines von ihnen sagte ein Wort, als sie die Bücher zurück zum Regal trug. Sie stellte sich auf die Zehenspitzen, versuchte sie in die Lücke zu stoßen, aber sie fielen ihr aus den Händen. Zwei Blätter segelten davon, als sie aufschlugen. Anna atmete müde aus, trottete hinterher, hob die Blätter vom Boden auf, wollte sehen, zu welchem Band sie gehörten und auf welcher Seite sie einzusetzen waren. Seite 323. Ihr Blick fiel auf eine Textpassage oben in der ersten Spalte des Blattes: »… Ovid. Not. Cum tacent, clamant (i. e. quasi clamant) Cic., i. e. *Ihr Schweigen gilt so viel, als ob sie schrien …*«

Allerdings war der Satz auch jetzt noch ein Rätsel für sie. Sie notierte die Übersetzung auf einem Notizzettel, ging nachdenklich zurück zur Säule und betrachtete die Inschrift. Dann den Hirschkopf. Der Spruch stand unmittelbar unter dem König des Waldes. König des Waldes – damit repräsentierte er alle Tiere des Waldes. Natürlich, das

war die Lösung! Hatten nicht auch die Tiere seit Beginn
der Prüfung geschwiegen? Außer Arthur und Julien, die
aber praktisch nichts sagten.

Auf die Frage, was mit Schweigen und Schreien gemeint
sei, zogen die Käuze ihre Schultern hoch und schüttelten
den Kopf. Die anderen Tiere schauten sie stumm an. Anna
meinte, sie alle seien eine große Hilfe und kehrte zur Säule
zurück. Es hatte keinen Zweck, sich weiter mit Latein ab-
zuquälen, während ihre Zeit immer knapper wurde. Vielleicht ergab ja der eine Satz Sinn im Zusammenhang mit
dem Kryptogramm. Aber ob sie das lösen konnte?

»YFE JWAO FIL KTSJA PSDH NTIWO IJIP. SGEH YFE FWTTL
IAO QIH IJIP. YS OILFWAV JIYEHL OIAZE IAO LWAV. SGEH
YFE FWTTL IAO QIH IJIP. QSHVSYYEA YFE ETQWA RAWVFY.
KE I YHDE TSGEH SQ XWAE.«

Scardeburg

Sie kritzelte auf ihr Papier, überlegte, schaute auf Buchsta-
ben mit häufigerem Vorkommen, versuchte Vokale zu
identifizieren, machte Tests, versuchte es durch Ausschlüsse
von Möglichkeiten. Je länger es dauerte, umso nervöser
wurde sie. Die Finger der linken Hand trommelten auf ihrem Unterschenkel, sie rollte die Schultern, tappte sich mit
dem Stift auf die Nase. Ein Kribbeln kroch ihre Wirbelsäu-
le hoch. Anna warf Papier und Bleistift hin. Sie kannte dieses Gefühl vom Lernen. Wenn es eintrat, lief nichts mehr.
Sie reckte sich, stand auf und machte ein paar Dehnungs-
übungen. Besser, erst einmal mit etwas anderem weiterzu-
machen. Zum Beispiel mit der Frage, was der Gott Apophis und Göttin Hathor in ihrer Gestalt als Katze des Re
auf der Säule zu suchen hatten. Sie war die Himmelsgöttin

des Westens, Göttin der Liebe und des Friedens. Apophis, die Python, verkörperte Auflösung, Finsternis und Chaos, Symbol des Kampfes zwischen Gut und Böse. Das wies einmal mehr auf den Auftrag der Ritter hin. Anna schluckte. Unter den Tieren in der Höhle befanden sich auch Schlangen. Sie musste doch hoffentlich keine davon … Sie verwarf den Gedanken.

Erschöpft ließ sie sich fallen. So viele Symbole, so viele Mythen. Sie rasten in ihrem Kopf hin und her und ließen sich nicht zusammensetzen. Sie musste Ordnung schaffen. Meditation! Das war es, um zur Ruhe zu kommen.

Sie setzte sich im Schneidersitz vor einen Trilithen und entspannte sich. Es ging schnell. Ruhig atmete sie ein und aus. Gedanken kamen und gingen. Farben erschienen und lösten sich auf. Bilder traten aus dem Nichts und verflossen. Sie sah sich selbst mit Apophis auf ihren Armen, sah die Tiere schweigend an Bibliothekspulten sitzen, vor ihnen Edgar, das Eichhörnchen, das mit einem Stab auf eine Tafel mit mathematischen Formeln zeigte, auf der »Quo usque tandem?« stand. Schlagartig war sie wach. Und wusste, was zu tun war.

Arthur und Julien wandten sich ihr mit undeutbarem Gesichtsausdruck zu, als sie sich räusperte.

Anna:

»Ihr sagtet ja, euch würde interessieren, welche Hilfsmittel ich zur Lösung verwenden würde.«

Die beiden Käuze nickten.

Anna:

»Ihr habt aber nicht gesagt, dass irgendwelche Hilfsmittel ausgeschlossen seien.«

Arthur:

»Ja, das ist richtig, haben wir nicht.«

Anna:

»Folglich kann ich einen von euch als Ratgeber wählen, nicht wahr?«

Julien lachte.

»Willst du etwa auch noch einen Telefonjoker einsetzen?«

Arthur drehte seinen Kopf zu Julien:

»Schluss jetzt mit deinen Sprüchen!«

Der schaute an die Decke und kicherte.

Arthur:

»Ja, darfst du, aber kein Tier, das unserem Rat angehört. Und es darf dir nur bei einem Versuch helfen.«

Anna:

»Warum habt ihr mir das nicht vorher gesagt?«

Julien:

»Weil du nicht gefragt hast!«

Arthur:

»Beredtes Schweigen. Wir durften es dir nicht wörtlich sagen. So steht es in den Mysterien. Herauszufinden, ob du kooperativ eingestellt bist, gehört zu der Prüfung. Denke an den heiligen Bund der Ritter und der Tiere.«

Anna schüttelte den Kopf und fand ihr Lachen auch wieder:

»Ich hätte eher darauf kommen sollen, aber zum Glück ist es mir jetzt, wo meine Kräfte allein nicht reichen, in den Sinn gekommen.«

Arthur:

»Gut, wähle jetzt deine Ratgeberin oder deinen Ratgeber.«

Annas Blick wanderte über die Tiere.

»Edgar, willst du mir helfen?«

Hinter Vargr tauchten zwei Ohrenpinsel auf, das Eichhörnchen sprang über den Rücken des Wolfes hinweg, weiter über Luchs Rufus, der erfolglos nach ihm schnappte und zwischen den Beinen des Hirschstieres hindurch. Beim Bremsen fiel er vornüber und glitt über den staubigen Boden auf das Mädchen zu. Kurz vor Anna kam er zum Stillstand, setzte sich auf und klopfte den Staub von seiner weißen Brust.

Edgar:

»Sie haben gerufen, Madame?«

Anna:

»Ist es nicht so, dass du über ausgezeichnete mathematische Fähigkeiten verfügst?«

Edgar stellte sich auf die Hinterbeine, schob den Brustkorb vor, stützte seine Arme in die Hüften, blickte mit erhobenem Haupt in die Runde.

Edgar gestelzt:

»Selbstredend darf ich wohl sagen, dass mein Scharfsinn, meine Logik und meine mathematischen Künste ihresgleichen suchen. Ich, Edgar, würfle nicht. Ich berechne. Und zwar alles. Bis aufs hinterletzte Komma. So verweise ich an dieser Stelle gerne exemplarisch auf meinen logisch durchdachten und im Detail berechneten Schneeabwurf, der Schneemasse, Geschwindigkeit, Beugewinkel und Spannung des Geästes, Fallgeschwindigkeit des Schnees und so weiter berücksichtigte. Diese präzise Ladung hat sodann den Wilderer effektiv und effizient aus dem Verkehr gezogen, und zwar ...«

Von hinten hörte man Musil krächzend herauslachen. An-

dere Tiere stimmten ein und schließlich erfasste das Gelächter auch die Steinkäuze und Anna. Edgar fiel mit ein.
Arthur:
»Ja, es stimmt. Edgar ist ein mathematischer Wunderknabe. Das führt manchmal dazu, dass er gerne angibt, um sich mit anderen einen Spaß zu erlauben.«
Anna:
»Hilfst du mir, das Kryptogramm zu lösen, Edgar?«
Edgar:
»Natürlich, du bist ja meine Freundin. Wir haben uns gegenseitig das Leben gerettet. Wir sind ja sozusagen Schneegeschwister.«
Anna zeigte ihm ihr Blatt mit Berechnungen:
»Siehst du, ich habe mir gedacht, … aber heute komme ich nicht weiter, ich bin viel zu nervös …«
Edgar winkte ab:
»Nein, lass es mich auf meine Weise machen. Das ist Kopfrechnen. Ich muss mich nur konzentrieren, dieses türkisblaue Licht macht einen noch irre.«
Das Eichhörnchen kniff ein Auge zu und studierte den Text.
Edgar:
»Heureka!«
Anna:
»Das ist ja Wahnsinn! Du hast es schon?«
Musil:
»Genie und Wahnsinn sind eng verbunden!«
Edgar ignorierte den Amselmann.
»Ja, es war recht einfach. Mit einer Häufigkeitsanalyse leicht zu lösen. Alsoooo … schreib auf:

›The wind has blown your plaid away.
Over the hills and far away.
To dashing waters dance and sing.
Over the hills and far away.
Forgotten the elfin knight.
Be a true lover of mine‹«

Edgar:
»Scardeburg ist nicht verschlüsselt. Muss wohl der Autor des Kryptogramms sein.«
Die Übersetzung, außer plaid und elfin, bereitete ihr keine Probleme. Wieder Tanz. Aber was für einer? Und was genau sollte sie singen? Die Lösung musste in dem Text stecken.
Die Deutsch-Englisch-Wörterbücher hatte sie schon vorhin in der Bibliothek gesehen. Rasch hatte sie das erste Wort aufgeschlagen:
»PLAID … 1) eine Art gestreiftes Zeug (von geschorener Wolle … bunt und kreuzweise gestreift). 2) der Mantel (aus solchem Zeuge, der Schottischen Hochländer, der schottische Mantel).«
Annas Hand flog zu ihrem Hals. Ihr schottischer Schal war ihr am Nachmittag durch eine Sturmböe weggerissen worden. Aber woher sollten die Verfasser der Reime das gewusst haben? Das war unheimlich. – Und was hatte es mit elfin auf sich?
»Elf, *s. Myth.* der Elf; Geist … El'fjn, *adj.* Zu den Elfen gehörig, elfisch.«
Ein Elfenritter. Das musste ein Hinweis auf das Stück sein, das sie singen sollte. Eine andere Bedeutung machte keinen

Sinn. Was sie brauchte, war eine englische oder noch besser schottische Liedersammlung.

Auf einem der Pulte lag ein Bibliotheksverzeichnis und tatsächlich gab es eine kleine Abteilung mit Liederbüchern. Drei davon trug Anna zu ihrem Stammplatz.

Aus den Büchern ging hervor, dass »Elfin Knight« tatsächlich eine schottische Ballade war, die erstmals im Jahre 1610 abgedruckt worden war. Sie stand in Beziehung zu einer anderen alten Ballade namens »Over the Hills and Far Away«. Aber in dieser war von keinem Elfenritter die Rede.

Im Child's Book, Collected Ballads gab es einundzwanzig Versionen mit dem Elfenritter: »The wind hath blown my Plaid away, Elfin Knicht, the fairy Knight, Cambric Shirt, The Lovers Tasks, Whittingham Fair ...«

Über die Jahrhunderte verschwand die direkte Erwähnung des Elfen in den Texten. Struktur und Melodie des Songs blieben jedoch gleich. In den frühesten Balladen drohte ein Elfenritter, der den Teufel verkörperte, eine junge Frau zu entführen, um sie zu seiner Geliebten zu machen. Falls sie nicht eine unmögliche Aufgabe erfüllen könne. Sie antwortete mit einer Liste von unmöglichen Aufgaben, die er erfüllen müsse. Diese unmöglichen, wenn auch unterschiedlichen, Aufgaben wurden in den nachfolgenden Adaptionen weitergeführt.

Hin und her blätterte sie zwischen den Balladen. Die älteste Version wäre doch am wahrscheinlichsten, wie sonst sollte man sich entscheiden? ... Aber es hieß »Forgotten the Elfin Knight«. Der Elfenritter sei vergessen. Dann müsste es eine jüngere Version ohne Nennung des Elfen sein.

»Scardeburg«, vielleicht fand sie etwas über den Verfasser heraus. Wobei das nicht nach einem Nachnamen klang, eher nach einem Ort. Sie holte die Encyclopædia Britannica. Tatsächlich, Scardeburg war Scarborough. Sie fand sogar ein Stadtwappen mit drei Türmen, einem Schiff und einem Stern. Anna schmunzelte. Da war eine Songadaption in Child's Collected Ballads, in der »Scarbro'Fair« im Eingangstext stand. Child verwies auf Kidson als Quelle. Anna fand die Ballade in Frank Kidsons Buch »Traditional Tunes« aus dem Jahre 1891.

> »Scarborough Fair.
> 1. O, where are you going? To Scarborough fair,
> Savoury sage, rosemary, and thyme,
> Remember me to a lass who lives there,
> For once she was a true love of mine.
> 2. And tell her to make me a cambric shirt,
> Savoury sage, rosemary, and thyme,
> Without any seam or needlework,
> And then she shall be a true love of mine.
> …«

Es kam ihr vor, als hätte sie das Lied schon gehört. Salbei, Rosmarin und Thymian … »Scarborough Fair«. Sie begann leise zu summen. Dann war die Melodie in ihrem Kopf. Es war ein Oldie! »Scarborough Fair«, natürlich: Simon & Garfunkel! Ihr Vater hörte ihn manchmal vier-, fünfmal hintereinander. Hier war zwar nicht ganz genau der gleiche Text, aber beinahe. Sie sang die drei ersten Strophen, wie sie die Melodie erinnerte. Es passte. Trotzdem, sie hatte nur noch zwei Versuche und musste sicher sein, dass dies die richtige Ballade war.

Mit Kidsons Buch in der Hand betrachtete sie zum wiederholten Male die Säule. Pfauenfedern links und rechts des Kryptogramms. Solche wurden auch im Text erwähnt. Salbei war schon bei den Kelten ein Symbol für Weisheit und mentale Stärke, Rosmarin stand seit der Antike für ewige Liebe und Treue und Thymian seit den alten Griechen für Mut und Tapferkeit. Das konnte man gut brauchen, um gegen den Teufel zu kämpfen. Und wies nicht das Wappen von Scarborough einen Stern auf?

Ohne ihr Handy konnte Anna nicht sagen, wie viel Zeit sie noch hatte. Ihr kam es vor, als müssten schon drei Nächte vergangen sein. Ihre Augen brannten. Sie musste nun einen Versuch wagen, sonst würde sie vor Kribbligkeit Fehler machen.

»Sancha, Edgar!«, rief sie. Sancha hob den Kopf, gähnte und kam zu ihr, während Edgar von einem Trilithen auf ihre Schulter kletterte.

»Würdet ihr mit mir durch das Labyrinth tanzen?«

Sancha gähnte erneut. Aber dann nickte die Hündin.

»Freunden steht man bei.«

Ohne ihn gehe es nicht, meinte Musil, er tanze auf dem Rücken von Sancha mit. Edgar zappelte vor Aufregung.

Das Quartett stellte sich vor dem Trilithen auf. Plötzlich war Annas Mund ganz trocken. Mehrmals fuhr sie sich mit der Zungenspitze über die Lippen. Sie hob den Arm, spürte sein Zittern und atmete tief durch, bevor sie zu singen begann:

»O, where are you going?«

Als sie das Tor hinter sich ließen, wurde das gedämpfte Licht der Glühwurmnetze heller und heller. Sie umkreisten den ersten Umgang, den zweiten, den dritten. Die übrigen Tiere fielen ein:

»Tell her to dry it on yonder thorn,
Savoury sage, rosemary, and thyme,
Which never bore blossom since Adam was born,
And then she shall be a true love of mine.«

Laut hallte »Scarborough Fair« durch das Gewölbe. Anna wurde klar, sie hatte die richtige Lösung gefunden, sie war auf dem richtigen Weg. Das machte sie nervös, sie verlor das Gleichgewicht. Das Licht wurde schwächer, die Tiere verstummten.

Ihr Herz raste, doch als kein »Noch ein Versuch« von Julien oder Arthur erklang, schöpfte sie neuen Mut. Aber als sie den Tanz fortsetzen wollte, sah sie, dass die freigelegte Spur im Staub im Halbdunkeln nicht mehr zu erkennen war. Die Brust wurde ihr eng. Jetzt war alles verloren. Da spürte sie Sanchas Schnauze an ihrer Hand.

»Ich kann riechen, wo wir durchgelaufen sind«, flüsterte sie, »lass mich vor.« Anna wurde ruhig, atmete langsam ein und aus, fing zu singen an, die Hündin setzte sich in Bewegung. Anna folgte, ihre Stimme klang klarer und voller als zuvor. Das türkisfarbene Licht verstärkte sich wieder, der Chor sang kräftig mit. Dann war Anna im Zentrum, lachte, drehte sich im Kreis.

Die Spiralarme im Kuppelbild fingen Elmsfeuer, zuerst die Sterne der Hauptarme Centaurus und des Perseus, dann die des Sagittarius. Blitzartig breitete sich das Licht über die Sternbilder des Schützen, des Schlangenträgers und des Krebses aus, raste zum Schwarzen Loch im Zentrum der Milchstraße, erfasste das Horusauge, das aus ihm blickte. Aus dem inneren Augenwinkel trat flüssiges, goldenes Licht, ballte sich zu einer Kugel, fiel wie ein faustgroßes Hagelkorn mit Schweif hinunter, traf Annas Kopf, riss ihn nach hinten, und das Licht der geplatzten Schloße rann wie Wasser über ihr Gesicht, öffnete ihren Mund, ihre Augen, ihre Nase, drängte hinein, floss hinunter in ihren Rumpf, tiefer und tiefer, verteilte sich in alle Gliedmaßen, bis hin zu Fingern und Zehen, und weiter, in eine Tiefe ohne Ende. Millionen Zeichen, Symbole, Bilder, Farben, Melodien, Geschichten, Texte, Formeln; fremde Gedanken, Belebtes und Unbelebtes manifestierten sich rasend schnell in ihrem Kopf, schwangen, vibrierten und rasten verwoben durch ihren Körper. Das Universum verschmolz mit ihr. Strahlen traten aus ihrem Körper und erfassten Edgar, Musil und Sancha, liefen hinunter auf den Boden, entflammten die Umgänge des Labyrinths. Dann erzitterte die Kuppel und aus dem Auge des Horus schoss ein breiter Kegel aus Licht, hob die vier in die Höhe. Langsam kreisten sie unter dem Auge und ein glückseliger Ausdruck lag auf ihren Gesichtern. Sie tanzten den Tanz der Liebe. Sie wurden Eins. Dann erlosch das Licht und sie glitten langsam zu Boden. Benommen richtete Anna sich auf.

Nach einem Moment der Stille breitete sich ein Raunen aus, das zu Jubel anschwoll. Die Tiere drängten sich zu ihnen, um sie zu beglückwünschen. Vielen standen Tränen in den Augen.

Arthur rief aus:

»Dein Mund, deine Augen und deine Nase wurden dir geöffnet. Geöffnet mit Sternenerz. Und deine Seele hat jenes Licht erblickt und getrunken, Kraft dieses Lichtes selbst, das nicht ein fremdes ist, sondern dasjenige, durch welches deine Seele überhaupt erkennt.«

Julien weinte.

»Das Logos des Heiligen und des vernunftgemäßen Reinen, welches aus dir leuchtete, gewährte deiner Seele Anschauung und Erkenntnis.«

Arthur zitierte lachend:

»Und solang du das nicht hast, dieses: Stirb und werde! Bist du nur ein trüber Gast auf der dunklen Erde.«

Anna schwankte leicht.

»Es ist mir, als ob eine andere, eine neue Wirklichkeit in meinem Kopf eingezogen ist. Als ob meine Wahrnehmung millionenfach klarer und schärfer geworden sei. Mein Inneres fühlt sich an, als wäre es so weit wie der Kosmos.«

Julien:

»Du musstest das Labyrinth betreten, um dem Irrgarten zu entfliehen. Nun bist du ein freier Mensch.«

Arthur:

»Als du den Gang beschritten hast, ist dir der Weg erschienen. In dir brennt nun, was du in anderen entflammen wirst. Du bist der Samen, der den Baum wachsen lässt.«

Julien:

»Die Spitze gehört dir, Anna. Das Ansehen gehört dir, Anna. Die Höhe gehört dir, Anna. Die Macht gehört dir, Anna. Du schützt das Lebendige, Anna.«

Anna:

»Macht? Macht hat noch selten Gutes bewirkt.«

Julien:

»Noch weißt du nicht, über welche Macht du verfügen wirst, darum bewerte nicht. Es ist die Macht, die das Lebendige schützt. Und das Auge des Horus wird dich schützen.«

Arthur:

»Für das Böse wirst du zum flüchtigen Nebel der Traumzeit, zum Schatten der Anderswelt, zum Gespenst aus der Höhle der Ewigkeit, das es verfolgt.«

Julien:

»Du wirst ausgebildet werden, wirst neue Kenntnisse gewinnen und Fähigkeiten entwickeln können, von denen du dachtest, sie seien unmöglich, um deiner selbst gewählten Mission den Weg zu bereiten.«

Arthur:

»Doch nicht jetzt, es ist weit nach Mitternacht. Du, wir, wir alle müssen nun schlafen. Morgen fahren wir weiter fort; und Morgen beginnt der Kampf gegen den Bösen im Walde. Da werden wir alle unsere Kräfte brauchen.«

Anna nickte. Sie war todmüde. Edgar dirigierte sie zur Holztribüne, auf der bereits die Familien von Dachs Theo und Luchs Rufus mit Frau Franziska und ihren zwei Kindern, Lilou und Lulu, lagen. Sancha rutschte nahe zu Anna, um sie zu wärmen. Lilou und Lulu sprangen heran und legten sich auf sie.

Ein Portier in einem Anzug mit goldenen Bordüren hielt ihr mit einer Verbeugung die Hoteltüre auf. Auf dem getäfelten Holzboden klackerten ihre Pumps. Wie immer tat Liv Rivulet, als bemerke sie die Blicke nicht, die ihr folgten, stolzierte auf den Empfang zu, an dem eine Frau mit Hochsteckfrisur bereits ihren Zimmerschlüssel in der Hand hielt.

»Frau Rivulet, es ist uns eine Freude, dass Sie uns nach all den Jahren noch treu sind.«

Sie buchte meistens dieses Hotel, wenn es sie nach Zürich verschlug. Diesmal sowieso, weil die betreffende Policy der Organisation bei einer solchen Mission nur in Ausnahmefällen erlaubte, dass alle Partner in der gleichen Unterkunft abstiegen. Ein Patrizierhaus aus dem 18. Jahrhundert. Vermutlich im Besitz eines Partners der Organisation. Aber wer wusste das schon. Es wurde ihr vor Jahren empfohlen, als sie noch als Begleitdame für den Escort Service »Mondial Imperial« beschäftigt gewesen war. Sie hatte sich so ihr Studium finanziert. Und ihre Fremdsprachenkenntnisse optimiert. Rivulet lächelte, als sie die Türe der Suite öffnete. Sie dachte an all die Sugar-Daddys, die sie über Jahre hinweg ausgenommen hatte.

Andrej Pushka landete am selben Tag mit mieser Laune. In seinem Magen loderte ein Feuer. Obwohl er zwei Tabletten Gastal eingeworfen hatte. Seine weißblondierte VIP-Agentin, die auf ihn wartete, würgte er ab, als sie ihn

freundlich begrüßte und machte ihr mit einem »Dawai«
Beine, seine Koffer zu holen. Dann schluckte er noch
zwei Gastal.

Liv Rivulet saß mit übereinandergeschlagenen Beinen auf
einem roten Ledersofa in der Hotellobby des Plaisir au Lac
und blätterte in der amerikanischen Ausgabe der Vogue.
Im Unterschied zu allen anderen, die an ihr vorbeigegan-
gen waren, sah Pushka sie nur kurz an und checkte ein.
Nachdem er in den Lift eingestiegen war, stand Rivulet auf,
um die Schmuckauslage von BUHGARI zu mustern.

Um 13:45 Uhr klopfte sie an die Türe des Zimmers 137.
Als Pushka aufmachte, sagte sie lediglich:

»In medias res«.

»Legibus solutus«, antwortete er. Dann schloss sich die Türe hinter ihnen.

Samstag, 14. Dezember, 9:23 Uhr,
Berno, Hotel Schweizer Stand, Lobby

Leise Hintergrundmusik. Ein alter Schlager, »Mein
Freund, der Baum«. Ein kräftiger Schlag auf die Schulter
unterbrach Phuu Asara beim Mitsummen. Automatisch
fuhr seine Hand zu der unter seinem Jackett versteckten
Browning. Da erkannte er das Gelächter. Dr. Ongo Angoo,
einen Kopf größer, lachte schallend, so wie er es immer tat,
und die Zahnreihen blitzten im tiefschwarzen Gesicht des
Zwei-Meter-Hünen. Die beiden umarmten sich und ihre
massigen Körper schlugen zusammen.

Der Schwarze ließ sich auf den Hocker neben dem Abt fallen. Seine Augen irrten stetig umher, als ob sie etwas suchen würden.

»Ist Schmalzlocke nicht da?«, fragte er.

Die Flüchtlinge, die eine seiner Schleppertouren über das Mittelmeer überlebten, übernahm in Europa Alfonso Gabriele. Dass diese einträgliche Geschäftsquelle nicht versiegte, dafür sorgte Angoo, indem er mit Hilfe von Andrej Pushka Waffen nach Afrika schmuggelte; Bombenanschläge ausführen ließ, wenn sich Rebellen und Regierung endlich an einen Tisch gesetzt hatten; Ethnien gegeneinander aufhetzte und unterschiedslos Moscheen, Kirchen, Synagogen und andere Gotteshäuser anzünden ließ. Konkurrenten erschlug der Senior Vice President Afrika, genauso wie seine Eltern, mit seinem Lieblingswerkzeug: Einem Vorschlaghammer. Gegner zwang er, weitere Feinde mit eben diesem Hammer zu erschlagen, zu zerlegen, an Holzspießen zu rösten und zu essen. Außer den Köpfen, die stellte er in seinen Kühlschrank.

Zu fortgeschrittener Stunde, nachdem sich Asara und Angoo in diversen Clubs angetrunken hatten, beschlossen sie, das Petit Rossignol, ein Edelbordell mit Nachtclub, aufzusuchen. Zwanzig Tausendernoten reichten, dass der Besitzer die wenigen anwesenden Gäste hinauswerfen ließ und den Türsteher anwies, niemanden mehr herein-, aber auch nicht hinauszulassen, was auch immer geschehen möge.

Als die beiden sturzbesoffen und zugedröhnt das Etablissement verließen, trafen die ersten Sanitäter ein. Anwohner berichteten der Polizei von hysterischen Schreien, Zertrümmerungsgeräuschen, Pistolenschüssen und sogar Explosionen. Zwei der Prostituierten starben auf dem Weg ins Hospital, eine hatte einen Schädelbruch, eine vergaß für immer, wer sie war, zwei zitterten danach ihr Leben lang und einige überlebten trotz Leber- und Nierenversagen und zerebralen Krampfanfällen.

Samstag, 14. Dezember, 9:25 Uhr,
Schwarzer Forst

Fleischhauer lag schon seit dem Morgengrauen auf der Lauer. Er spürte die Kälte nicht. Nicht nur seines gefütterten Tarnanzuges und der Decke wegen. Sein Schädel brummte und hämmerte abwechselnd. Am Vorabend hatte er die ganze Flasche Kirsch geleert. Seine Hände zitterten, als er sich die Handschuhe auszog, eine Tablette in seinen Rachen warf und sie mit einem Schluck aus seinem Flachmann runterspülte. Er rülpste und dachte an seine Geisel. Ich werde sie den Wölfen zum Fraß vorwerfen, die Bullen haben sich ja bis jetzt nicht blicken lassen. Mit einer Handvoll Schnee rieb er sich Stirn und Schläfe. Dann griff er wieder zum Karabiner. Ein Grinsen stahl sich zwischen seine Bartstoppeln. Scheißegal, wie lange ich hier noch liegen muss, die kann nur hier durchkommen. Der schieße ich das Hirn weg.

Wahre Wirklichkeit und
wirkliche Wahrheit

Geräusche weckten Anna. Sie rieb sich die Augen und streckte sich. Vorsichtig, um die noch schlafenden Tiere nicht zu stören, bahnte sie sich einen Weg von der Holztribüne. Erst jetzt entdeckte sie die Feuerkörbe vor der Tribüne und beschloss, Feuerholz aus der Küche zu holen.

Die Käuze erwarteten sie, als sie zurückkam, und begrüßten sie lebhaft mit einem »Huui« und »Ghuk«.

Julien:

»Du weißt, es sieht nicht gut aus. Wir stehen in einem Zeitalter, in dem die Sonne schwarz ist wie ein härener Sack, und der Mond wie Blut, und die Sterne des Himmels auf die Erde fallen, gleichwie ein Feigenbaum seine Feigen abwirft, wenn er vom großen Wind bewegt wird.«

Anna streichelte mechanisch Sanchas Kopf:

»Die wirklich großen Fragen, die uns beschäftigen sollten, die danach, was alles zusammenhält, welchen Platz wir darin haben, wie wir uns verhalten müssen, damit es uns und allen Kreaturen gut geht, interessieren niemanden. Müssen wir deshalb annehmen, dass die menschliche Rasse zugrunde gehen wird? Nur weil das Weltbild der Menschen nicht der Wirklichkeit entspricht? Ich kann und will das nicht akzeptieren. Wie konnte es nur so weit kommen?«

Arthur:

»Weil die wahre Wirklichkeit in den Augen der meisten von euch unmöglich ist, Menschenkind.«

Julien:

»Um deine Frage, Wie-es-kam, zu beantworten, müssen wir ausholen: Früher war das Weltbild noch anders. Der archaische Mensch war in Phantasie, Vorstellung und Traum mit der Welt, ja mit dem ganzen Weltall verbunden. Anima Mundi, die Weltseele, die Alles durchdrang und bewegte, verband die Planeten, die wiederum alle selbst eine Seele hatten. Und die Seelen der Lebewesen der Erde waren Teil der Planetenseele. Damit war der Mensch Eins mit der Anima Mundi, die den immateriellen Kosmos mit dem materiellen Universum vereinigte.«

Arthur:

»So steht es auch in einem eurer heiligen Bücher:

›Der Herr hat mich schon gehabt im Anfang seiner Wege, ehe er etwas schuf, von Anbeginn her. Ich bin eingesetzt von Ewigkeit her, im Anfang, ehe die Erde war. Als die Meere noch nicht waren, ward ich geboren, als die Quellen noch nicht waren, die von Wasser fließen … ‹«

Anna:

»Dann war das wohl etwas ähnliches wie Manitu, die große Kraft, die in allem enthalten ist.«

Julien:

»Wenn ihr postmodernen Menschen euch aus dem Stück Wasser erhebt, von dem ihr meint, es umschließe alles, erkennt ihr nicht nur die schemenhaften Dinge, die ihr durch euren beschränkten Horizont und eure trübe Sicht in ihm seht, wie einige Meter Sand, drei Steine, fünf Pflanzen, zwei Fische – ihr erblickt davoneilende Wellen, ganz hinten, vom Horizont verschluckt, die Arme des Himmels, die lebendige Erde umspannend, den strahlenden Kosmos in aufsteigender Nacht, ein auseinandereilendes Universum mit dem Licht neugeborener Sterne aus dunklen Wolken und sterbenden Galaxien. – Alte Grüße von der unendlichen Reise des ewigen Seins, des Werdens und Vergehens.«

Anna:

»Damit kann man sagen, dass der Mensch in alter Zeit Eins mit Allem war. Quasi der Kosmos selbst. Ein Kosmos mit Körper, Seele und Geist. Und die Weltseele war das Einheit stiftende Prinzip der Natur und des Lebens, das in allen Dingen wirksam war und alle Einzelseelen lediglich Ausflüsse von ihr. Nicht wahr?«

Arthur:

»Könnte man so sagen, ja. Doch die Weltseele wurde durch den Fortschritt aus dem Universum vertrieben.«

Julien:

»Es fing damit an, dass Nikolaus Kopernikus im Jahre 1543 bekannt gab, dass die Erde, und damit auch der Mensch, keine zentrale Position im Universum einnähme.«

Arthur:

»1400 Jahre nachdem der Grieche Ptolemäus das ›geozentrische‹ Weltbild postuliert hatte, wonach alle Himmelskörper, das heißt die Sonne, der Mond, die Planeten und die Fixsterne die Erde umkreisen, legte Kopernikus diesen Mythos ad acta. Die Erde sei nur ein normaler Planet, der sich um die eigene Achse drehe, und genauso wie alle anderen Planeten nur die Sonne umkreise, die in der Mitte von allem stehe. Das altgriechische, ›heliozentrische‹ Weltbild war wiedergeboren.«

Anna:

»Hat nicht danach Johannes Kepler die Gesetzmäßigkeiten, nach denen sich die Planeten um die Sonne bewegen, formuliert?«

Arthur:

»So ist es. Anfang des 17. Jahrhunderts. Er bestätigte damit die Entdeckungen seines Zeitgenossen Galileo Galilei, die dieser mit dem Teleskop gemacht hatte.«

Julien:

»Seiner und Galileis Meinung nach, war das Buch der Natur in der Sprache der Geometrie geschrieben, und Gott, der Geometer, hatte es verfasst. Entsprechend seien die Naturgesetze autonom, aus der Beobachtung der Natur, zu ermitteln.«

Arthur:

»Dazu ist zu bemerken, dass Kepler der Ansicht war, dass die Geometrie Gottes auf den Menschen, als sein Abbild, übergegangen sei. Dadurch sei der Wissenschaftler in der Lage, Gottes Gedanken beim Schöpfungsakt nachzuvollziehen. Und zwar auf geometrisch exakte Weise.«

Julien:

»Für Kepler war, nebst Gott, die Materie die wichtigste Sache in der Wissenschaft. Nur die Materie sei die zähl- und messbare Grundlage für den Astronom und Physiker.«

Arthur:

»Kepler gab seinen einst festen Glauben, dass die Ursache der Planetenbewegung eine Seele sei, auf. Er exorzierte sie und ersetzte sie durch das physikalische Prinzip der Kraft.

Er präsentierte eine Seelenlehre, die seinem eigenen mathe-matisch-geometrischen Denken entsprungen war.«

Arthur:

»Letzten Endes sprengte er die naturphilosophischen Fes-seln der Erforschung der Natur weit mehr als jeder andere seiner Zeitgenossen. Er bestimmte die Richtung, welche die Kopernikanische Wende nahm. Vom Sein der Dinge zu den Ursachen ihres Seins und Werdens vorzudringen, durch konstruktive Vernunft zu neuen Erkenntnissen zu gelangen, wurde zur Aufgabe aller Naturforschung. Da-mit trug er auch Newton die Fackel voran. Mit Isaac Newtons Gravitationstheorie, die dieser zu Beginn des 18. Jahrhunderts veröffentlichte, konnte nun das heliozentri-sche Weltbild auch physikalisch erklärt werden. Die Na-turgesetze der Erde galten ab diesem Zeitpunkt auch für den Kosmos.«

Julien:

»Ja, ja, Mathematik und Geometrie wurden zum Maß der Dinge. Es wurde alles berechnet, was man konnte. So sagte beispielsweise ein Physiker im Jahre 1705 präzise voraus, dass der, nach ihm benannte, Komet Halley im Jahre 1759 wiederkehren würde und im Jahre 1728 berechnete der As-tronom James Bradley aufgrund der Veränderung der Fixsterne die Lichtgeschwindigkeit auf 301 000 km/s.«

Anna:

»Unglaublich, schon zu dieser Zeit hat er dies berechnet. So nah am richtigen Wert.«

Arthur:

»Übrigens, Kepler war auch der Meinung, dass die Autono-mie der Naturwissenschaft den Wissenschaftler verpflichte, das ›im Innern als wahr Erkannte‹ auch nach außen mit allen Kräften des Geistes zu vertreten.«

Julien:

»Das nahm dieser vorlaute, französische Zweifler aus Berufung ganz offensichtlich ernst.«

Anna:

»Ihr meint wohl den Mathematiker und Philosophen Descartes, den ich schon erwähnte. Was hat der mit der Wende zu tun?«

Arthur:

»Ja, den meine ich. Im Jahre 1644 veröffentlichte er seine Meinung, wonach die Einheit zwischen Materie und Psyche nicht bestehe, sondern es zwei getrennte Seinsarten seien, die aufeinander einwirken würden. Er dachte, der Körper sei eine Maschine und die Seele eine denkende Substanz, die auch ohne Körper existieren könnte. Das führte dazu, dass ihr Menschen euch außerhalb der Natur seht, als etwas von der Natur Verschiedenes. Und die Natur selbst nur noch als auszubeutendes Objekt. Schizophren, nicht? Denn ihr wisst, dass ihr darin eingebettet seid.«

Julien keckerte:

»Ich denke, also spinn ich. Er hätte genauso gut sagen können, ich fühle, also bin ich. Aber der hatte wohl keine Gefühlsfunktion. Oder sie war verkümmert.«

Anna lachte:

»Aber, aber Julien.«

Erst zog er die linke Braue hoch:

»Zweiteilung ist ein Attribut des Teufels!«, dann hob er die rechte: »Aller Geist ist Materie, aber auch jede Materie ist Geist.«

Arthur klapperte ärgerlich mit dem Schnabel.

»Das genügt jetzt, Julien. Der Respekt vor Toten ist zu wahren.« Er schüttelte den Kopf.

»Fahren wir weiter fort. Natürlich gab es eine Reihe weiterer Menschen, welche das neue Weltbild der reinen Vernunft vorantrieben. Unter anderem Thomas Hobbes. Mathematik und Geometrie waren die Basis seiner Philosophie. Und die innere Ordnung dieser Philosophie konstruierte er über ein stufenweises Fortschreiten: von der Physik über die Anthropologie hin zur politischen Ordnung.«

Julien:

»In einer Welt, deren Entstehen mechanistisch erklärt werden konnte und die wie eine Kuckucksuhr funktionierte, brauchte es keinen Schöpfer und keine Weltseele mehr.«

Arthur:

»Zu Beginn des 18. und 19. Jahrhunderts wurde die Maschinenvorstellung durch David Hume und Johann Herbart auf das Seelenleben übertragen. Anfang des 20. Jahrhunderts entwickelte der Ingenieur Taylor ein Arbeitssystem, das den Menschen zu einem Rädchen in einem monströsen Fertigungsgetriebe degradierte. War das Rädchen defekt, konnte man es sofort ersetzen und …«

Julien redete Arthur dazwischen:

»Es genügt jetzt, Arthur, wirklich, ich glaube, sie hat es begriffen.«

Arthur: »Ich wollte eigentlich noch etwas zu Kant und zur Aufklärung sagen, er hat im Prinzip den Wendepunkt in der Philosophie …«

Julien:

»Arthur! Benutze deinen Verstand! Soll es ihr den Kopf sprengen? Das kann sie alles noch nachlesen!«

Julien drehte den Kopf Anna zu:

»Ich hoffe, wir konnten dir klarmachen, wie die schrittweise vorangehende, mathematisch-physikalische Betrachtung des Universums und der Welt den Geist aus der Materie und die Seele aus der Natur verbannte. Himmel und Hölle verloren ihre Örtlichkeit, Wunder und Gottes schützende Hand wurden unglaubwürdig, da sie im Widerspruch zum mechanistischen Weltbild standen. Auch die Philosophen wandten sich von spekulativen Gedankengängen ab. Das archaisch-mythische Weltbild hatte ausgedient.«

Anna zog die Mundwinkel nach unten und nickte.

»Ja, ich verstehe durchaus. Rationalität wurde zur universellen Urteilsinstanz. Aber ist ein rein verstandesmäßiges Weltbild ganz ohne Mystik nicht ein Unding?«

Julien:

»Natürlich ist es das. Doch der menschliche Geist hat sich mit Hilfe dieser Skeptiker emanzipiert, sah sich befreit von göttlicher Autorität. Und jede seiner Fragen schien sofort eine logische Antwort zu finden.«

Arthur:

»Dieses Zeitalter der Aufklärung mündete einerseits in der Industriellen Revolution. Anderseits mündete der Geist der Aufklärung im 19. Jahrhundert in der Geburt des Liberalismus: Einer Weltanschauung, die das Recht auf Freiheit, Eigenverantwortung und freie Entfaltung des Individuums in den Mittelpunkt stellt und hierfür eine Kontrolle oder Bevormundung des Einzelnen durch staatliche Einrichtungen zu verhindern sucht. Folglich wurde eine freiheitliche politische, ökonomische und soziale Ordnung anvisiert. - Beides, Industrielle Revolution und Liberalismus führten zum, bereits mehrfach diskutierten, individuellen Profitstreben. Und damit zum Kapitalismus und seinen negativen Folgen.«

Julien:

»Im Kapitalismus wurde – und wird – Selbstsucht als direkter Weg zum eigenen Glück gepredigt. Warum auch nicht? Gott, der einzige Garant für eine moralische Ordnung, war ja tot. Lediglich eine Vorstellung des menschlichen Geistes. Jesus verlor seine Vorbildrolle, Gott Mammon ersetzte ihn. Kapitalismus als Religion. Damit wurde jede Moral und jede Verantwortung für das persönliche Handeln obsolet.«

Arthur setzte nach:

»Mit dem Wegfall der Ordnung Gottes und der Stellung des Menschen in seinem großen Plan gab es für den Einzelnen keinen Lebenssinn, keine Bedeutung mehr. Bis auf die, die er sich selbst gab. Da wundert es nicht, dass der haltlose Mensch selbst Gott spielen wollte, und sich dem zu bemächtigten suchte, was ihn gottähnlich über andere erheben sollte, nämlich Macht, Prestige und Besitz.«

Anna:

»Was hat die Kirche gegen all das unternommen? So wie ich das sehe, nichts. Obwohl sie über viele Jahrhunderte hinweg derart stark war, dass sie und ihr Papst selbst Thronfolge und Politik mitbestimmen konnten.«

Arthur:

»Der Macht der Kirche war in der Tat gewaltig. Doch die Diener Gottes begannen, die Macht zu lieben. Korruption, Intrigen und Laster kehrten ein.«

Julien:

»Es war aber auch sonst wie im normalen Leben: Zu viele Köche verderben den Brei. Über die Jahrhunderte wichen die Meinungen der Theologen immer gravierender von denen des ursprünglichen Christentums ab. Sie verstrickten den Glauben in logisch fehlerhafte Disputationen und zogen die engen Grenzen der Lehre noch enger zusammen. Die Abstufungen und Verfeinerungen von Ritus und Dogma koppelten das menschliche Bewusstsein von seinen naturhaften Wurzeln im Unbewussten ab. Dem Wesen und der Lebendigkeit der Religion schenkten die Theologen immer weniger Beachtung, bis sie schließlich erklärten, dass das Heil jedes einzelnen Menschen davon abhänge, ob er die vorgeschriebene Metaphysik zur Auffassung Gottes übernehme. Die Kirche gestattete damit der Freiheit der Gedanken nicht mehr Raum, als dies die frühen Kaiser Roms getan hatten.«

Anna:

»Die Reformation im 16. und 17. Jahrhundert sollte eigentlich dazu führen, die falsche Lehre wieder auf Kurs zu bringen, um den rechten Gott wiederzugewinnen.«

Arthur:

»Du meinst den rückwärtsgewandten Ruf nach Freiheit? Natürlich besann man sich wieder auf die Quelle des Glaubens, auf die Bibel. Aber die Reformation ebnete auch dem kapitalistischen Wirtschaften den Weg. Sie erfand den Beruf. Es wurde gepredigt, dass nicht nur Mönche und Priester berufen seien, sondern jedermann. Ein jeder, egal, welchen Standes, müsse arbeiten, um Gott zu gefallen. Am Erfolg der Arbeit lasse sich erkennen, ob einer von Gott auserwählt sei. Gott wurde an wirtschaftliche Rationalität und Effizienz gekoppelt. Von da an durfte sich niemand mehr auf seinen Lorbeeren ausruhen, ohne Rast und Ruhe musste gearbeitet und gelernt werden. Hedonismus und Faulheit betrachtete man als schwere Sünde.«

Arthur:

»Du siehst also, die Reformation hat gar den Kapitalismus forciert. Und mit der Französischen Revolution von 1789 begann der Aufstieg des antiklerikalen Liberalismus, der den Menschen zusicherte, die Ungerechtigkeiten des Ständewesens abzuschaffen, die Vorrechte des Adels aufzuheben und Freiheit und Wohlstand für alle zu schaffen.«

Anna:

»Durch diese Entwicklungen verlor die Kirche ihren Einfluss auf Sitte und Moral.«

Julien:

»Und sie führten zum Niedergang des Glaubens.«

Arthur:

»Die inadäquate und antiwissenschaftlich-verklemmte Metaphysik der Theologen, der Dogmatismus im praktischen Leben und die heuchlerischen, arroganten, gar kriminellen Machenschaften einiger Kirchenvertreter machen dem christlichen Glauben das Leben schwer. Er hat kaum mehr Relevanz für die Grundhaltungen der Menschen und spielt keine Rolle mehr in ihrem Alltag.«

Anna:

»Ich kann es nur aus meiner Perspektive sagen. Jugendliche wollen nicht einfach so vorgegebene religiöse Erklärungen, die zudem oft unlogisch oder abergläubisch sind, übernehmen. Sie wollen sich selbst Gedanken machen. Und dann könnten sie Religion wohl auch leben.«

Julien:

»Könnte durchaus sein, meine Liebe. Viele der Distanzierten glauben an eine höhere Macht und an eine Art transzendente Lebensenergie. Sie können aber nicht erklären, was es damit genau auf sich hat. Und bei Problemen, ja, da stellen sie sich dann die Fragen nach einer göttlichen Macht, der Entstehung der Welt und dem Sinn des Lebens. Ein lebendiger Funke der Inspiration müsste sie beflügeln ...«

Anna:

»Wir Menschen dürfen nicht nur gut sein, weil wir Angst vor der Hölle haben. Wir haben versucht, gut zu sein, aber selbst mit dem Sozialismus sind wir gescheitert.«

Arthur:

»Der Sozialismus, als Reaktion auf die Industrielle Revolution mit ihren Ungerechtigkeiten, war ein abgehobenes Ideal, von dem der Otto Normalverbraucher meinte, es sei die Verkörperung der Rechte der einfachen Leute. Er entpuppte sich entgegen der Versprechungen vom Glück für alle, von Freiheit, Wohlfahrt und Humanität als illusorisches Konstrukt. Die Enteignung, sagen wir besser die Zuführung der Produktionsmittel an die Gesellschaft, stieß zwangsläufig mit den Individualrechten und der Rechtsstaatlichkeit zusammen. Ein realsozialistischer Staatsapparat will keine demokratische Mitbestimmung und mündige Bürger. Die Folge? Wie der Kapitalismus mit dem Faschismus an der Hand spazieren ging, so der Sozialismus mit dem Totalitarismus. Es wird, nur weil der Sozialismus eine Niete war, der Kapitalismus dadurch nicht erträglicher. Sondern um einiges an Selbstgefälligkeit, Charaktermangel und Gefräßigkeit unerträglicher.«

Anna:

»Die 68er-Revolution wäre die Chance gewesen, eine Gesellschaft mit ethischen Werten gegen den Kapitalismus zu etablieren.«

Julien:

»Es gelang ihr nicht, den neuen Menschen zu schaffen. Ihre falsch verstandene Selbstverwirklichung hat erstens zur Auflösung aller Bindungen geführt. Sie sah den Einzelnen über der Gesellschaft und dem Staat. Und dieser Einzelne pochte künftig nicht auf Kollektivität, sondern immer stärker auf individuelle Unabhängigkeit. Der übertriebene Egoismus wurde geboren. Zweitens erschloss sie neue Marktangebote, da die jungen Leute aus der Gleichförmigkeit und Langeweile des Lebens ausbrechen, sich von den tradierten bürgerlichen Werten und der inneren Leere der Eltern verabschieden wollten. Die Werbung lockte sie mit mehr Genuss und Bequemlichkeit, erzog den Individualisten zum Konsum, der schließlich seiner Selbstfindung diene. Und drittens förderte der Individualismus der Arbeitnehmer Arbeitsstrukturen mit flachen Hierarchien und ›Scheinselbstständigkeiten‹. Damit legte die 68er-Revolution den Grundstein für den Neoliberalismus. Die nachfolgenden Transformationen in Wirtschaft und Gesellschaft führten zur globalen Entwicklung von Deregulierung und marktwirtschaftlichen Reformen. Und damit zur Ausbeutung von Mensch und Natur. Allerdings steckten die dahinter, welche heimlich von der illiberalen Demokratie träumten, die wahren Kapitalisten, und nicht die, von der 68er-Revolution ermöglichte, freie Gesellschaft. Vorbei war's mit der Christlichkeit.«

Anna:

»Die 68er waren in der Tat religionsfeindlich – ausgenommen vielleicht die Hippies –, was logischerweise zu einer Abnahme der religiösen Praktiken und zur Verdrängung des Metaphysischen führen musste. Soziale Wertschätzung wurde zur Kompensation des Religiösen eingespannt. Ich möchte jedoch festhalten, dass es die 68er waren, die Antikapitalismus, soziale Gerechtigkeit, Emanzipation und Gleichberechtigung der Frau sowie den Umweltschutz thematisierten und diesbezüglich einiges auslösten; und Wärme und Aufmerksamkeit hatten nicht nur mit freier Liebe zu tun.«

Arthur:

»Durchaus, durchaus, meine Liebe. Trotzdem steht am Ende all dieser Entwicklungen die Situation, wie sie geschildert wurde.«

Anna:

»Nun, wir Menschen werden in dieses gesellschaftliche System, zu dem der Kapitalismus gehört, hineingeboren. Ein jeder folgt deshalb dem Primat des Erwerbslebens. Er passt sich an die Erfordernisse der Wirtschaft an. Genauso seine Lebenszeit. Die Arbeit wird zur Routine und frisst die Jahre seines Lebens auf, in denen er sich ständig an neue Erfordernisse anpassen muss, um im Kampf um seinen Arbeitsplatz zu bestehen. Mit allen Konsequenzen. Jeder fürchtet, finanziell oder sozial unterzugehen, wenn er nicht mithält. Erwerb als Lebensziel, als Sinn des Lebens? Da ändert auch die Einstellung der Jungen, die Arbeit nicht mehr als

Pflichterfüllung und Askese, sondern als Zweck zur Selbstverwirklichung wahrnehmen, nichts. Ihre Ansprüche nach freier Berufswahl, Selbstbestimmung, Autonomie, Mitbestimmung, Kommunikation werden für die meisten Jugendlichen auch im 21. Jahrhundert frommes Wunschdenken bleiben. Die wertbasierte Unternehmensführung der an den Börsen gehandelten Großfirmen, die dem Ziel der Maximierung der Eigenkapitalrenditen folgen, wird das verhindern. Für die Unternehmungen sei dieser Managementansatz eine Notwendigkeit, sagen sie, denn das Kapital auf der Jagd nach Rendite umrunde in einer Sekunde einmal den Globus. Sie kämen deshalb nicht umhin, die Kapitalgeber mit entsprechenden Gewinnen zu bedienen. Auch der Wunsch nach der Begrenzung der Arbeit zugunsten anderer Lebensbereiche wird aufgrund des harten globalen Wettbewerbs und wegen der neuen Dampfmaschine, der künstlichen Computerintelligenz, lediglich Wunschdenken bleiben. Arbeitsplatzsicherheit ist ein Fremdwort, jede Arbeitsstelle kann jederzeit outgesourced, restrukturiert, weggestrichen oder ins Ausland verlegt werden. – Die Jungen werden in der Regel nicht das werden, was sie sein könnten. Sie werden froh sein müssen, überhaupt noch einen Job zu haben.«

Arthur:

»Nun, jeder Mensch hat das Bedürfnis, gebraucht und geliebt zu werden, etwas Sinnvolles zu tun, einmalig und wertvoll zu sein. Eurer Leben bietet das kaum. Nicht nur eure Verkehrung der fundamentalen Lebensgrundlagen, dass ihr für eure Arbeit und das Geldverdienen da seid und nicht umgekehrt, sondern auch eure Individualisierung und Isolation, eure Ellbogenmentalität und soziale Kälte, eure narzisstische Erlebnis- und Konsumsucht und natürlich euer Zeitmangel höhlen euch innerlich aus. Dazu kommen noch die sklavischen Ohnmachtsgefühle der Fremdbestimmung. Die Mächtigen der Wirtschaft und Politik schreiben euch vor, wo's lang geht. Eine gähnende Leere macht sich in euch breit.«

Julien:

»Ihr habt Burn-outs, Depressionen, Angst- und Aufmerksamkeitsstörungen, um nur einige Probleme zu nennen. 40 % der EU-Bevölkerung haben jährlich mindestens eine psychische Störung und beinahe jeder Zweite gilt als psychisch krank. Starke Depressionen sind das größte Übel. Bei den jungen Erwachsenen stieg die Zahl der Depressiven innerhalb zehn Jahren um nicht ganz hundert Prozent. Die deutlichste Zunahme habt ihr bei der Aufmerksamkeits-/Hyperaktivitätsstörung, sprich ADHS, zu verzeichnen: mehr als eine Versechsfachung in nur zwölf Jahren.«

Anna nickte nachdenklich:

»Früher haben die Menschen ja auch viel gearbeitet und waren psychisch vermutlich weniger krank.«

Julien:

»Mag sein, aber im 19. Jahrhundert wurden die Menschen im Schnitt keine 40 Jahre. Zudem hatten sie damals einen Zielhorizont, die Hoffnung, das Leben würde besser und den Glauben, sie kämen in den Himmel, die ihnen Halt gaben. Aber im Endeffekt geht es nicht darum, ob die Menschen früher gleich krank waren oder weniger oder mehr. Es geht darum, dass trotz allen Fortschritts so viele Menschen psychische Probleme haben.«

Arthur:

»Wie du nun unschwer erkennen kannst, wirken sich die moralischen Verluste nicht nur negativ auf die Natur, sondern auch auf den Menschen selbst aus. Und da der Mensch über Gut und Böse entscheidet, feststellt, dass das gut ist, was ihm nützt, und das böse, was ihm schadet, können wir schließen, dass die Weltanschauung des Menschen grundsätzlich böse und zerstörerisch ist.«

Julien:

»Nur weil sich eure Gesundheit, eure Lebenserwartung, euer Einkommen, eure Bildung, eure Sicherheit et cetera verbessern und eure Privilegien zugenommen haben, sprecht ihr von Fortschritt. Ein befristeter Fortschritt, erkauft durch ökologischen Raubbau, die Ausbeutung Dritter und durch die Destabilisierung der Welt. Die Quittung dafür werdet ihr nun stückweise, über die nächsten Jahrzehnte verteilt, zugestellt bekommen. Euer vermeintlicher Fortschritt hat die Welt, über alles gesehen, nicht besser gemacht, sondern schlechter. Euer Fortschritt ist ein Rückschritt. Es wäre euch ein Leichtes gewesen, einen anderen Weg zu gehen. Aber eben, euch ist es zu Kopf gestiegen, ihr Menschen seid größenwahnsinnig geworden.«

Anna:

»Ja, wir wollten den Übermenschen schaffen und sind daran gescheitert.«

Arthur:

»Menschen können nicht die Funktion Gottes übernehmen. Euer Wille zur Macht über die Welt, die Natur, über eure Natur führte euch in eine Sackgasse. Und nun geht ihr daran zugrunde. Euch fehlt ein Gott, der euch Demut lehrt und zäumt.«

Anna:

»Es gibt Menschen, die versuchen, das Religiöse wieder in ihr Leben zu integrieren. Nicht mehr das der traditionellen Kirche, sondern eine selbsterfahrene Spiritualität, die mithelfen soll, das Leben gesund und glücklich zu meistern. Eine, die die rationale Trennung von Natur und Geist überwinden soll.«

Julien:

»Hehe, eure Kritiker sagen dazu, dass diese Leute nur nicht fähig seien, mit der Zweckrationalität in Gesellschaft, Beruf und Privatleben umzugehen. Deshalb würden sie mit irrationalen Heilsstiftern ihr Unvermögen kompensieren. Diese neuen Weltbilder hätten eines gemeinsam, nämlich das, dass die Heilsversprechen ihrer esoterischen Theoretiker nicht einlösbar seien.«

Arthur:

»Die Sucht nach religiöser Erfahrung, nach schnell konsumierbarem Heil und Glück hätte in der westlichen Welt Marktangebote wie Okkultismus, Pendeln, Astrologie, Wahrsagen, Zen, Yoga und Reiki überhaupt erst möglich gemacht. Im Fokus stehe dabei egozentriert, das persönliche Heil zu bewirken. Es sei deshalb kein Zufall, dass die ›Neue Religiosität‹ beispielsweise keine religiös angeregte karitative und soziale Tätigkeit ausgebildet habe, obschon allenthalben Wohlergehen und Heil für alle proklamiert würden.«

Anna:

»Das ist die Angst der Rationalisten und Atheisten vor Irrationalem und vor Gefühlen, vor allem, was sie mit logischem Denken nicht erfassen können. Und natürlich auch reaktionäre Argumente der Kirche, die sich bedroht sieht. Solche Reaktionen sind ein unreifes und bedenkliches Zeichen einer fortschrittlichen Kultur, die von Glaubensfreiheit redet.«

Arthur:

»Eine Kultur, die nicht erkennt, dass der Mensch ein Mystiker ist und Religiosität, vielleicht sollte ich besser sagen Spiritualität, zum Leben braucht!«

Julien:

»Und dies in mehrfachem Sinne. Erstens haben über 1.200 Studien gezeigt, dass zwischen körperlicher Gesundheit und persönlichem Glauben ein Zusammenhang besteht. Positive Glaubensüberzeugungen führen zu besserer Gesundheit, man kann mit Krankheit und Schicksalsschlägen besser umgehen, ist weniger kriminell, handelt sozialer, ist zufriedener im Leben und hat letzten Endes eine höhere Lebenserwartung.«

Arthur:

»Und zweitens werden seelisch gesunde Menschen von spirituellen Erfahrungen geprägt. Es sind größere oder kleinere selbsttranszendente Erfahrungen. Die Stimuli sind sehr unterschiedlich, aber die spontanen Erfahrungen sind im Kern sehr ähnlich. Natürlich können sie irgendeinen Glauben betreffen, finden aber auch oft im alltäglichen Leben statt, widerfahren alltäglichen Menschen in alltäglichen Berufen, Menschen in der Natur, beim Joggen oder wo auch immer. Es sind Momente der Aufhebung des Getrenntseins von Allem, was ist, Momente der Wahrheit,

Momente des Einsseins mit der Welt, Momente der Verbundenheit und Zugehörigkeit, der Liebe und des Mitgefühls, der Schönheit und des Gutseins. So werden die innersten Werte der Welt, so wie sie wirklich sind, offenbar.«

Julien:

»Damit sollte klar sein, dass wir nicht die neue narzisstische Spiritualität meinen, die entweder zu einer Ich-Aufblähung, zum Abbau eines defizitären Selbstwertgefühles oder zu einem, ›sich klein zu reden‹ unter der religiösen Macht führt.«

Anna:

»Diese innersten Werte, wie Liebe und Mitgefühl, sind ja, so wie ich es sehe, praktisch jeder Weltreligion inhärent. Damit wird klar, wie diese Werte entstanden sind. Sie sind alle das Ergebnis einer spirituellen Erfahrung.«

Arthur:

»Ja, das sind sie. Und deshalb ist Ethik auch wichtiger als Religion. Diese innersten Werte sollten deshalb auch das moralische Handeln leiten.«

Anna:

»Wer nicht an eine persönliche spirituelle Erfahrung glaubt oder sie im weitesten Sinne verweigert, das heißt im Endeffekt nicht an sich glaubt, der ist ein Atheist.«

Julien:

»Was bedenklich stimmt, ist, gemäß einer englischen Studie, dass die, welche ohne Religion aufgewachsen sind, zu 40 % weder an Gott noch an ein höheres Wesen glauben. Sie betrachten sich lieber als Individuen und nicht als Teil einer Gruppe und sie legen großen Wert darauf, nicht von außen bestimmt zu werden …«

Anna:

»Nun treten so viele aus der traditionellen Kirche aus, der Glauben zersplittert, treibt seltsamste Blüten und dazu die Rationalisten, die das Göttliche verweigern. Dann der Zerfall der Werte, der Moral, die Selbstsucht … Bräuchte es nicht eine neue, eine wahre Religion? Eine, die die Grenzen nicht so eng zieht wie traditionelle Kirchen, die Aberglauben ausschließt, eine, die auch den wissenschaftlich gebildeten und selbstständig denkenden Menschen genügt? Eine, welche sich auch an die richtet, die an etwas Höheres glauben, aber nicht wissen, was es ist, und die ihnen Orientierung und Halt gibt? Eine prospektiv spirituelle, eine psychophysische, die Wissenschaft und Glauben vereinigt, eine, die alle überzeugt? Eine, die das Ego überwindet und die einem quasi aus universeller Erkenntnis – Tugend und Moral aufzwingt, sie zumindest handlungsleitend begründet? Zu sündigen würde dann objektiv bedeuten, gegen unsere höheren Beweggründe zu handeln, es würde bedeuten, dass unsere niedrigen Triebe und Motive stärker sind als die, die wir über sie gesetzt haben, das nicht zu lieben, was wir im Prinzip als unser Liebenswertestes erkannt haben, würde uns beschämen.«

Julien:

»Möglicherweise braucht ihr eine, ja. Vielleicht. Du musst aber wissen, dass eine organisierte Religion dem Menschen nicht hilft, Gott oder die Wahrheit zu finden. Religionen verpflichten den Menschen, an Gott zu glauben. Gott muss jeder selber erfahren. Aber Religionen haben einen praktischen Nutzen.«

Arthur:

»Der Mensch braucht Mythen und Rituale in seinem Glaubensleben. Die kollektiv durchgeführten feierlichen Handlungen bestärken einerseits den Glauben durch dramatisierte Verzauberung desselben und fördern andererseits den Zusammenhalt der Gläubigen. Je stärker sie von Ritualen und festen Verhaltensregeln bestimmt sind, umso langlebiger ist ihr Glauben.«

Julien:

»Ihr habt im Gegensatz zu uns jede Menge Religionen: Buddhismus, Christentum, Daoismus, Hinduismus, Islam, Judentum, Shintoismus und viele mehr. Man stelle sich nun vor, es würde von der UNO vorgegeben, eine neue Religion sei weltweit zu inthronisieren, welche die anderen Glaubensrichtungen zu ersetzen hätte. Ein Ding der Unmöglichkeit. Das Einzige, was denkbar wäre, wäre eine evolutionäre Entwicklung. Die dauert vor dem Hintergrund der Probleme zu lange.«

Arthur:

»Unser Vorschlag ist, die heiligen Lehren von irreführendem Aberglauben zu läutern und die Aussagen, die zu diskriminierenden Glaubensüberzeugungen führen können, zu präzisieren oder zu eliminieren. Es ist doch offensichtlich, dass das meiste in euren heiligen Schriften Metaphorik ist, die des Öfteren von Predigern zu verwerflichen weltlichen Zwecken uminterpretiert wird. Nicht alles, was aus den Schriften fließt, ist Milch und Honig. So können beispielsweise mit der Bibel oder dem Koran Religionskriege provoziert werden – und sind in der Vergangenheit auch schon provoziert worden.«

Julien:

»Für eine globalisierte Welt ist es wichtig zu wissen, dass sich Religionen nicht im Konflikt gegenüberstehen müssen, sondern, dass sie vielmehr in Ursprung und Kern und in ihren mystischen Erfahrungen weitgehende Gemeinsamkeiten aufweisen.«

Anna:

»Das würde bedeuten, wir müssten eine Art Meta-Religion schaffen, in der sich alle Religionen wiederfinden.«

Arthur:

»Wenn du das so nennen willst, meinetwegen. Basierend jedenfalls auf einem neuen Weltbild, das eine wirklichkeitsnähere Weltanschauung bieten kann, in der Spiritualität und das kollektive Unbewusste in Form von Mythen gleichwohlhin ihren festen Platz haben.«

Anna:

»Was ist das Wirkliche an der Wirklichkeit? Aber komm mir jetzt nicht mit 42!«

Arthur zog einen Überaugenstreifen hoch:

»42? Wie jetzt? Wie kommst du denn jetzt darauf?«

Anna lachte.

»Vergiss es, es war ein Scherz.«

Julien flatterte auf:

»Lasst uns erst mal eine Pause machen, frühstücken, dann geben wir dir die Antwort auf die große Frage nach dem Leben, dem Universum und dem ganzen Rest ... picken wir, was es noch hat!«

Der Rettungstrupp, bestehend aus Hostettler, Herry Sauer und Heinrich Bubenberg, hatte die Nacht in der Pfaffenloch Höhle, in der Nähe des Riederlen, verbringen müssen. Zu schlecht war die Sicht gewesen. Seit Stunden nun durchkämmten sie großräumig das Gebiet, wo letztmalig Hagens Handy geortet worden war. Sie fanden ein totes Reh, eingesunken in einer Schneeverwehung, erstickt. Etwas weiter bückte sich Hostettler mit einem Ausruf:

»Hier ist eine breite Fährte, sicher dreißig oder mehr Hirsche. Und andere Spuren. Die werden ein Versteck vor dem Sturm gesucht haben. Vielleicht sind auch Anna und Hagen darauf gestoßen und ihr in der Hoffnung auf einen Unterschlupf gefolgt.«

Nach einem weiteren erfolglosen Versuch, einen der beiden auf dem Handy zu erreichen, entschieden die Männer, der Fährte zu folgen.

Arthur:

»Du willst wissen, was wirklich ist, Anna? Das Wirkliche an der Wirklichkeit besteht darin, dass es im Wesen der Dinge etwas gibt, was dem Vernunftprozess entspricht, dass der Kosmos samt Erde lebt und sich bewegt und sein Sein hat in der Logik der Ereignisse.«

Anna:

»Das würde bedeuten, es gibt einen Gott, oder?«

Julien:

»Menschen können niemals unbedingte Gewissheit erlangen, Anna. Du hast jedoch das Göttliche gefühlt, meine Liebe. Es ging durch dich hindurch. Gott muss nicht existieren, um Realität zu sein. Der Glaube an ihn ist ein natürlicher Instinkt. Er kann nicht in Zweifel gezogen werden. Er ist eine Emotion, die wahr ist. Was ich erfahre, ist eine Tatsache.«

Arthur:

»Wenn es nichts Göttliches und keinen ewigen Sinn gibt, dann gibt es nur den Kreislauf der Sonne, den brennenden Schmerz eines absurden repetitiven Werdens und Vergehens. Wo bleiben dann die absoluten Begründungen dafür, weiteres bewusstes Leben hervorzubringen?«

Julien:

»Allerdings ist es so, dass jeder Mensch, der sich einen Gott mit menschenähnlichem Bewusstsein vorstellt, sich nur einen anderen Menschen vorstellt, aber keinen Gott.«

Arthur:

»Das Wort Gott mit seiner ganzen tradierten Herkunft, seiner Mystifizierung, seinen intellektuellen und sentimentalen Assoziationen, das ist nicht Gott. Das Wort ist nicht das Wirkliche.«

Anna:

»Existiert denn Gott nur im Kopf oder ist er auch eine Tatsache der äußeren Welt? Für den Verstand und für die Sinne?«

Arthur:

»Natürlich ist unsere Auffassung in dieser Hinsicht nicht nur eine auf rein wissenschaftlichen Fakten basierende, sondern auch eine, durch Nachdenken, theoretische. Allerdings eine plausible.«

Julien:

»Der logisch-materialistisch denkende Mensch wird erwidern, dass die Verbindung von Spekulationen und Wissenschaft regelmäßig zu Irrtümern geführt hat. Materialismus ist aber allein unvollständig, ihm fehlt eine Philosophie, hingegen stellt Idealismus eine systematische Ganzheit dar. Die Behauptung, der Mensch sei nicht geschaffen worden, um nach innen zu blicken, dass er nicht für sich allein geschaffen worden sei, sondern um dessentwillen, was er in der äußeren Welt tun soll, entbehrt jeder Logik. Dann hätte die Evolution beim Einzeller ihre Aktivitäten einstellen können.«

Anna:

»Ich sehe den Zusammenhang nicht ganz …«

Arthur:

»Ok, um den aufzuzeigen, müssen wir etwas ausholen. Lass uns mehr als 14 Milliarden Jahre zurückblicken auf einen Punkt, an dem es noch kein Naturgesetz, keinen Raum und keine Zeit, keine Materie, sondern nur Unbestimmtheit gab. Ein positives Nichts. Eine absolut freie Potenzialität, die nicht klar, nur vage und bildhaft gedacht werden kann, denn keine Beschreibung von ihr trifft, was sie beschreiben soll. Sie war völlig getrennt von allen Vorstellungen oder Verbindungen. Eine in sich verbundene, vielfältige Unbestimmtheit ohne Einheit und ohne Teile. Ein eindimensionales Urchaos eines bloßen abstrakten Seins. Diese grenzenlose Potenzialität veränderte sich zu einer Potenzialität von dieser oder jener Art. Nicht-personifizierte, unterschiedlich intensive, allgemein und unbestimmt geordnete Empfindungsqualitäten. Sozusagen ein geistiges Bewusstsein aus qualitativer Empfindung. Eine ungeheure, nicht personifizierte Mannigfaltigkeit an Geist. Eine spirituelle Quelle reiner Potenzialität, etwas Schwebendes, Schwingendes ohne Zusammenhang und Regelmäßigkeit. Ein mögliches Vielleicht oder ein Vielleicht-nicht. Ein schlafendes Bewusstsein, möglicherweise zu vergleichen mit dem Glimmen des Feuers vor der Evolution.«

Julien:

»Dann entstand aus Zufall, aus dem Schoße dieser Unbestimmtheit, aus den qualitativen Möglichkeiten eine lebendige Idee, die sich manifestierte und nicht wie unzählige andere unterging, eine Manifestation, die man als Blitz bezeichnen könnte. Es folgte aufgrund der Neigung dieser Idee, gewohnheitsmäßig zu werden, in ihrer Abhängigkeit ein weiterer Blitz und weitere Folgezusammenhänge, immer enger miteinander verbunden, nämlich Verhaltensgewohnheiten und die Tendenz zur Verhaltensbildung, die sich immer weiter selbst verstärkten, bis sich die Geschehnisse zu so etwas wie einem sich kontinuierlich fortsetzenden Strom lebendiger Kreativität zusammenschlossen. Der Zufall strebte Vielfalt an, die kontinuierliche Ausdehnung des Gefühls schaffte mentale Verbindungen und arbeitete in Richtung Gleichmäßigkeit, erschuf die Gesetze des Handelns. Unbestimmte Zustände gingen in bestimmte Zustände über. Die räumliche Ausdehnung und die erste Sekunde der Zeit trieben aus ihren

Keimen. Die Naturgesetze entwickelten sich unter dem Einfluss einer allgemeinen Tendenz der Dinge, Gewohnheiten anzunehmen. Energie und die Elementarteilchen, Bausteine jeglicher Materie im Universum, manifestierten sich. Teilchen als energetisch angeregte, in Schwingungen versetzte, wechselwirkende Quantenfelder. Kontinuierliche, fluidähnliche Objekte, die sich über den Raum, durch das ganze Universum verteilten, und von denen im Zeitablauf ein angeregter Teil zufällig die Verhaltensgewohnheit Beharrlichkeit, die Neigung, nicht zu verschwinden, einnahm. Das Universum wurde zu einem sich ständig erneuernden Prozess zur Ausbrütung neuer Phänomene und Organisationszustände. Dabei entwickelte es sich zu Zuständen immer höherer Komplexität und Organisation. Das Reale erzwang sich so seinen Weg zu etwas anderem als es die Gestalt des geistigen Bewusstseins ist. Zur Materie aus erstarrtem Geist. Es entstanden Galaxien und ihre Sterne, die Erde, die Vielfalt der Natur, die Pflanzen, die Tiere und die Menschen. Das Unbelebte wie auch das Belebte sprossen aus immateriellen Beziehungswurzeln und unterschieden sich nur durch ihren Ordnungscharakter.«

Anna:

»Der Zufall musste also ein evolutionäres Universum hervorbringen, in dem sämtliche Gesetzmäßigkeiten der Natur und auch der Geist der Kreaturen als Produkte des kontinuierlichen Wachstums nachfolgten. Was mich aber sehr erstaunt, ist, dass die Grundlage der Materie gerade nicht kleinste materielle Objekte wie Quarks, Bosonen, Elektronen oder Neutrinos sind, sondern eine dynamische Qualität. Wenn ich es richtig verstehe, eine Art nicht-auftrennbares immaterielles Beziehungsgefüge, in dem etwas wirkt und zu energetisch-materiellen Manifestationen führt.«

Arthur:

»Eure Wissenschaftler meinen, sie würden die Welt verstehen, wenn sie diese auseinandernähmen, sie in immer kleinere Einheiten zerlegten, immer tiefer in die Materie eindringen würden. Dann könne man alles verstehen, so wie man eine Uhr erst versteht, wenn man sie in Teile zerlegt hat.«

Julien:

»Doch das Chaos in der Tiefe zeigt, dass das Universum mit den Naturgesetzen von oben nach unten arbeitet. Das heißt, es regelt die Wirklichkeit im Ganzen und sieht sich deshalb nicht gezwungen, auf tieferer struktureller Ebene Einzelheiten zu regeln. Nur wenn Wissenschaftler rumexperimentieren und sich fragen, was nebst dem vielen Platz da unten noch für kleinere Dinge existieren und wie sie beschaffen sind, dann entscheidet es sich für einen Zustand und gibt Antworten. Nun baut ihr einen neuen Detektor, der nach leichten, extrem schwach wechselwirkenden Teilchen suchen soll. Aber es gibt keinen Endpunkt in diesem Teilungsprozess. Das Universum wird für jeden größeren Teilchenbeschleuniger eine tiefere Realitätsebene mehr konstruieren müssen, die nur dem Zweck dient, menschliche Neugier zu befriedigen. Eine unendliche Rolltreppe mit hierarchischen Stufen, die in die Tiefe führt. Doch diese Treppe bringt euch nicht näher an den Grund der Wirklichkeit. Wie sollte sie auch, wenn es ihre Stufen meistens gar nicht gibt?«

Arthur:

»Es sind nicht die kleinsten Teilchen der Materie – der Kosmos ist das Absolute. Er ist ein fundamentales Ganzes, ein bewusstes Sein und die einzig endgültige Realität. Die All-Einheit, die allen seinen ordentlichen Teilen vorgeht, die von ihr asymmetrisch abhängen. Als Totalität ist sie das Fundament aller konkreten Dinge, alles Seienden, das in ihr und durch sie in gestalteten Prozessen als Ereignisse unterschiedlicher Dauer auftritt. Das bedeutet, dass kein Teil, egal, welcher Größe, verändert oder von der All-Einheit getrennt werden kann. Das Grundelement der Wirklichkeit ist nicht materielle Realität, sondern schlicht Verbundenheit. Die wissenschaftliche Suche in der Tiefe ist der sinnlose Versuch, diese Verbundenheit zu trennen. Die grundlegende Realität ist ein ewiges geistiges Einssein, in das auch alle Lebewesen eingeschlossen sind.«

Anna:

»Aber warum hängen dann immer noch die meisten dem materialistischen Weltbild nach?«

Julien:

»Weil sie sich unbehaglich fühlen mit dem Gedanken, dass da etwas ist, von dem sie Teil sind, vom dem sie abhängig sind, das sie nicht begreifen können. Dieses Etwas kritisiert dann logischerweise auch mittelbar ihr selbstsüchtiges Verhalten, könnte sie einschränken. Eine solche Wirklichkeit ist für sie unmöglich und undenkbar, ihr Ego und ihr Verstand wehren sich dagegen.«

Anna:

»Dann müssten sie anerkennen, dass sie nicht nur Teil der Natur sind, sondern faktisch von jedem Lebewesen. Von jedem Tier, von jedem Menschen. Das heißt, in mir steckt etwas von euch beiden und in euch beiden steckt etwas von mir. Und wir führen ein Selbstgespräch, das den jeweils anderen sozusagen einbezieht. Das hat prospektive Konsequenzen, denn wenn sich alle selbst in diese Welt einbeziehen, sind zwar alle unterschiedlich und unterscheidbar, aber eben nicht getrennt. Dazu käme noch die Einsicht von der Komplementarität und Verbundenheit von Belebtem und Unbelebtem. Dieses Weltbild würde einiges verändern.«

Arthur:

»Nun muss man aber dieses wirklichere Weltbild noch vertiefen. Die All-Einheit, das Absolute hat ihrem Wesen nach zwei ganzheitliche, äquivalente Dimensionen. Eine für den Menschen verborgene und eine offenbarte. Die offenbarte Seite zeigt uns die Welt und das Universum, wie wir sie wahrnehmen. Die Welt mit ihren beobachtbaren, wissenschaftlich erfassbaren Phänomenen. Die verdeckte Dimension ist der für den Menschen undurchschaubare Bereich, der die aufgedeckte Dimension durch seine aus sich selbst auftretende, dynamische, spontane Kreativität begründet. Das Unbestimmte, die Potenzialität, das geistige Bewusstsein, das das Universum entstehen ließ, schöpft noch immer, bis alles ein absolut perfektes, rationales und symmetrisches System wird, in dem der Geist schließlich in der unendlich fernen Zukunft kristallisiert, zu dem wird, was er sein kann.«

Julien:

»Und dieses lebendige Kreative ist ein ungeheuer riesiger, lebendig fluktuierender Ozean, der sich hebt und senkt, schwankt und schaukelt, sich überall kräuselt, sprudelt, schwappt, blubbert, gluckst, brodelt, strömt und stürmt.

Eine unaufhörliche Aktivität und uneinheitliche Verteilung von Intensität, die zu verschiedenen, gewissermaßen unabhängigen Mustern und Anordnungen führt, die sich in gegenseitiger Interaktion entwickeln. Durch das geistig klare Wasser sehen wir nur wenig in das dunkle Tief, in dem es aber unzählige auf- und absteigende Empfindungen, Qualitäten und Ideen in unterschiedlichen Wassertiefen gibt. Einige dieser Ideen tauchen auf, schwingen sich mit den sich auftürmenden Wellen hoch, werden zu oberst zu Schaum, zu Materie und manifestieren sich im Universum als Sterne, Galaxien, als die Welt und das Lebendige, als neue Ordnung. Der schöpferisch-lebendige Geist hinter dem Quantenfeld, mit dem wir Kreaturen interagieren, ist das Mystische, das wir nicht erkennen und eure Wissenschaftler auch nicht rational erklären können. Körperlich von ihm getrennt, doch irgendwie geistig mit ihm verbunden. Als kosmischer Geist wirkt er kraft seiner Kontinuität auf den Geist der Kreaturen und begründet die Bewusstseinsströme des Lebendigen auf unserer Erde. Und dadurch ist nicht nur Materie, sondern sind auch mentale Phänomene wie Gedanken, Gefühle und Bilder Teil der kosmischen All-Einheit. Alles in einem kontinuierlichen Netz von Wechselbeziehungen ineinander verwoben.«

Arthur:

»Ich frage mich, ob dieses Meer des Bewusstseins nicht ein Selbst ist, das alles weiß außer sich selbst und sich seiner selbst nur dadurch bewusst wird, dass es mit einem Körper verbunden ist.«

Anna:

»Das alles bedeutet, dass es die Wirklichkeit, wie wir sie objektiv wahrnehmen, mit ihren Gegenständen, von denen wir getrennt sind, in der Realität gar nicht gibt.«

Arthur: »So ist es. Sie ist eine Konstruktion des Denkens, eine zweckmäßige Ansicht der Wirklichkeit, eine Wahrnehmung, die uns hilft, mit unseren äußeren Erfahrungen umzugehen.«

Anna:

»Ich habe noch eine Frage zu dieser universellen Entwicklung. Was ist denn die Basis für eine zielgerichtete Evolution hin zu einer neuen Ordnung? Ich meine, es muss ja einen Grund, eine Quelle geben, die die gerichteten Veränderungen oder die geordneten Tendenzen dieser Entwicklung steuert.«

Arthur:

»Es gibt eine Moderatorin, ein interpretierendes Bewusstsein, eine fühlende Intelligenz, die als zwischengeschaltete Regel des Fühlens und Handelns fungiert, indem sie eine allgemeine Konzeption für die stabile Weiterentwicklung begründet. Das macht sie, indem sie mentale Verbindungen zwischen anderen Dingen erzeugt und die Weichen für die Zukunft stellt. Sie ist sozusagen die Komponistin und Dirigentin des Universums und unterscheidet sich vom unmittelbaren Bewusstsein, wie sich eine Melodie von einer längeren Note unterscheidet. Als kreativer kontinuierlicher Prozess schafft sie unbegrenztes Wachstum und enorme Vielfalt, aber auch Ordnung, Gesetz und Regelmäßigkeit und bringt so die Evolution entscheidend – hinaus über Zufall oder Notwendigkeit – voran. Sie erzeugte die Naturgesetze, die noch heute durch mehr oder weniger konstante Regelmäßigkeiten die evolutionäre Entwicklung vorantreiben. Sie ist jedoch nicht ein Gesetz, wie die, für die sie verantwortlich ist, sondern vielmehr ein gerichteter Zufall, der die Zukunft offen lässt, das heißt, diese nicht eindeutig determiniert. Sie ist zwar nicht völlig beliebig, aber offen. Nur in der Tendenz ist sie festgelegt, nicht in den Einzelheiten. Das Vorhergehende beeinflusst die weitere Justierung der Evolution in einer eingrenzenden Weise, sodass sie – wie innerhalb eines Lichtkegels – in eine bestimmte Richtung weiter verläuft. Sie schöpft aber auch echte Kreativität, lässt aus dem Nichts etwas Neues entstehen, das dann aber auch wieder im Nichts verschwinden kann.«

Anna:

»Es ist Liebe, nicht wahr? Eine lebendige Liebe, die das Universum mit Verstand vorantreibt und nur durch ihre Wirkungen erschließbar wird!«

Julien:

»Ja, es ist die evolutionäre, mitfühlende und verbindende Liebe. Sie sucht nicht nach Erfüllung, sondern nach noch nicht realisierter Vollkommenheit. Sie befindet sich stets in einem Zustand des Anfangs, des Wachstums. Sie hätte kein Sein, wenn sie nicht etwas zu arbeiten hätte. Sie ist der finale Grund für alles. Als überlegene Vernunft beantwortet sie alle Fragen nach einem Warum. Ohne sie gäbe es nichts, was im Ursprung und der Evolution des Universums wirksam wäre.«

Arthur:

»Ja, die schöpferische Liebe, die der Kontinuität des Geistes entspringt, ein mentales Beziehungsgefüge schafft und uns das staunende Gefühl gibt, alles im Kosmos sei miteinander verbunden, und dessen lebendige, geistige Einheit wir unmittelbar durch Empathie erfahren dürfen.«

Julien:

»Liebe ist die Zwischenregel des Fühlens und Handelns und ihre Wirkkraft zeigt sich im organischen Wachstum; im Fortpflanzungstrieb; in der Liebe und im Mitgefühl zwischen Kreaturen; in der spirituellen Erfahrung; in der Hoffnung; im Willen zu lernen; im Reifeprozess des Menschen; im geistigen Wachstum; in der kulturellen Entwicklung und vielem mehr. Sie entfaltet ihre Wirkung aber auch im Denken, als Drang, eine Idee zu entwickeln, als lebendig auftauchende kreative Ideen, die sich wechselseitig beeinflussen und dazu neigen, Ideen größerer Allgemeinheit hervorzurufen.«

Arthur:

»Und diese Ideen größerer Allgemeinheit sind lebendige Gefühle, die sich ausbreiten. Es ist das Gesetz der kosmischen, der evolutionären Liebe, das die Lebendigkeit von allem bewirkt und garantiert.«

Anna:

»Wenn wir durch das Lebendige im Lebendigen selbst lebendig werden, wenn das Lebendige mit dem Lebendigen vereint ist und das Lebendige leben will, dann hat alles Leben Anspruch auf Leben. Das bedeutet auch, überall, wo ich Leben sehe, das bin ich! Damit ist der Wald, der Baum, der Strauch, der Pilz, das Gras und jede Kreatur mein Spiegelbild oder wie mein Geschwisterkind. Und wenn ich mit diesem Lebendigen mitfühle, dann fühle ich mein eigenes Leid. Und aus all dem folgt, dass ich eine ins grenzenlose erweiterte Verantwortung gegenüber allem habe, was lebt. Dann begründen Liebe und ihre Lebendigkeit als Bewegung, Kraft und schöpferische Richtung unsere Ethik. Dann ist das Grundgefühl aller Lebendigkeit unser moralischer Führer und alles andere sind Ableitungen oder müssen darauf fußen.«

Julien:

»Ja, die Ethik liegt im Akt der Liebe selbst. Denn wir vermögen nicht wirklich zu lieben aufgrund eines bloßen Diktates, eines moralischen Gesetzes wegen. Ein Gesetz der Liebe wäre absurd, genau wie es der Befehl ›du sollst Durst haben, um zu trinken‹ wäre. Darum ist Ethik wichtiger als Religion.«

Arthur:

»Und der Liebe Prinzip des Lebendigen ist das Gute, das Konstruktive, das Wachsende, das Harmonische. Alle Moral lässt sich darauf zurückführen.«

Anna:

»Dann ist die Liebe ein Teil von Gott. Oder ist die Liebe Gott?«

Julien:

»Gott ist die All-Einheit, das Unauftrennbare, die aufgedeckte und die verborgene Dimension. Es ist ein persönlicher, nichtmenschlicher Gott, der allem immanent ist.«

Arthur:

»Gott erschafft gerade jetzt, in diesem Moment das erfahrbare Universum und das ist ein eindringliches Symbol für seine Absicht, seine Schlussfolgerungen in lebendigen Realitäten herauszuarbeiten. Damit ist die Liebe die Hand Gottes.«

Julien:

»Wie du weißt, sind Religionen verschieden wie Tag und

Nacht, aber in Wahrheit gibt es nur einen einzigen Gott. Gott ist wie das Wasser, das die verschiedenen Gefäße füllt, und in jedem Gefäß nimmt die Vision Gottes die Gestalt des Gefäßes an, das einen bestimmten Glauben beinhaltet. Kein Glaube ist unfehlbar, Unfehlbarkeit ist ein Attribut Gottes. Aus dieser Erkenntnis heraus sollten wir alle unsere verschiedenen Denkweisen und Glaubensbekenntnisse als unterschiedliche Perspektiven der einen Realität auffassen, von denen eine jede einen persönlichen Geltungsbereich besitzt, innerhalb dessen sie adäquat ist.«

Anna:
»Und dennoch gibt es das Böse, selbst im Glauben, das sich destruktiv auf die Welt auswirkt und dessen einzige Moral es ist, kein Endziel anzustreben.«

Arthur:
»Anna, Liebe ist nicht das Gegenteil von Bosheit. Bosheit und Hass werden von der Liebe umarmt, nicht als Gegenteil, sondern als Teil. Wäre Bosheit das Gegenteil, wäre der Teufel eine gleichrangige Macht. Und als Folge gäbe es keine prospektive kontinuierliche Lebendigkeit, sondern nur eine endlose Schlacht um den Aufbau von Beziehungen und deren sofortige Zerstörung. Das pure Chaos würde herrschen. Bosheit und Hass sind Liebe auf einer degenerierten Stufe. Und die wahre Liebe will sie als Teil von sich selbst zu etwas Höherem führen. Die Liebe braucht das Böse, um es zu lieben, denn Selbstliebe ist keine Liebe im eigentlichen Sinne. Somit wird es immer wieder Unordnung, Verfall und die Tragödie des Bösen geben. Aber die Liebe überwindet kontinuierlich ihre eigene Disharmonie, die durch das ihr inhärente Böse entsteht. So wird das Böse

zum Guten. Und der Kosmos, insofern er Geist und Leben ist, wird diese Liebe weiterentwickeln.«

Julien:

»Aber jetzt mal konkret: All die selbstgefälligen, zynischen, betrügerischen, gewissenlosen, gefühlskalten und manipulativen Menschen mit ihrer Kombination aus Narzissmus, Psychopathie und Machiavellismus, die nur ihren Vorteil suchen, dabei über Leichen gehen, die Böses über die Welt bringen und sie zerstören ...«

Arthur:

»Moment mal, mein Lieber, das müssen wir schon differenzierter anschauen. Erstens hat jeder Mensch helle und dunkle Seiten in sich. Und Zweitens gibt es ein Kontinuum von den ganz Bösen zu den ganz Guten. Das bedeutet, die drei grundsätzlich negativen Eigenschaften, die dunkle Triade, auf die du indirekt hinweist, sind in jedem Menschen zu einem gewissen Grad angelegt, aber meist gering ausgeprägt. Der durchschnittliche Mensch ist im Prinzip gut. Extreme Böswilligkeit ist in der Allgemeinbevölkerung sehr selten.«

Julien keckerte:

»Lieber Arthur, mir geht es nicht um den durchschnittlichen Menschen. Menschen mit dunklem Dreiklang streben nach Geld, Status und Macht. Das ist gerade bei jungen Männern der Fall. Ihre Gier befriedigen sie – auf Kosten anderer versteht sich – gerne dort, wo alles zu haben ist. In unternehmerischen Führungspositionen, in die sie schnell aufsteigen, fühlen sie sich nicht nur besonders wohl, sie sind auch besonders erfolgreich. Sie schaffen es in den Hierarchien weit nach oben. Je höher, umso mehr gibt es von dieser Höllenbrut. Ihre Strategie, ›wenig tun, viel erhalten‹, verstärkt mit der Zeit sogar ihren bösen Charakter. Und jetzt kommt das Hauptproblem: Niemand hält die Menschen der dunklen Triade auf, weil niemand erkennt, wie böse sie sind. Jetzt muss man sich vorstellen, wie weltweit einige wenige den gewaltigen Hebel des Apparates des Bösen betätigen. Wegen ihnen haben wir heute diese miserablen Zustände auf der Welt.«

Arthur:

»Das Böse im Menschen ist nur ein Symptom seines Leids. Leid, das dadurch entsteht, dass er auf dem Weg zu sich selbst stehengeblieben ist – gegen seine Natur – entartet und erstarrt. Wie sollte ein solcher Mensch, der nicht an das Gute in sich, in den Menschen und in der Umwelt glaubt, wie sollte so einer Empathie und Gemeinschaftsgeist zeigen? Von lieben können ganz zu schweigen.«

Anna:

»Wie sollte ein Mensch, dessen Zweck und Ziel bereits vorgeschrieben sind, wenn er auf die Welt kommt, und die schon bei seinen Eltern dieselben waren, verbunden mit dem Glauben der Gesellschaft an das Evangelium der Wirtschaft und das Niedertrampeln des Nächsten im Kampf um Vorteile –, wie sollte sich so einer entwickeln, wachsen und zu dem werden können, was er sein könnte? Da muss einer ja im schlimmsten Fall böse oder psychisch krank werden.«

Julien:

»Es sind in der Tat nur wenige Böse im Vergleich zur gesamten menschlichen Bevölkerung. Doch sie schleifen die Welt an den Abgrund. Aber Achtung! Auch die vielen

Menschen, die eher auf der hellen Seite stehen, auch sie, obwohl sie prinzipiell moralisch besser sind, verursachen Böses.«

Anna:

»Wobei sicherlich nicht alle, die mehr lichte Anteile in sich tragen, sich an der Ausbreitung des Guten beteiligen. Mir scheinen es vor allem Frauen zu sein, die sich mehr um den Zustand der Welt sorgen, mehr Mitgefühl empfinden.«

Arthur:

»Ja, es gibt sie. Es sind meist ältere Frauen, die in einer umsorgten Kindheit aufgewachsen sind. Sie bringen anderen Lebewesen mehr Liebe, Empathie und Mitgefühl entgegen. Darüber hinaus sind sie interessierter, offener und begeisterungsfähiger und sehen Perspektiven, wo andere keine sehen. Diese Frauen werden motiviert von selbstranszendenten Werten, das heißt von selbstlosen Werten, die über sie selbst hinaus auf etwas Größeres, auf etwas universell Wahres und Schönes, auf etwas Fortdauerndes und Verbindendes weisen. Diese Engel des Alltags, und das verwundert nun wirklich nicht, empfinden eine höhere Lebensqualität und sind somit gesünder und glücklicher als alle anderen. Sie haben einen sehr positiven Einfluss auf die Welt, in der sie sich als Teil erfahren.«

Julien:

»Nein, nein, mein Lieber, da muss ich protestieren! Nicht nur als Teil, sondern als Teilhabende dieses Kosmos erfahren, so wie ihr alle es müsstet. Eines Kosmos, der die lebendige Beziehung und nicht das Materielle in den Vordergrund stellt. Deshalb kommt es auf dieser Erde auf euch alle an. Ihr seid Mitschöpfer: Die Gestaltung der Zukunft, der Welt hängt von euch ab und ihr müsst wissen, dass eure Entscheidungen auch Auswirkungen auf die All-Einheit haben.«

Arthur:

»Da hast du natürlich recht, mein Lieber, nur aus seiner Ganzheit kann der Mensch ein Modell des Ganzen erschaffen. Ihr Menschen braucht ein Ideal, und dieses Ideal muss eine Einheit sein, und die Ethik definiert, was sie ist. Und deshalb ist es irrational, auf ethischer Basis völlig rational logisch entscheiden zu wollen.«

Julien:

»Ein Zweck der Göttlichen Schöpfung besteht darin, einen antwortenden Geist zu schaffen und zu bilden. Ihr Menschen seid der erste Versuch der Evolution mit Blick auf die Erzeugung eines intelligenten Tieres. Noch seid ihr es nicht, aber vielleicht bist ja du, Anna, ihre Prophezeiung.«

Die beiden Eulen lächelten Anna aufmunternd an.

Anna:

»Die Frage ist jetzt nur, wie wir diesen neuen Menschen schaffen. All diese Engel, die im Alltag wirken und nicht nur imaginär im Himmel.«

Julien:

»Indem jeder von euch wird, was er tief in seinem Innern eigentlich ist.«

Arthur:

»Für die wirklichen Beziehungen, die in der Natur existieren – wie wir sie vorhin erläutert und diskutiert haben –, könnt ihr eure Gefühle und eure Vernunft so trainieren, dass sie sich immer mehr dieser Wirklichkeit annähern.«

Anna:

»Das ist ja alles schön und gut, aber aus praktischer Sicht sind mir solche Aussagen kaum eine Hilfe. Also, habt ihr eine Idee, wie wir das konkret angehen können? Wie wir die Menschen glücklicher machen und so dem Bösen den Boden entziehen?«

Noch bevor Arthur oder Julien antworten konnten, brummte es:

»Es ist an der Zeit, wir müssen demnächst aufbrechen, Anna.«

Kamuy trottete heran, gähnte und blinzelte mit den Augen.

»Mich aus dem Winterschlaf zu wecken«, murmelte er, »nur weil ich zum Rat der Tiere gehöre. Ich werde kaum wach.«

Anna, die schnell alle Scheu vor dem brummig wirkenden Bären verloren hatte, griff in seinen Pelz und massierte seinen Nacken.

»Wie wollen wir Hagen befreien?«

»Die Wölfe werden diesen Mörder mit ihrem Geheul aus der Hütte locken. Du holst Hagen und dann führt Sancha euch nach Capellen.«

Anna schluckte.

»Ich kann nicht hierher zurückkommen?«

Synchron schüttelten Arthur und Julien die Köpfe.

»Wie willst du Hagen erklären, dass du nicht mit ihm kommst? Auch könnte er dir folgen. Das Kastell der Wandlungen jedoch, darf nur von Eingeweihten und Aspiranten betreten werden.«

»Aber ich habe noch so einiges zu lernen. Ohne eure Hilfe …«

Liebevoll zwickte Julien sie ins Ohr.

»Keine Sorge, wir bleiben mit dir in Verbindung.«

Warmer Atem blies ihr in den Nacken.

»Ich werde euch den Weg durch den Schnee bahnen«, sagte Wolkentanz. »Aber wir sollten wirklich aufbrechen. Zwar fällt noch Schnee, aber der Wind hat sich abgeschwächt. Das sollten wir nutzen.«

Kamuys tropfendes Maul schloss sich um den Ärmel ihres Parkas.

»Wir brauchen Futter. Vor allem die Fleischfresser unter uns. Irgendwann drehen die Wölfe, Luchse, Marder und der übrige Haufen vor Hunger durch und werden den Pakt brechen. Dann gibt es ein Blutbad.«

Bei dem Gedanken wurde Anna flau im Magen.

»Ich kümmere mich darum. Und wenn ich das Essen allein in den Wald schaffen muss.«

Sie lief in die Küche, öffnete die Büchse mit dem Reis. Hagens Handy war trocken, aber es funktionierte nicht.

Der Tod kommt zweimal

Anna und die Tiergruppe verließen das Kastell, der Tross zog durch den Schlangengang, weiter durch das Höhlenlabyrinth. Irgendwo bog Kamuy in einen langgezogenen Stollen ab. Es war ein anderer Weg, als der, auf dem Anna am Vortag in das Kastell gelangt war. Kurz darauf standen sie vor dem geschlossenen Sandsteintor. Edgar erklärte, das Keltentor würde nur in Notfällen geöffnet. Der Boden vor dem Schiebetor war nass. Die größeren Tiere hatten offensichtlich diesen Höhleneingang am Vortag benutzt. Links und rechts des Tores waren Druckwassereinrichtungen mit Hebelsystemen und Rädern. Die Dachse machten sich an den Vorrichtungen zu schaffen. Es gurgelte und rauschte. Langsam ruckend und knirschend öffnete der Wasserdruck das Tor.

»Halt, halt! Freunde! Wartet!«

Dachs Theo drängte sich durch den Pulk der Tiere und kam keuchend angewetzt:

»Ich habe, ich habe … eine Nachricht von Freya!«

Theo atmete ein paar Mal schwer ein und aus.

»Die Seelenverwandten …« Es machte ihm sichtlich Mühe zu sprechen.

»… die Seelenverwandten, … sie sind nicht mehr unter uns. Unsere Freunde … Saranto und der letzte Hohemeister sind gestorben. Tot!«

Julien begann zu weinen und stammelte:

»Sie sind nun … was ist … nichts ist, was sie nicht sind. Sie sind nun auf ewig verschränkt im All-Einem.«

Arthur reckte sich, auch mit Tränen in den Augen:

»Der letzte Ritter ist tot. Lang lebe die letzte Ritterin.

Anna, obwohl sie den letzten Ritter nie getroffen hatte, nicht einmal seinen Namen wusste, spürte einen Kloß in der Kehle. Sancha, mit Musil auf dem Rücken, setzte sich zu ihrer linken Seite, Edgar auf die rechte.

Arthur:

»Ihr seid nun die letzten Berufenen, die der Mission der Wandlung dienen werden. Der Wandlung zu einer besseren Welt.«

Samstag, 14. Dezember, 11:55 Uhr,
Schwarzer Forst, Vorposten Ecke Dorfstraße/Forststraße

Kurz nach Mitternacht hatten sich die Grenadiere bis zum Bus vorgearbeitet. Der Motor lief noch. Mehrere der Touristen begannen zu weinen, als sie die Rettungstruppe erblickten. Warme Kleidung wurde verteilt. Die zwei Ordensschwestern halfen den Senioren ins Winterzeug, die in mehrere Gruppen eingeteilt wurden. Die, denen man den anstrengenden Marsch zutraute, und die, die zu geschwächt oder verletzt waren. Für diese hatten sie Schlitten mitgebracht, die von jeweils zwei Grenadieren gezogen wurden. Die Rettungsaktion erwies sich als schwieriger, als Brevaronne gedacht hatte. Der letzte Tourist wurde erst am Mittag ins Lazarett eingeliefert.

Die beiden Polizisten, die im Prospect Park eintrafen, konnten nur noch Davies' Tod feststellen. Jemand, es wurde vermutet, Davies selbst, hatte den Notruf gewählt und ein »Buschfeuer« gemeldet. Mehr als eine Stunde lang ließen die Polizisten den verkohlten Körper unbedeckt, markierten den Tatort lediglich mit zwei orangefarbenen Verkehrskegeln. Eine Joggerin hielt an, schoss ein Handybild und twitterte es. Ein Spaziergänger mit Hund drehte ein Video und lud es hoch. Die Menge, die sich vor der Absperrung versammelte, wuchs unaufhaltsam.

»Das nimmt dir den Wind aus den Segeln«, meinte einer. Ob das ein Dummy sei? Sie sehe so unecht aus, das könne keine richtige Leiche sein, ein anderer. Ein weiterer fragte, ob hier ein Film gedreht würde. Die eintreffende Feuerwehr hatte nichts mehr zu löschen und zog wieder ab. Ein Polizist wies die Jogger an, weiterzulaufen, was dazu führte, dass diese erst recht stehenblieben.

Ein Police Officer mit hellblauen Gummihandschuhen kniete sich neben den Einkaufswagen, sah sich die ID an, hob den ehemals mit Erde gefüllten Plastiksack und entdeckte darin ein Kuvert, auf dem »FOR THE POLICE« stand. Sein Vorgesetzter nahm es ihm ab, öffnete es und zog einen handgeschriebenen Brief heraus:

Ich bin Dave Paille und ich habe mich gerade aus Protest selbst verbrannt (siehe beiliegendes Statement). Ich entschuldige mich bei Ihnen für das Chaos. Davies

Der Vorgesetzte schnalzte mit der Zunge, nahm ein weiteres, grünes Papier heraus und überflog es:

… Privilegien basieren irgendwie immer auf dem Leiden anderer. Beabsichtigt oder nicht. Leid und Schaden können durch Ausbeutung verursacht werden, wie es beispielsweise oft bei der Herstellung von Kleidern und pflanzlichen Lebensmitteln der Fall ist …

Wir töten langsam Menschen und andere Wesen, indem wir unser gemeinsames Zuhause zerstören …

Aber noch viel größer als die menschliche Aggression ist die menschliche Selbstsucht. Deshalb muss dem Heer der Selbstsüchtigen eine noch größere Armee der Edlen gegenüberstehen …

… je größer die Privilegien sind, desto größer wird die Verantwortung, die wir tragen müssen. Wenn einer keine bessere Lebenswelt hinterlässt, war alles, was er in seinem Leben tat, nur egoistischer Natur …

Für diejenigen unter uns, die ein langes, privilegiertes Leben führen, genügt es nicht, zu sagen, dass sie für die Familie oder für ihr Heimatland leben – ein solches Leben wird trotzdem mehr oder weniger auf Kosten anderer Lebewesen der Erde, oder der Erde selbst geführt …

Viele, die ihr Leben einsetzen, um anderen zu helfen, müssen erkennen, dass sie die Ursachen für deren Leiden und Schäden nicht beseitigen können …

Daher besteht die Herausforderung für die privilegierten jungen Menschen darin, mit Bedacht zu navigieren und den Kurs rechtzeitig zu ändern, um zukünftige Wunden zu verhindern, anstatt diese zu bandagieren. Sie müssen den Weg finden, der den Menschen zur Selbstlosigkeit führt …

Gesetze können Teil einer Lösung sein. Aber keine Macht wird mehr bewegen als die einer Legion von Menschen, die ihre täglichen Entscheide ändern und so das Leid und den Schaden verringern, für den sie verantwortlich sind …

Ganz offensichtlich schaden Menschen anderen Menschen, Tieren und der Erde auf unzählige Arten und Weisen. Und somit gibt es unzählige Gründe und Wege, um sein Leben dagegen einzusetzen. Ich wähle nun einen Weg, nicht weil ich in Anspruch nehme, dass er bedeutsamer als andere wäre, sondern weil er mir den Mut gibt, in der Hoffnung zu sterben, dass es ein ehrenvoller Tod ist. Ein Tod, der anderen dienen kann …

Eine ehrenvolle Mission im Leben verpflichtet zu einer ehrenvollen Mission bis in den Tod …

Hier ist die Hoffnung, dass die Spende eines Lebens einerseits etwas Aufmerksamkeit darauf lenkt, dass es notwendig ist, auf breiter Front mehr zu unternehmen, und andererseits diejenigen unterstützt, die unserem Zuhause eine Stimme geben, damit die Erde gehört wird.

Der Polizist reichte das Papier seinem Kollegen mit den Worten
»Viele sterben zu spät, und einige sterben zu früh« weiter.

Die Ermittlungen ergaben, dass Davies sich am Vorabend an einer Tankstelle fünf Liter Benzin besorgt hatte. Nur wenige Minuten vor seiner Selbstentzündung hatte er vorbereitete E-Mails mit dem Statement an die New York Times und eine Vielzahl weiterer Medien sowie seinen Mitarbeiter Morales und mehrere Umweltschutzorganisationen versendet.

Davies hatte seine Selbstopferung bewusst eine Woche vor den Earth Day, den Welt-Umwelttag, der in über 175 Ländern begangen wurde, gelegt. Er hatte gehofft, dass die Medien bis dahin täglich, aufgrund der Aktualität möglicherweise weltweit über seine Selbstverbrennung und seinen Protest berichten würden, und war überzeugt gewesen, dass eine solch intensive Berichterstattung die Menschen aus ihrer Lethargie wecken und zu einem Umdenken führen würde.

Aber weder die Welt noch die Stadt hielt den Atem an. Nach wenigen Stunden wurde die Meldung zu Davies' Tod von anderen Nachrichten überrollt. Innerhalb kürzester Zeit war es im Prospect Park wie immer. Von vielen wurde Davies' Tat als unamerikanisch empfunden. Normalerweise richteten Amerikaner, die mediale Aufmerksamkeit erzwingen wollten, Blutbäder unter Zivilisten an und brachten sich danach um.

Zwei Psychiater der Suizid-Prävention opponierten bei der New York Times gegen deren Darstellung, wonach sich Davies aus Protest gegen die Umweltverschmutzung umgebracht habe. Der Selbstmord werde romantisiert. Menschen begingen keinen Selbstmord, weil sie sich Sorgen um fossile Brennstoffe oder dergleichen machten. Vielmehr wisse man, dass Depressionen, Angstzustände, Drogenmissbrauch oder andere psychische Faktoren der Grund seien. Der Artikel suggeriere eine normative, verständliche Reaktion auf Ereignisse wie die Umweltverschmutzung und erhöhe dadurch das Selbstmordrisiko bei Gefährdeten, deren Erfahrungen dazu führen könnten, sich mit dem Verstorbenen zu identifizieren.

Davies' eigene Erklärung geriet schnell aus dem Fokus, während über angebliche psychische Erkrankungen spekuliert, seine Tat für sinnlos erklärt wurde oder sich viele in Webforen und Onlinemedien darüber lustig machten: *Hey, it's illegal to burn garbage in New York, isn't it?; He just increased his carbon footprint for that?; I think I'll get in my diesel truck and drive around to celebrate …*

Dennoch gab es einige nachdenkliche und mahnende Stimmen. Simantini Dey vom Channel News18, einem indischen Sender, schrieb online am Earth Day zu Davies' Tod: *Trotz der Tatsache, dass sich Davies selbst opferte, um eine Diskussion über und ein Bewusstsein für den Klimawandel anzustoßen, wurde die Nachricht über seinen Tod in den Medien der Vereinigten Staaten nur sehr selten erwähnt und von der internationalen Presse kaum wahrgenommen. Ja, The Guardian und die BBC haben mit einer Kurzmeldung über Pailles Tod berichtet. Aber das war alles. Dabei sind Pailles Ängste mehr als berechtigt. Der Klimawandel wird von vielen Medien auf der ganzen Welt erschreckend unterschätzt, und das ist ein großer Teil des Problems. Auch in den indischen Medien kommt das Thema kaum vor, denn die vom Klimawandel am stärksten betroffenen Menschen, die die giftige Luft von Delhi, Kanpur oder Faridabad atmen, sind nicht diejenigen, die in ihren Büros sitzen, sondern die Obdachlosen, die ihre Nächte und Tage draußen verbringen … Die Entscheidung, wie Medien über ein bestimmtes Problem berichten (oder nicht berichten), hat oft große Auswirkungen auf die Öffentlichkeit. Medien haben die Macht, Wahrnehmungen und Meinungen zu formen und zu bilden. Indem sie sich entschei-*

den, nicht (oder nicht korrekt) über den Klimawandel zu berichten, vermitteln sie in der Öffentlichkeit die Vorstellung, dass dies kein Thema von höchster Priorität sei. Paille verstand die dringende Notwendigkeit, sich mit Fragen des Klimawandels zu befassen, und obwohl die Methode, mit der er das Thema in die Öffentlichkeit bringen wollte, zumindest unglücklich war, versuchte er einen Dialog über den Klimawandel auszulösen. Ehren wir seine Wünsche am Weltumwelttag; schreiben und berichten wir so viel wie möglich über den Klimawandel.

Auch Mik Aidt von der Website »Center for Climate Safety« griff den Vorfall auf: … *Und Davies, wirklich, du solltest dich für nichts entschuldigen. Wir sind bereits in einem tiefen Chaos. Wir alle. Dein Aufruf betont nur, dass wir nicht genug tun. Und er unterstreicht, warum wir uns verpflichten müssen, in den kommenden Monaten und Jahren mehr zu tun. Das können wir nicht allein machen. Wir können es nur zusammen. Das ist der Fluch des bösen Problems namens Klimawandel. Aber es kann auch ein Segen sein, weil es die Gemeinschaften auf neue Weise und mit einem gemeinsamen Ziel zusammenbringt. Das Feuer und die Rose sind eins.*

Professor Michael Marder meinte auf der Online-Plattform »The Philosophical Salon« sinngemäß dazu, dass die globale Verwüstung abstrakter zu sein scheine als ein einfühlbarer, dramatischer Akt der Selbstzerstörung. Man »übersehe« dadurch das wirklich große Problem und treibe die Bemühungen für die individuelle Suizidprävention voran, währenddem die Menschheit Hals über Kopf nach kollektivem, generationenübergreifendem Selbstmord strebe.

D. R. Tucker, vom Washington Monthly, einem Nonprofitmagazin in den USA, schrieb sechs Wochen später dazu: *Was Wahnsinn ist – was wirklich verrückt ist –, ist unsere anhaltende Weigerung, der Klimakrise wegen aufzuwachen. Wie viel mehr Beweise benötigen wir? … Davies Paille hat das ultimative Opfer gebracht. Im Namen des Schutzes des einzigen Planeten, den wir Heimat nennen. Er gab seine Menschlichkeit im Namen der Menschheit auf. Wollen wir das wirklich verrückt nennen? Sind nicht die Leute, deren Aktionen seinen Protest ausgelöst haben, die wahren Verrückten?*

Trotz Kälte, Wind und Nieselregen machten sich am Sonntag einige Unerschrockene zur Lichtung bei den Ginkgobäumen auf, um Davies zu gedenken. In der Mitte des Stücks verbrannten Rasens brachten sie ein schwarzes Schild mit weißer Aufschrift »Love is amongst us« an, legten Blumensträuße nieder und blieben eine Weile stumm stehen. Der Niesel lief über ihre kalten Wangen, hinunter in den Schnee, und allmählich füllte sich die Senke mit einem kleinen See.

Samstag, 14. Dezember, 12:32 Uhr,
Wohleyberg, Keltentor

So muss es in Sibirien sein, dachte Anna, als sie aus der Höhle trat, geblendet von all dem Weiß. Wolkentanz hieß sie aufsitzen, sie brauche ihre Kräfte für Hagens Rettung. Anna schaute blinzelnd zum Himmel. Die schwarzgrauen Wolken kreisten in spiralförmigen Windungen über dem Wohleyberg. Ein Strudel des Todes. Anna grauste bei dem Gedanken. Der Trupp zog an der Dachsburg entlang, vorbei am Baumstamm, der über dem Bachbett lag. Böen kamen wieder auf, fegten über sie hinweg. Hinter ihnen krachte es. Irgendwo musste ein großer Baum umgerissen worden sein. Sie erreichten das untere Ende des gefrorenen und schneebedeckten Forstweihers, durch den der Gäbelisbach auf seinem Weg nach Süden floss. Dort setzten sie über und folgten dem Ufer des Weihers. Der Wind ließ wieder nach. Anna blickte zwischen den Uferbäumen hindurch über die breite, zugeschneite Fläche. Das Eis, das den Schnee trug, hatte sich erst kürzlich gebildet. Wasserdampf stieg aus der Weihermitte hoch. Das Gewässer war nur dank der Strömung des Gäbelisbaches noch nicht gänzlich zugefroren.

Plötzlich fiel Anna ein Fleck Rot in all dem Weiß auf. Am Ufer des Weihers wehte etwas sanft an einigen Ästen hin und her.

»Das ist Hagens Jacke! Schneller, Wolkentanz, vielleicht braucht er unsere Hilfe!«

Da stürzte ihnen Musil entgegen:

»Ein Hinterhalt, ein Hinterhalt!«

Die Warnung kam zu spät. Ein Schuss peitschte. Zwei weitere folgten. Wolkentanz keilte aus und stieg auf die Hinterbeine. Anna warf sich nach vorne und krallte sich in der Mähne fest. Schnee wirbelte wie Puderzucker durch die Luft, als Wolkentanz mit den Vorderhufen auf den Boden aufstampfte. Dann stürmte er los, genau auf Fleischhauer zu. Der warf sich zur Seite, riss das Gewehr wieder hoch, sah aber nichts in der Wolke, die ihn einhüllte. Als sich der Schnee legte, stand ein Wolf mit offenem Fang vor ihm.

»Für dich habe ich auch eine Kugel übrig!«, schrie er und legte an. Seine Hände zitterten noch immer vom Saufen. Das Geschoss versengte dem fliehenden Tier das Fell. Fleischhauer folgte der Schneise des Pferdes und grinste. Das dumme Viehzeug war die Klippe am Weiher emporgaloppiert. In eine Sackgasse.

Heinrich, Hostettler und Sauer zuckten zusammen, als sie die Schüsse hörten.
»Anna!«, brüllte Heinrich. »Anna! Woher kam das?«
Hostettler fasste ihn am Arm.
»Seien Sie um Gottes Willen leise. Wenn wir uns unbemerkt nähern, haben wir eine Chance, den Schützen zu überwältigen. Ich denke, es kam vom Weiher. Mir nach.«
Alles in Heinrich drängte ihn, sich an Hostettler vorbeizuschieben. Er wollte so viel Lärm machen wie möglich. Nur diesen Kerl, der da um sich schoss, von seiner Tochter ablenken, selbst wenn es ihn das Leben kostete.
Sauer flüsterte:
»Beruhigen Sie sich, wir wissen doch gar nicht, ob der es auf Anna abgesehen hat.«
Ein weiterer Schuss. Heinrich meinte, sein Herz müsse stehen bleiben. Endlich, der Weiher. Ein weißes Pferd, kaum zu sehen, mit einem Reiter in hellblauer Jacke jagte auf der anderen Seite des Gewässers die Anhöhe hinauf. Wieder ein Schuss. Das Pferd bäumte sich auf, warf den Reiter ab und flüchtete aufwärts.
»Das ist Anna! Anna auf Wolkentanz! Anna!«
Er warf den schweren Rucksack ab und stolperte am Ufer entlang.

Hostettler hob seinen Feldstecher. Am Fuß der Klippe erschien ein Mann im Kampfanzug.

»Verdammt!«, entfuhr es ihm.

Die Reiterin war nicht zu sehen. Der Mann mit dem Gewehr eilte an der Stelle vorbei, an der sie abgeworfen worden war. Gott sei Dank. Wolkentanz rannte auf dem Plateau hin und her, fand keinen Ausweg.

Seine Hand verharrte am Holster. Die Reichweite seiner Pistole war zu kurz. Er zog sie doch, feuerte einen Warnschuss ab. Der Mann auf dem Felsband drehte sich halb um, sah kurz über den Weiher. Auf einmal umkreiste ein schwarzer Vogel seinen Kopf, er schlug mit dem Kolben nach ihm. Hostettler gab einen weiteren Schuss ab. Keine Reaktion. Der Mann zielte erneut auf den Hengst.

Eben wollte Hostettler das Fernglas sinken lassen, da erblickte er den hellblauen Parka hinter dem Mann. Entsetzt sah er, wie sich Anna auf den Mann warf, dieser sich drehte, ausrutschte, nach Annas Parka griff, sie nach seinem Karabiner und beide ins Trudeln gerieten. Dann stürzten sie zusammen über die Klippe und schlugen durch den Schnee auf dem gefrorenen Weiher auf. Hostettler glaubte, das Brechen des Eises zu hören. Graue Schemen glitten zu der Stelle. Adrenalin schoss Hostettler ins Blut. Wölfe! Den Sturz hatte Anna vielleicht überlebt, aber die Wölfe …

Hostettler sprintete los.

Bubenberg stöhnte wie ein verletztes Tier, als Anna fiel, mobilisierte alles, was sein Körper hergab. Das Blut hämmerte in seinem Kopf, die eiskalte Luft schnitt ihm wie ein Messer in die Lunge. Er konnte kaum mehr atmen.

Fast zeitgleich trafen Heinrich und Hostettler kurz vor der

Einbruchstelle ein, Sauer mit hochrotem Kopf kurz darauf. Der Lauf des Karabiners ragte aus dem Loch. Rundherum alles niedergetrampelt. Keine menschlichen Spuren.

»Bleiben Sie stehen!«, befahl Hostettler, als sich Bubenberg auf den schneebedeckten Weiher stürzen wollte und gab Sauer einen Wink.

Bubenberg weinte.

»Wir müssen Anna rausholen!«

»Es bringt Anna nichts, wenn Sie auch einbrechen.«

Mit wenigen Handgriffen befestigte Sauer ein Seil an Heinrich. »Auf allen Vieren!«

Am Rande des Lochs, im matschigen Eiswasser, eine dunkelblaue Mütze. »Da ist sie!« Heinrich griff danach, um Anna herauszuziehen, und bekam nur Wasser zu fassen.

»Nein, nein, nein!«, schrie er, richtete sich auf und schlug mit den Fäusten auf den Grund ein.

Hostettler und Sauer hörten das Knacken. Sauer spannte sich an, wurde aber dennoch nach vorne gerissen, als das Eis unter Heinrich wegbrach. Rudernd und prustend kam er hoch. Sauer stemmte sich mit den Füßen in den Boden.

»Hören Sie auf zu zappeln!«, schrie er, aber Heinrich strampelte nur heftiger.

»Ich … muss … tauchen … unten …«, gurgelte er.

Sauer zog das Seil nach, kämpfte mit aller Kraft, schrie nach Hostettler, dann endlich war er da. Mit vereinten Kräften zogen sie Heinrich an Land.

»Verstehen Sie nicht? Ich muss nach ihr suchen, sie ist irgendwo im Wasser!«

Hostettler hielt Heinrichs Hände fest, die ihn schüttelten.

Erst zweimal war er gezwungen gewesen, Angehörigen eine solche Nachricht zu überbringen:

»Wenn Anna es nicht aus dem Loch geschafft hat, ist sie tot, Herr Bubenberg. Ertrunken. Erfroren. Es tut mir leid. Seien Sie vernünftig, ziehen Sie neue Kleidung an. Wir müssen mit Ihnen hier weg, sonst …«

Heinrich ließ sich auf die Knie fallen.

»Anna! Anna, hörst du mich!«

Beinahe mit Gewalt brachten sie den Schlotternden auf die Beine, nötigten ihn, seine Sachen auszuziehen, und halfen ihm in die Ersatzkleidung. Sauer hatte Heinrichs Rucksack mitgenommen.

»Die Pfadfinderhütte«, sagte Sauer. »Dort gibt es einen Ofen.«

Sie nahmen Heinrich in die Mitte, der sich weigerte: Man müsse das Gelände absuchen, Anna habe es vielleicht geschafft … Hostettler versuchte es erst sanft, als das nichts fruchtete, wurde er grob: Es sei schrecklich, ja, aber Anna sei ertrunken. Wenn nicht, wären die ausgehungerten Wölfe über sie hergefallen und man hätte Blut gefunden. Heinrich ließ sich wimmernd mitschleifen.

An der Blockhütte schlich Sauer sich an der fensterlosen Seite zur Veranda. Hostettler rief hinter einem Baum hervor: »Polizei! Mit erhobenen Händen herauskommen!«

Er wiederholte seine Aufforderung zweimal, aber in der Hütte regte sich nichts.

Über Zeichen sprachen sich die beiden Polizisten ab. Sauer öffnete vorsichtig die Türe, während Hostettler ihm Feuerschutz gab. Er spähte hinein, verschwand kurz im Eingang, kam wieder heraus und winkte den beiden zu.

Bis auf den ans Bett gefesselten Hagen war die Hütte leer. Der Junge stöhnte. Sauer nahm ihm den Knebel aus dem Mund und löste die Fesseln.

»Seien Sie vorsichtig«, krächzte Hagen. »Dieser Verrückte, … der kann jederzeit wiederkommen. Er ist los, um Anna zu erschießen. Ich habe Schüsse gehört.«

Die Polizisten beruhigten den Jungen, vor dem Wilderer bräuchte er sich nicht mehr zu fürchten.

»Und Anna?«, fragte Hagen, den Blick auf Heinrich gerichtet, der stumpf auf die Wand starrte.

Sauer hielt ihm eine Flasche Wasser und einen Müsliriegel hin. »Fühlst du dich kräftig genug für den Rückweg?«

»Es ist meine Schuld, dass Anna … Sagen Sie mir …«

»Wir konnten sie nicht retten«, sagte Sauer.

Hagen wurde weiß im Gesicht, gab aber Antwort auf alle ihre Fragen zu seiner Gefangennahme und Fleischhauer. Währenddessen kochte Hostettler eine Erbsensuppe aus der Konserve auf und zwang auch Heinrich, davon zu essen.

Hostettler, der Letzte, der die Hütte verließ, überkam ein merkwürdiges Gefühl. Er ging zurück, legte Proviant, eine Taschenlampe, Annas Kleidung und die mitgebrachten Schneeschuhe auf den Esstisch.

Samstag, 14. Dezember, 13:00 Uhr,
Schwarzer Forst, Weiher

Anna landete auf Fleischhauer, drückte ihn damit noch tiefer unter Wasser, während sie selbst den Rand des Eises zu fassen bekam. Ein Knie traf sie im Bauch, Hände versuchten sich in ihre Hose zu krallen. Sie hustete und spuckte Schnee, zappelte mit den Beinen, spürte, wie der Rand des Lochs nachgab. Vargr, ein zweiter, dritter und vierter Wolf tauchten am Loch auf. Sie bissen sich in den Ärmeln ihres Parkas fest, zerrten sie heraus.

Fleischhauer ruderte mit Armen und Beinen, rang nach Luft, Wasser drang durch Mund und Nase, griff nach der Kante des Lochs, das Eis brach weg, wieder und wieder, er schrie und brüllte wie ein Ochse, hyperventilierte in Panik. Herzfrequenz, Blutdruck und Stresshormone schossen in die Höhe, das Herz außer Takt, sein Gesicht wurde blau, ein stechender Schmerz in der Brust, ein letztes Röcheln. Fleischhauer ging unter wie ein sinkendes Schiff.

Die hungrigen Wölfe umrundeten das schwarze Loch, in der Hoffnung, die fette Beute tauche wieder auf. Am nächsten Morgen holten sie sich Fleischhauers Leiche unten am Weiher beim Austritt des Gäbelisbachs und zerfetzten den erstarrten Körper, den die Strömung angeschwemmt hatte.

Kamuy zerrte Anna eher auf Wolkentanz' Rücken, als dass sie selbst aufstieg. Mehrmals drohte sie im Trab herunterzufallen, die Finger waren steif, die Beine weigerten sich, ihr zu gehorchen. Ein Stoß weckte sie.

»Nicht einschlafen, das ist dein Tod«, knurrte Kamuy sie an.

Kurz darauf waren sie am Dachsbau. Sie müsse nochmals den Weg vom Vortag nehmen, sonst erfriere sie. Anna kroch hinein, mit Beinen ohne Gefühl, durch die erste Kammer in die nächste Röhre, nach unten, um die Kurve. Es wurde warm. Sie tastete sich in der Dunkelheit vorwärts, zweigte falsch ab, merkte es nicht, kroch weiter. Erst als lange, dicke Wurzeln den Gang versperrten, wurde ihr klar, dass dies nicht der richtige Weg war. Wenden ging nicht. Apathisch zog sie sich an den Wurzeln vorwärts, blieb mit dem Parka hängen. Sie fand nicht die Kraft, diesen zu lösen. Es schüttelte sie vor Kälte und Hoffnungslosigkeit, ein Weinkrampf überwältigte sie.

Die Stimme in der Finsternis war tief und ruhig:

»Das Gefühl von Hoffnungslosigkeit war schon immer das Wahrzeichen wirklich großer Menschen, Anna. Das Fehlen der Hoffnung ist aber nicht die vorweggenommene Niederlage. Sie entspringt dem Gefühl deines müden Fleisches, das den Geist nicht mehr tragen will. Doch der Geist ist immer stärker als das Fleisch, denn er hat es erschaffen, so wie er alles erschaffen hat.«

Anna spürte, wie sie ruhig wurde.

Anna:

»Wer seid Ihr und wo seid Ihr? Könnt Ihr mir helfen? Ich …«

Die Stimme:

»Du hängst in meinen Wurzeln, mein Kind.«

Anna:

»Ihr seid ein Baum?«

Die Stimme:

»Eine Esche, um genau zu sein. Man nennt mich Freya.«

Anna:

»Ihr seid der Weltenbaum!«

Freya: »So sagt man.«

Anna:

»Dann könnt Ihr mir sicher helfen. Ich finde den Weg

nicht mehr. Habt Ihr einen Plan, wie ich von hier aus zum Kastell komme?«

Freya:

»Ihr Menschen habt so viele Pläne, dass ihr den richtigen Weg nicht mehr findet. Der Weg ist in dir, du musst ihn nur beschreiten. Tauche ein.«

Anna:

»In meinem Kopf?«

Freya:

»Ja, sämtliche Ideen und Bilder des Universums sind in deinem Kopf. Greife nach meinen Wurzeln.«

Anna legte ihre Hände um eine Wurzel und schloß die Augen. Vor ihrem inneren Auge erschien der Gang, Licht lief entlang der Wurzeln und verband sich mit Annas Händen. Ihr Geist flog durch die Gänge der Dachsburg, durch die labyrinthische Sandsteinhöhle, sie wusste jeden Namen jeder Grotte, jedes Saales, jedes Hohlraumes. Sie ließ die Höhle der Drachenzähne, die Ameisengrotte, den Sternensaal, die Fingergruft, den Schlot des Bösen und vieles mehr hinter sich. Sie flog durch das Kastell, sah die wartenden Tiere, einen Schwarm ankommender schwarzer Vögel, Musil und einen davoneilenden Dachs am Keltentor, Arthur und Julien auf einer Säule, dann kehrte ihr Geist zurück. Ein Ruck ging durch Annas Körper. Sie lächelte.

»Quo vadis, Mensch?«, ächzte Freya und ihre Wurzeln zitterten.

Anna:

»Fühlen Sie sich nicht gut? Kann ich Ihnen irgendwie helfen?«

Freya:

»Über die Jahrhunderte hinweg wurde ich fest und stämmig, weil Freundin Natur mir unablässig mit Windstößen zusetzte, die meine Wurzeln kräftig und stark werden ließen. Ich fühlte mich allem gewachsen, was da kommen mochte. Dann kamt ihr, schwache Zweibeiner, ohne jegliches Gefühl und ohne jedes Gespür dafür, was die Welt im Innersten zusammenhält. Die Natur hat Wind gesät und von euch Verheerung geerntet. Heute bin ich durch euch gefallen. Da fragst du mich, wie ich mich fühle? Ich habe Dinge gefühlt, die ihr Menschen niemals spüren könntet. Weitgereiste Winde, voller Leben, aus jeder Himmelsrichtung. Das Weinen und Lachen der Vögel in der Luft und der Tiere auf der Erde. Ich habe die Wesen in der Tiefe gespürt, wispernd im Dunkeln kriechende und flüsternde Stimmen von Wurzeln zu Wurzeln. Wie Alles zu Einem und Eines zu Allem wurde. Leben, Tod und Auferstehung in unzähligen Sommern und Wintern. – All diese Erinnerungen, Last und Freude von Tausenden Jahren, werden verloren sein in der Zeit, wie die fallenden Blätter im Herbst verrotten und zu Erde werden – Zeit zu sterben.«

Anna fuhr mit ihren Händen zärtlich über die Wurzeln des Baumes, dessen Licht langsam erlosch.

»Keine Zeit zum Trauern«, ermahnte sie sich mit Tränen in den Augen, »ich muss weiter.« Bei ihrem Flug durch das Innere des Berges war ihr ein Gedanke gekommen.

Mit zusammengebissenen Zähnen glitt sie in den stinkenden unterirdischen See. Das warme Schwefelwasser schmerzte zuerst, doch nach einiger Zeit löste es die Kälte und machte ihre Glieder wieder beweglich. Doch sie gönnte sich nur eine kurze Rast. Ihre Freunde waren sicher außer sich vor Sorge um sie.

Sancha schoss ihr bellend entgegen, Musil umkreiste sie so eng, dass er beinahe in ihren Haaren hängenblieb, und Edgar kletterte an ihr auf und ab. Wolkentanz, die Bären und die Käuze kamen herbeigeeilt, merklich erleichtert, dass sie die junge Frau wohlauf sahen.

Die Wölfe berichteten, sie hätten beobachtet, wie drei Männer und ein Junge aus der Pfadfinderhütte gekommen seien. Anna war todmüde, aber glücklich zu hören, dass Hagen lebte. Auf ihre Nachfrage, ob sie die Männer noch einholen könne, schüttelten die Wölfe die Köpfe.

Hinter ihren Augen setzte ein Hämmern ein und ihr Kopf fühlte sich heiß an. Im Schlafsaal musste sie sich kurz auf eines der Betten setzen, bis der Schwindel nachließ. Dann nahm sie einige muffige, aber saubere Leintücher und ein Kopfkissen aus einem Eichenschrank. Vor der Tribüne zündete sie in der Feuerschale das Holz an, das sie am Morgen aufgeschichtet hatte. Als sie die feuchten Kleider auszog, erfasste sie Schüttelfrost. Sie wickelte sich in ein Leinentuch, legte sich auf die erste Stufe, direkt vor das Feuer.

Beunruhigt beobachteten die Tiere, wie sie sich hin- und herwälzte, abwechselnd in Schweiß gebadet, das Tuch von sich reißend, dann wieder schlotternd, sich zudeckend. Kamuy und Sancha, die nicht fürchten mussten, zerquetscht zu werden, ließen sich links und rechts von ihr nieder.

Zwischendurch schreckte sie hoch, um gleich wieder in einen Dämmerschlaf zu fallen. Gliederschmerzen und Alpträume quälten sie. Stunden vergingen. Dann tauchte eine schießende Bestie in einem bösen Traum auf und weckte sie schließlich. Schwarze Punkte tanzten vor ihren Augen, als sie sich aufsetzte, und sofort setzte das Hämmern wieder ein. Das Leinen klebte an ihrer Haut.

Das Feuer war niedergebrannt, doch unter der Asche glimmte es noch. Anna wickelte ein trockenes Tuch um sich und rutschte zur Feuerschale hinunter, um Scheite nachzulegen. Rasch fraß sich die Glut ins Holz, flackernd stiegen Flammen auf. Anna drehte dem Feuer den Rücken zu. Die Tiere hatten ihr Wasser und eine Schale mit Haferflocken gebracht. Sie trank und würgte die Flocken hinunter. Langsam stieg die Wärme ihren Rücken zum verspannten Nacken hoch. Sie seufzte wohlig.

Einige Vögel drehten ihre Runden und das Feuer warf ihre Schatten an die Wand. Bizarr verzogene Gestalten mit riesigen Schwingen, kreuzend und kreisend auf dem Mauerwerk. Schatten, sinnierte Anna, Schatten sind Abbilder der Wirklichkeit. Doch ihr bisheriges Bild der Wirklichkeit war eher wie diese Schatten gewesen, nicht die richtige, die wahre Wirklichkeit, sondern eine Fälschung, eine schlechte Kopie. Das wirklich Wahre und das wirklich Gute waren ihr erst hier, in der Höhle bewusst geworden. Sie fühlte sich befreit. Nicht mehr wie die meisten anderen Menschen, Gefangene ihres verschrobenen Weltbildes, die sich weder von seiner Richtigkeit überzeugten noch von seiner Richtigkeit überzeugt waren; aber dennoch auf seiner Basis zwischen wahr und falsch, Gut und Böse unterschieden und letztlich danach handelten. Ein Weltbild, in das sie, wie sie selbst, hineingeboren wurden, hineinwuchsen und es verinnerlichten. Unreflektierte, vertrauensselig übernommene Grundannahmen ihrer Eltern, Lehrer, Freunde und … Anna verzog das Gesicht … Influencer. Die Spielregeln, nach denen sich alle richteten, hatten eine unmögliche Wirklichkeit erschaffen. Unmögliche Spielregeln, Spielregeln, die sie ändern musste. War die Wirklichkeit, in der sie hier steckte, eigentlich nicht auch unmöglich? Sprechende Tiere, philosophierende Käuze. Sie schüttelte den Kopf. Vielleicht; vielleicht war ja alles auch nur ein Traum in einem Traum. Anna warf weiteres Feuerholz in die Schale, legte sich zu Sancha und schlief ein.

Samstag, 14. Dezember, 20:15 Uhr,
Hotel Plaisier au Lac, Zürich

Das rundum verglaste Restaurant Savillon des Hotels galt als eines der schönsten Restaurants Europas. Rivulet war es zu spießig. Aber gut, man aß passabel.

Während des Aperitifs hatte sie wie zufällig den Blick immer wieder zum Nachbartisch schweifen lassen, wo ein mürrisch wirkender, schwerer Mann in den 50ern, mit speckigen Backen, heruntergezogenen Mundwinkeln, schwarzer Hornbrille, Tränensäcken, fettem Kinngrübchen und Bürstenschnitt saß. Rivulet konnte nur staunen, wie man sich so gehen lassen konnte. Trotzdem setzte sie ihr strahlendstes Lächeln auf, wenn ihre Blicke sich kreuzten.

Ab und zu schaute er auf die Uhr: 20:15 Uhr. Er schien jemanden zu erwarten. Schließlich bestellte er, ohne dass sein Date erschienen wäre. Sie tat es ihm nach.

Während Rivulet sehr viel über diesen Mann wusste, der

Senior Vice President Europe war und die Nummer zwei der Welt, war sie für ihn eine fremde Schöne. Denn in der Organisation kannte man immer nur so viele Mitglieder, wie es notwendig war.

Als er Gabel und Messer auf den Teller legte, stand sie auf und verließ unter einem Sog männlicher Blicke das Savillon. Die weiblichen Gäste atmeten hörbar auf.

Noch bevor sie am Tresen der Rive Glamour Bar hatte bestellen können, war ihr der Chef de Rang nachgeeilt und brachte ihr die Visitenkarte von Dr. Adalbert Schrott mit der höflichen Anfrage, ob dieser sie zu einem Digestif einladen dürfe. Da stand Schrott schon vor ihr, nahm mit der Rechten ihre Hand und hauchte einen Kuss auf ihren Handrücken. Er präsentierte eine lilafarbene Rose, die er aus dem großen Strauß in der Mitte des Restaurants herausgerissen hatte. Rivulet roch an der intensiv duftenden Rose, legte den Kopf schräg und zeigte lächelnd ihre perlweißen Zähne. Der Schwarze mit der Fliege am Klavier, der sie an Nat King Cole erinnerte, spielte »The Song of Raintree County«. Adalbert Schrott gab ihr einen Drink aus, dann noch einen. Ihre Hand wanderte unauffällig auf seinen Oberschenkel.

Eine Haarsträhne fiel ihr ins Gesicht. Sie lehnte sich zurück, kontrollierte ihre hochgesteckten Haare, zog eine Nadel heraus, um sie neu zu platzieren.

»Ihre Krawatte ist verrutscht«, säuselte Rivulet und fuhr über seinen Kragen. Schrott schrie leicht auf, mehr aus Überraschung denn aus Schmerz.

»Oh nein, habe ich Sie mit der Nadel gestochen, Adalbert?« Sie legte ihre linke Hand an den Mund.

Auf Schrotts Stirn begann eine Ader zu pochen. Er beherrschte sich und zwang ein Grinsen auf seine Lippen.
Dann kam Andrej Pushka in die Bar. Schrott sah ihn, wurde steif, entschuldigte sich: Seine Verabredung sei nun
doch gekommen, er müsse gehen, leider.
Das Gift aus Rivulets Nadel schlich dem schlafenden
Schrott ins Herz und stellte es mitten in der Nacht sanft ab.
Plötzlicher Herztod, stellte der Arzt am nächsten Morgen
fest und trug »Natürliche Todesursache« in seinen Bericht
ein. Die Leiche wurde zur Bestattung freigegeben. Sie verschwand auf dem Weg ins Leichenschauhaus. Liv Rivulet
hatte wieder einmal abgeliefert. Ganz wie es Pushka gewünscht hatte. Es war das erste Mal gewesen, dass sie jemanden ermordete. Es war ihr leicht gefallen. Rivulet hatte
nicht genau erfahren, warum Schrott terminiert werden
musste. Es ging irgendwie um Missbrauch von Minderjäh-
rigen. Na und? Er sei eine Gefahr für die Organisation geworden, hatte Pushka erwidert, und außerdem solle sie es
als ihren Eignungstest betrachten, dessen Bestehen sie für
eine Beförderung empfehle. Zum Senior Vice President
Nordamerika. Das genügte ihr.
Rivulet schaute in den Spiegel, legte den Kopf etwas zur
Seite und lächelte sich an. Eine verschlüsselte E-Mail traf
ein. Im Betreff: »Job mit dem Promi hat sich erledigt!« und
im Textfeld lediglich ein Smiley mit einem Link zu einem
Zeitungsartikel: »Famous lawyer Davies Paille sets himself
on fire in protest …« Rivulet prostete sich selbst zu. Ein
Idiot und ein Auftrag weniger. Gut so, sie hatte genug zu
tun. Morgen der Gazzo-Valde-Job in Berno, eine kurze Geschichte.

Die Verschwörung

Liv Rivulet hasste den Winter und insbesondere den dazugehörigen Schnee. Angewidert setzte sie ihre Füße aus der Limousine in den Matsch, stieg rasch die drei Stufen zu dem spätbarocken Sandsteingebäude mit elegant gespannter, zurückhaltend verzierter Fassade hoch und betätigte energisch den Klopfer an der massiven Nussbaumtüre, an der ein Messingschild hing: »Cercle privé«.

Loke Gutthorm, Direktor des Bundesamtes für Mitwelt, unrasiert und mit einem zerknitterten Jackett (er hatte die Nacht im Büro verbracht), erwartete sie im Foyer, führte sie in den Salon Noir, einen Raum ohne Fenster, dafür mit einigen vergilbten Stichen in Goldrahmen an den Wänden. Ringsherum standen feuervergoldet beschlagene Mahagonimöbel im Empire-Stil. Gutthorm stellte ihr die zwei Anwesenden in schwarzen Anzügen vor. Ein misstrauisch wirkender, wieselhafter Brillenträger in mittleren Jahren mit fahlem Teint, nach hinten gekämmten Haaren und einem Wappen mit Schwan, Krone und drei Rauten auf dem Sakko beugte sich über ihre Hand und deutete einen Kuss an: »Enchanté de faire votre connaissance.«

Der Grandseigneur des Cercle Privé, Landvogt Carolus von Bonstetten, drückte seine Freude aus, dass sie den Cercle mit ihrem Besuch beehre.

Herrmann Gorleben, Präsident des Verwaltungsrates des NASRA, Schweizer Nationalrat und Divisionär der Schweizer Armee, schlug die Hacken zusammen.

Morgenstund habe Gold im Mund, meinte Gutthorm jovial, klatschte in die Hände und schlug vor, gleich loszulegen. Er dimmte die Beleuchtung und projizierte das Bild einer Landkarte an die Wand.

»Sehen Sie, Madame Rivulet«, Direktor Gutthorm kreiste mit dem Lichtstrahl eines Laserpointers ein Gebiet auf der Landkarte ein, »dieser Wald, der Schwarze Forst, ist im Besitz des Cercle de l'Ancien Régime de Berno, einer Art Bruderschaft. Diese Vereinigung besteht ausschließlich aus Männern, die adligen Familien Bernos entstammen. Dieser ursprüngliche Nutzwald wurde vor einigen Jahren zu einem Naturerlebnispark umgemodelt, der einheimischen Tieren und Pflanzen unberührte Lebensräume garantieren soll. Jedwede wirtschaftliche Tätigkeit innerhalb des Gebietes ist verboten. Nicht einmal die Begehung mit Hund, Pferd oder Velo ist möglich. Diese Entscheidung wurde von Cercle-Großmeister und Reichsgraf Everhard von Mülinen getroffen, der auf seine alten Jahre sein Herz für Flora und Fauna entdeckt hat. Gegen den Willen der jüngeren Grandsigneure. Nachdem aber anlässlich eines geologischen Gutachtens des NASRA festgestellt wurde, dass sich vom Großen Moos ...«, Gutthorm fuhr mit dem Lichtzeiger auf der Karte nach links und kreiste erneut, »bis unter den Schwarzen Forst ein Erdöllager ausdehnt, das heißt erdölführende Sandsteinschichten, die durch Fracking abgebaut werden können, hat sich die Situation geändert. Dem Ancien Régime entgehen Milliarden.«

Rivulet unterbrach Gutthorm:

»Das hatten Sie mir alles im Dossier mitgeteilt. Ich hoffe, Sie haben nicht weiter vor, meine Zeit zu verschwenden ...«

Gutthorm hob zum Einwand die Hand:

»Dann noch etwas, was Sie nicht wissen.«

Er zog die Pause in die Länge. Rivulet spürte, wie üblich in solchen Situationen, kalte Wut in sich aufsteigen. Doch Gutthorm fuhr, zu seinem Glück, rechtzeitig fort:

»Bei versteckten Nachuntersuchungen durch das NASRA und unseren Partner beim Institut für Geochemie und Petrologie Berno, hat man in Sedimenten der unteren Süßwassermolasse im Gäbelisbachtal und um den Wohleyberg Gold gefunden.« Der Direktor machte erneut eine wichtigtuerische Pause. »Goldseife! Ein richtiges Goldfeld. Mehr als 100 Tonnen. Marktwert rund vier Milliarden Schweizer Franken. Kann im Tagebau gefördert werden!«

Gutthorm strahlte sie an, Rivulet erwiderte den Blick unbeeindruckt:

»Nun, Herr Gutthorm, das ist ja alles ganz schön. Wir von der Gazzo Valde Oil & Mining Trust Company sind grundsätzlich daran interessiert, auch die Schürfrechte für die Goldlagerstätte zu übernehmen. Nur frage ich mich, mit welchem Geld Sie die Nachuntersuchung finanziert haben. Doch nicht etwa mit dem Vorschuss, den wir Ihnen gewährt haben?«

Gutthorm wurde noch blasser, als er es sonst schon war, wollte etwas erwidern. Liv Rivulet ließ ihn nicht zu Wort kommen:

»Die Company toleriert ein solches Verhalten keinesfalls. Ich werde diese ungenehmigte Verwendung unserer Gelder mit dem Senior Director Schweiz ausführlich besprechen. Dazu kommt, dass es offensichtlich bezüglich der Schürfrechte und des Frackings keine wirklichen Fortschritte gibt. Ich verlange Auskunft über den aktuellen Projektstatus, welche Probleme es gibt und wie man sie zu lösen gedenkt.«

Carolus von Bonstetten sah Rivulet bewundernd an. Gutthorm nestelte an seiner Krawatte, die ihm auf einmal zu eng erschien, räusperte sich und begriff, dass er rasch zur Sache kommen musste, wollte er sich weiteren Ärger ersparen.

»Das Bundesamt für Energetik hat die vorgeschobenen Sondierbohrungen des NASRA trotz Einsprachen bewilligt.«

Gutthorm schaute zu NASRA-Präsident Gorleben, der nickte:

»Direktor Gutthorm hat effektive Arbeit geleistet, Frau Rivulet. Unter unserem Deckmantel kann nun Ihre Tochtergesellschaft Swiss Oil die richtige Hydraulic-Fracturing-Methode evaluieren.«

Sobald die Tests erfolgreich verlaufen seien, meinte Gutthorm, werde man die Bemühungen zur Umwandlung der landwirtschaftlichen Parzellen im Großen Moos zu einer Erdölförderzone intensivieren. Den Kanton habe man bereits im Sack. Allerdings formiere sich in der Gemeinde Cappellen schon jetzt Widerstand gegen die NASRA, was Gemeindepräsident Eggimann zu verdanken sei, der die Bevölkerung aufhetze. Man müsse Eggimann entweder umpolen oder den Mund stopfen und weitere Einwohner in wichtigen Positionen durch Schmieren oder andere nachdrücklich meinungsbildende Maßnahmen rekrutieren, bevor die Gemeinde über die Nutzungsänderung abstimme. Ein Partner mit großem sozialem Einfluss, der vor Ort wohne, kümmere sich um die Problematik. Leider drohe Großmeister von Mülinen, mit den Förderplänen an die Medien zu gehen. Außerdem sei ohne seine Unterschrift keine Aufhebung des Naturerlebnisparks möglich. Es gebe hier eine Lösung, Bonstetten käme nachher darauf zurück. Aber selbst dann wären erhebliche Schwierigkeiten zu überwinden, um den Naturerlebnispark abzuholzen. Es sei seitens der Grünen und der Tierschutzverbände mit Aktionen und Klagen zu rechnen. Man denke an den deutschen Hambacher Forst. Daher gehe es darum, den Park so weit zu zerstören, dass er nicht mehr schützenswert sei. Ein engagierter Amateurjäger habe mit Gewehr, Fallen und Gift den Bestand an Wildtieren bereits deutlich reduziert. Zudem spiele ihnen die aktuelle Wetterlage in die Hände, die zu einem Massensterben führen müsse. Im Frühling sei geplant, giftige Stoffe in die Gewässer des Forstes einzuleiten. Kein Mensch käme dann noch auf die Idee, sich für die Erhaltung eines toten Parkes einzusetzen.

Carolus von Bonstetten stand auf, schritt nach vorne und übernahm das Wort:

»Nun, Madame et Messieurs, wir, die Grandseigneurs des Ancien Régime, begrüßen ein solch entschlossenes, tatkräftiges und schnelles Vorgehen. Bravo!«

Von Bonstetten deutete ein Händeklatschen an.

»Großmeister von Mülinen gefährdet durch sein verantwortungsloses Handeln den langfristigen Bestand des Cercle de l'Ancien Régime de Berno, ja, mehr noch, die wirt-

schaftliche Zukunft des ganzen Schweizer Mittellandes. –
Verrat wird seit den ältesten Zeiten nicht durch Rechtlosig-
keit bestraft, sondern durch den Freitod. ›Noblesse oblige.‹
Ich spreche mit Bedauern diese fatale Wahrheit aus, …
aber von Mülinen muss sterben, weil das Ancien Régime
leben soll und damit die Aristokratie leben kann.«
Rivulet stand auf und zollte ihm Respekt:
»Ich mag Männer, die einen kühnen Plan haben.«
Von Bonstetten verneigte sich:
»Das Genie zeigt sich weniger im Schmieden kühner Pläne
als in der Berechnung der Möglichkeiten, über die man zu
ihrer Ausführung verfügt, Madame.«
Rivulet lachte, warf ihr blondes Haar in den Nacken und
zeigte ihre gebleichten Zähne, die wie Perlen im Licht des
kristallenen Kronleuchters glänzten:
»Mit Kühnheit kann man alles wagen, aber nicht alles tun,
Grandseigneur.«

Kurze Zeit später wies Rivulet ihren Chauffeur an, vor das
Hotel Armony zu fahren, stieg aus und verschwand in der
gegenüberliegenden Laube. Auf der langsamen Fahrt aus
der Stadt studierte Rivulet kurz das Rezept, das ihr Francis,
der Chef des Ristorante Lorenzoni zugesteckt hatte:

Antonios Pesto
150 g Basilikum
30 g Knoblauchzehen
30 g Petersilie
Alles in einen Mixer geben und zerkleinern; 1 dl Olivenöl und 100 g geriebenen Parmesan dazugeben, mixen;

200 g Butter leicht erwärmen und dazugeben, mixen; mit Salz und Pfeffer abschmecken und unter die heißen Spaghetti mischen.

Rivulet hob überrascht die linke Augenbraue und gab die Koordinaten in ihr Smartphone ein. Dass das so schnell gehen würde, hatte sie nicht gedacht. Ein Lächeln umspielte ihre Mundwinkel.

Sonntag, 15. Dezember, 10:50 Uhr,
Cappellen, Hospiz zur Heimat

Andrej Pushka kam als Erster an und stellte sich auf Deutsch mit russischem Akzent als Vizepräsident des »Erphesfurter Humanistenkreises« bei Lüthy vor. Leider sei Herr Professor Buzzi krankheitshalber verhindert, weshalb nun er, extra aus Moskau, angereist sei.
Beinahe gleichzeitig fuhren drei weitere schwere, dunkle Limousinen mit getönten Scheiben auf den Parkplatz. Die Herrschaften stiegen aus, Chauffeure spannten schwarze Regenschirme auf, der Schnee war nasser geworden. Als Kupfernagel die Limousinen bemerkte, die auf dem Parkplatz des Hospiz' in Reih und Glied standen, zog er die Mundwinkel hoch. Auch drinnen herrschte eine andere Atmosphäre als sonst. Alles blitzte und blinkte wie noch nie.
Ungefragt brachte Serviertochter Steffe ihm seine Fee. Meteorologe Staub analysierte im Radio die Wetterlage.

»… ja, der Sturm hat sich abgeschwächt, allerdings wird sich dadurch am Dauerschneefall nichts ändern. Über dem Schwarzen Forst hat sich ein geschlossenes, stürmisches Tief festgesetzt. Wir glauben, dass es ortsfest bleiben wird. Solche Tiefs haben eine lange Lebensdauer. Wir können das lokale Wetter nicht genau voraussagen, gehen aber davon aus, dass der starke Schneefall noch mindestens eine Woche anhalten wird. Die Wetterlage ist sehr instabil, da sind Prognosen schwierig …« Ein Rapper setzte ein, Kupfernagel lehnte sich auf seinem Stuhl zurück, fuhr mit beiden Händen über seine Halbglatze nach hinten in sein schütteres Haar und beobachtete die illustre Gesellschaft.

Alfonso Gabriele, der die Treppe herunterkam, um den Zirkel zu begrüßen, verzog schmerzhaft das Gesicht. Lüthy schaltete das Radio aus. Man hörte ein »in medias res« hier und ein »legibus solutus« da.

Als Liv Rivulet an die Rezeption trat, fiel Paul der Stift aus der Hand und aus seinem geöffneten Mund kam kein Ton. Er konnte seine Augen nicht dazu bewegen, sich vom Ausschnitt ihrer Bluse zu lösen. Rivulet hob ihre linke Augenbraue und fragte kalt, ob er Maul- und Klauenseuche habe. Hurtig gab er ihr den Schlüssel und vergewisserte sich, dass ihm kein Speichelfaden aus dem Mund lief. Direkt hinter ihr, lachend, Dr. Ongo Angoo und Abt Asara. Lüthy fragte Angoo nach seinem Namen, als dieser nur ein großes X auf den Anmeldeschein setzte. Namen, Namen seien etwas für Grabsteine, raunzte der Afrikaner. Seine unsteten Augen krabbelten über Lüthys Gesicht, der nur nickte und abwinkte, so wichtig sei das Formular ja nun nicht.

Rony Big, glatzköpfiger Senior Vice President Nordamerika, Chef des Ku-Klux-Klans, kürzlich aus der Hochsicherheits-Isolationsabteilung des kalifornischen Pelican Bay Gefängnisses geflohen, warf einen verächtlichen Blick zum Stammtisch. Tony de Palma, Südamerika, mit Unterbeinprothese, braungebranntem Gesicht und Rottweiler »Blitzkrieg« an der Leine, band diesen an einem Stützbalken an. Die Einheimischen rutschten samt Tisch sofort einen Meter zur Seite. Kupfernagel spielte Frank Sinatras »My Way«, der illustre »Erphesfurter Humanistenkreis« wurde bald lauter als die übrigen Gäste des Heimetli, die einer nach dem anderen austranken und die Gaststube verließen.

Nachdem sich die Ankömmlinge auf ihre Zimmer zurückgezogen hatten, fiel Lüthy auf, dass ein Mitglied des »Humanistenkreises« fehlte. Da ging die Türe auf und eine distinguierte grauhaarige Lady mit einem Gesicht wie eine alternde Kirchenheilige trat ein. Mit schnörkliger, altmodischer Schrift füllte sie die Anmeldung aus, fragte nach frischen Rosen, der Wirt bedauerte. Lüthys Laune hellte sich auf. Eine charmante ältere Dame, genau seinem Bild eines schottischen Adelsgeschlechts entsprechend. Lady Cathy Colette Myra Leight hatte allerdings noch nie einen Fuß nach Schottland gesetzt. Stattdessen beherrschte sie Sydneys Unterwelt und war Chefin des weltweit tätigen Escort Services »Mondial Imperial«, bei dem auch Rivulet als Studentin angefangen hatte.

Vom Sinn des Lebens

Anna erwachte und griff sich an die Stirn. Vermutlich nur noch leicht erhöhte Temperatur. Sie streckte sich, dehnte den Nacken, legte sich eine Hand ins Kreuz, das von der harten Unterlage schmerzte. Die beiden Käuze blickten sie von einer nahestehenden Säule mit ihren großen, runden, grüngelben Augen erwartungsvoll an.

Arthur:

»Na, wieder fit?«

Anna:

»Ihr wollt doch wohl nicht direkt wieder mit Unterricht anfangen? Ich möchte gern erst einmal im Mühlenkanal den Fieberschweiß abwaschen.«

Julien feixte:

»Soso, Schönheit geht vor.«

Anna, die sich nicht mehr provozieren ließ, lachte und sammelte ihre getrockneten Kleider ein.

Als sie wiederkam, fragte sie die Käuze:

»Was ist eigentlich mit dem ungemachten Bett? Wer lag denn darin; und wohin ist sie oder er verschwunden?«

Arthur schaute kurz Julien an und dann ernst zu Anna:

»Das ist das Bett des letzten europäischen Alpha Ritters. Hirzhals von Samland. Er verschwand samt seinem Totemtier. Im Juni des Jahres 1914. Eines Morgens, nachdem er aus einem bösen Traum erwacht war, in dem der Erzherzog Ferdinand von Österreich von serbischen Nationalisten ermordet wurde. Dies sei eine Prophezeiung, habe er den Tieren gesagt. Sie müssten sofort aufbrechen, um einen Krieg zu verhindern. Mehr sagte er nicht. So war er immer gewesen. Er hatte nie viel geredet. Und wenn, dann nur wenig. In schwer verständlichen Metaphern. Das überhandnehmende Böse auf der Welt habe ihn geistig umnachtet, wurde uns gesagt.«

Julien:

»Die Ermordung aller Ritterpaare auf der Welt hat ihn, vermutlich ähnlich wie Davies, psychisch ausgehöhlt. Hirzhals fiel in ein so tiefes geistiges Loch, dass er seine Mission kaum mehr erfüllen konnte. Er sah keinen Sinn mehr in ihr. Der Aufbruch des Ritterpaares an jenem Morgen war wohl ein letztes Aufbäumen, eine Hoffnung, nicht komplett wahnsinnig zu werden. Sie reisten zum Erzherzog, um ihn zu beschwören, die Reise ins bosnische Sarajevo nicht zu unternehmen, da dort der Tod auf ihn warte. Gerüchtehalber hat man später vernommen, Hirzhals habe Franz Ferdinand ebenfalls aufgefordert, seine Jagd auf Tiere einzustellen. Dieser hatte bis zu diesem Zeitpunkt 272 511 Tiere ermordet. Der Ritter habe dies anfänglich flehend, im Verlauf des Gespräches cholerisch, und schließlich unter Gewaltanwendung getan. Hirzhals von Samland und sein Wolf verschwanden kurz darauf spurlos. Die beiden seien verbrannt worden, wurde vermutet. Täterschaft unbekannt. Der Rest der Geschichte ist jedoch allgemein bekannt. Der Thronfolger wurde in Sarajevo von einem serbischen Nationalisten erschossen und in der Folge kam es zum Ersten Weltkrieg.«

Anna:

»Dann war Hirzhals der zweitletzte aller Ritter auf der Welt. – Eine traurige Geschichte. Er muss wie Davies sehr unglücklich und resigniert gewesen sein. Nur zu zweit, gegen so viele.«

Julien:

»Ja, das war er, zweifelsfrei. Und wie wir dir gestern aufgezeigt haben, bewirken nur sinnerfüllte Menschen nachhaltig Positives auf Erden.«

Arthur hob eine Augenbraue:

»Deshalb musst du auch möglichst alle Menschen dazu bringen, dass sie fundamental eine holistisch-ethische Weltanschauung einnehmen, eine, die mit dem universellen Prinzip der Liebe und der Lebendigkeit korrespondiert, mit ihr im Einklang steht, ja, in ihr lebt. Sodass die Menschen von der grundlegenden Güte der menschlichen Rasse überzeugt sind, dass sie alle Lebewesen und die Mitwelt als wertvoll erachten, sie ebenso erfahren und sie entsprechend wertschätzend behandeln. Nur durch eine solche Weltanschauung wird der Mensch Bosheit und Destruktivität überwinden können.«

Anna:

»Nun gut, das ist ja alles ganz schön, aber wie kommen Milliarden von Menschen dazu, ihre bisherigen Emotionen, Motive, Einstellungen und Werte zu wandeln, damit sie zu Engeln des Alltags werden?«

Julien lachte:

»Wir sagten es schon einmal: Es wäre ganz einfach, wenn jeder Mensch möglichst das werden würde, was er sein könnte.«

Anna:

»Wird denn nicht jeder Mensch zwangsläufig zu dem Menschen, der er sein sollte? Ich meine, alle Leute haben doch – genauso wie ich – ihre Ideen und Vorstellungen darüber, wer sie sein oder werden wollen, und arbeiten daran.«

Arthur:

»Meine Liebe, Selbstverwirklichung ist der Prozess, der dich zu dem führt, der du bist, und nicht zu dem, für den du dich hältst oder der du gerne sein möchtest.«

Julien keckerte:

»Wie soll einer werden, was er sein könnte, wenn er nicht weiß, wer er ist.«

Arthur:

»Kein Wunder, der Mensch hat keine Zeit, das herauszufinden, da er dauernd das Gefühl hat, es fehle ihm etwas; oder er wünscht sich etwas, was er nicht hat. Dann mobilisiert er all seine Kräfte und sucht diese Bedürfnisse zu befriedigen.«

Julien:

»Die meisten Menschen denken, ein sinnvolles Leben bestehe darin, etwas ›Wesentliches‹ zu vermissen und danach zu streben.«

Arthur:

»Diejenigen aber, die sich reell selbstverwirklicht haben, die, die im Reich des Seins leben, haben diese Bedürfnisse und Motive hinter sich gelassen.«

Anna:

»Von welchen Bedürfnissen redet ihr eigentlich?«

Julien:

»Du hast sie ja selbst erläutert, als wir dich vorgestern fragten, wonach alle Kreaturen streben.«

Die beiden Vögel schauten einander an und lachten.

Anna dachte einen kurzen Moment nach.

»Ihr meint wohl die körperlichen Bedürfnisse; die Bedürfnisse nach Sicherheit, nach Liebe und Zugehörigkeit – und dann auch nach Anerkennung und Selbstbewusstsein?«

Julien:

»Ja, eure Defizitbedürfnisse, über die ihr auf eurem Weg zum authentischen Selbst, zur Vollmenschlichkeit stolpert und hängen bleibt.«

Anna:

»Das müsst ihr mir nun aber genauer erklären.«

Arthur:

»Ihr Menschen werdet durch die von dir genannten Bedürfnisse motiviert, zu handeln. Wird ein Bedürfnis zufriedenstellend erfüllt, tauchen andere, man könnte sagen höhere Bedürfnisse auf, und dann dominieren diese den Menschen. Wobei natürlich nicht jedes Bedürfnis zu hundert Prozent befriedigt werden muss, das heißt eigentlich nur bis zu einem vernünftigen, gesunden Grad, damit es zur nächsten Stufe geht. Und es kann in dieser Reihenfolge kulturell oder individuell bedingte Unterschiede geben.«

Anna:

»Wenn das so ist, vermute ich, dass die physiologischen Bedürfnisse logischerweise angeboren sind und alle anderen erst nach der Geburt individuell entstehen?«

Arthur:

»Nein, grundsätzlich habt ihr, nebst den physiologischen noch drei psychologische angeborene universelle Bedürfnisse. Dies sind die Bedürfnisse nach sozialer Eingebundenheit, persönlicher Autonomie und nach Kompetenz.

Das heißt, dass ein Mensch den Wunsch hat, vertrauens- und liebevolle Beziehungen zu anderen Menschen aufzubauen, sich selbstbestimmt und frei an eigenen Werten zu orientieren und auch frei zu entscheiden, und nicht zuletzt aufgrund seiner eigenen Stärken und Fähigkeiten effektiv auf die jeweils als wichtig erachteten Dinge einwirken zu können und die gewünschten Resultate zu erzielen. Sodass er Selbstwirksamkeit erfährt. Werden diese drei Grundbedürfnisse kontinuierlich befriedigt, kann der Mensch psychisch reifen und sich positiv entwickeln. Wenn nicht, bleibt er im Bedürfnisdschungel stecken.«

Julien:

»Ihr alle werdet ungeformt geboren. Manche bleiben es. In ihnen findet Chaos Heimat, Spielplatz und Luftballons.«

Anna ging nicht auf Julien ein und wandte sich an Arthur:

»Dann wurzeln die Bedürfnisse nach Sicherheit, nach sozialer Anerkennung und Selbstachtung in diesen drei Grundbedürfnissen?«

Arthur:

»Ja, diese drei Wachstumsmotive treiben die persönliche Entwicklung voran. Sie sind moralisch eher gut oder neutral als schlecht, und so ist es am besten, sie zu fördern und zu ermutigen, anstatt diese Bedürfnisse zu unterdrücken. Wenn es euch nämlich möglich wird, gesund aufzuwachsen und euer Leben zu lenken, wird das nicht nur zu einem sinnerfüllten Leben führen, sondern auch einen positiven Einfluss auf die anderen Menschen und die Mitwelt haben. Werden die angeborenen Grundbedürfnisse angemessen erfüllt, so kann es im Idealfall dem Menschen möglich werden, die gelernten psychologischen Defizitbedürfnisse wie die Wünsche nach Prestige, Status oder Wohlstand zu überwinden und zum selbstverwirklichten, ja gar zum transzendenten Menschen zu werden.«

Julien:

»Kann, lieber Arthur, kann. Wie wir wissen, bleiben die Menschen ihrer inneren Natur nicht treu, verweigern sich ihr aus Schwäche, verstricken sich in ihren niederen Motiven und illusionären persönlichen Vorteilen.«

Anna:

»Der Grund dafür liegt nicht nur im einzelnen Menschen selbst, das haben wir ja schon festgestellt, sondern da spielen auch die Umstände, in denen er lebt, und die Menschen in seinem Umfeld eine Rolle.«

Arthur:

»Alle eure psychologischen Grundbedürfnisse werden letztlich im Zusammenhang mit Lebewesen befriedigt. Insbesondere von Menschen, mit denen ihr euch verbunden oder von denen ihr euch in irgendeiner Form abhängig fühlt. Werdet ihr in einem oder mehreren Bedürfnissen über längere Zeit nicht ausreichend befriedigt, werdet ihr frustriert, demotiviert, möglicherweise gar krank und eure persönliche Entwicklung kommt zum Stillstand.«

Julien:

»Euch wird von außen aufgezwungen, was wertvoll ist und was nicht, was Sinn macht und was nicht – und dann denkt und handelt ihr danach, anstatt dass jeder von euch seinen eigenen Entwicklungsweg unter die Füße nimmt. Das ist das, was euch frustriert. Ihr seid bedingt durch eure familiären Bedrängnisse und Einflüsse, durch eure Erziehung und Ausbildung, durch eure Freunde, durch die

Wirtschaft, die Kultur, in der ihr lebt, durch das, was ihr erlebt habt et cetera et cetera! Ihr seid Hampelmänner.«

Arthur:

»Also, Julien, jetzt mach mal halblang. Bist du etwa frustriert?«

Julien keckerte und Arthur fuhr fort:

»Das ist natürlich übertrieben, aber von einem, der nur außengeleitet motiviert ist, kann man nicht behaupten, dass er sich selbst regiert oder seine Bestimmung kontrolliert.«

Julien:

»Er sieht sich gezwungen, oft unbewusst, sich anzupassen, sich ein- und unterzuordnen, flexibel und unterwürfig zu sein und sich selbst zu ändern, um sich in die äußeren Gegebenheiten einzufügen. Das macht er, weil er fürchtet, die Umwelt würde seine Bedürfnisse nicht befriedigen.«

Arthur:

»Es ist eine schwierige Aufgabe für einen Menschen, sich in einem sozialen Milieu mit anderen verbunden zu fühlen, um dann in diesen gesellschaftlichen Gruppen persönlich initiativ und autonom wirksam zu agieren, und sich auch so zu erfahren. Es hat gar viele Stolpersteine und Blockaden.«

Anna:

»Für mich ist das alles zu theoretisch und zu abstrakt. Wenn ihr sagt, das sei so, dann erklärt mir nun bitte, welche Auswirkungen es auf den Menschen hat, wenn er seine angeborenen Grundbedürfnisse nicht befriedigen kann. Konkret auf sein Leben bezogen.«

Julien lachend:

»Kein Problem. Nehmen wir mal das aus unserer Sicht

wichtigste Bedürfnis für eine gesunde persönliche Entwicklung: Die liebe- und vertrauensvolle Beziehung zu anderen Menschen.«

Arthur:

»Ja, wovon die wichtigste die zu den Eltern ist. Nehmen wir nun mal an, Hänschen klein hat Eltern, die ihn überbewerten, ihn in den Himmel heben, ständig belohnen, ihn grenzenlos gewähren lassen, mit Kritik verschonen, Liebe mit Lob verwechseln et cetera et cetera.«

Julien:

»Genau, oder Eltern, die Hänschen als Teil von sich selbst betrachten, und weil sie sich selbst so überlegen und großartig fühlen, ist logischerweise auch Söhnchen einmalig und allen anderen überlegen. Sie heben Hänschen aufs Siegerpodest, um indirekt selbst Bewunderung zu erheischen.«

Arthur:

»Es wäre natürlich auch möglich, dass die Eltern Hänschen emotionale Gefühlskälte und ständige Kritik entgegenbringen und es herabsetzen; oder dass man ihn entweder vernachlässigt oder ganz ablehnt. Hänschen lernt deshalb im jungen Alter, dass er ganz besonders sein muss, damit er geliebt wird.«

Julien:

»Dann haben wir den Salat. Aus Hänschen klein wird Goldmund, ein Narzisst, der, wenn er erwachsen ist, fortwährend Bewunderung und Bestätigung sucht, um sich selbst aufzuwerten, damit er sein brüchiges, schwankendes Selbstwertgefühl stabilisieren kann. Seine egozentrischen Ziele erhalten höchste Priorität und die Folge ist, dass Mitmenschen und Mitwelt lediglich Mittel zum Zweck werden, zu Instrumenten verkommen. Narzissmus ist eine Droge, Hänschen friert im Rausch des Geliebt-Werden-Wollens fest.«

Arthur: »So entsteht das übersteigerte Bedürfnis nach Wertschätzung durch Dritte.«

Julien:

»Und aus Hänschen wird ein egozentrischer, eigensüchtiger, empathieloser Jüngling, dann Mann, der empfindliche Angst vor Kritik hat, der andere entwertet, um sein Ego aufzupolieren. Und da es immer mehr solcher von außen Gesteuerter gibt, bleiben die Moral, die Menschlichkeit, das Mitgefühl, die Solidarität und so weiter in eurer Gesellschaft zwangsläufig auf der Strecke. Wie paradox ist das denn, wenn genau diese Gesellschaft ausgeprägten Narzissmus fördert und belohnt? Hänschen wird sich als junger Mann blendend selbst vermarkten, sich mit viel manipulativem Geschick und Angeberei hocharbeiten, durch Intrigen Mitbewerber verdrängen, dann in der Teppichetage irgendeines Wolkenkratzers sein großräumiges Loftbüro beziehen, um mit Arroganz und Eitelkeit Menschen, Tiere und Umwelt auszubeuten. Narzissmus wird zur Kultur des vom Konkurrenzdenken geprägten Individualismus, wenn Hänschen nicht dem wahren Pfad der Selbstverwirklichung folgt.«

Anna:

»Das heißt, eine narzisstische Persönlichkeitsstörung ist Erfolgsfaktor für den Aufstieg an die Spitze der Gesellschaft.«

Arthur:

»Und genau darum und aufgrund der gängigen kapitalistischen Weltanschauung wird der Narzissmus zur grassierenden Volksseuche.«

Anna:

»Selbst wenn der Narzissmus bei einigen nicht so ausgeprägt ist, stelle ich fest, dass viele Menschen sich darüber Sorgen machen, was man über sie denkt.«

Julien weinend:

»Nun, sie haben gesellschaftliche Erwartungsstandards verinnerlicht, das führt zu einem instabilen Selbstwertgefühl. Diese Instabilität wird auch leicht von Generation zu Generation weitergegeben. Kinder von Narzissten werden zu Narzissten.«

Arthur lachend:

»Indem Hänschen alle Energie auf das eigene Selbst zentriert, steht er permanent unter Stress, weil seine grandiose Selbstillusion dauernd einzubrechen droht. Die Angst vor dem Versagen verfolgt ihn. Deshalb wird die Jagd nach sozialer Wertschätzung zur Sisyphos-Arbeit, die natürlich sein persönliches Wachstum blockiert, da sich alles nur noch um ihn selbst dreht. Sein Handeln, das sich daraus ergibt, ist nicht authentisch, unabhängig davon, ob es sein Selbstbild stärkt oder herabsetzt.«

Julien:

»Erstaunlicherweise sind viele von ihnen geradezu stolz darauf, ein Narzisst zu sein, denn sie verstehen Narzissmus nicht als schlechten Charakterzug, sondern sind effektiv davon überzeugt, dass sie anderen Menschen überlegen sind, und finden es auch schwer in Ordnung, das herauszuposaunen. Es ist schwer, demütig zu sein, wenn du so großartig bist wie Hänschen. Er weiß nicht immer, wovon er redet, aber er weiß, dass er immer recht hat. Sein künstliches Ich wird zur einzigen Wahrheit.«

Arthur:

»Erstaunlich ist auch, dass ihr Hänschen zu Beginn häufig als charismatisch, charmant und sympathisch wahrnehmt. Wohl weil ihr fälschlicherweise annehmt, er habe ein gesundes Selbstbewusstsein, weil er angeblich auf euch eingeht und häufig einen witzigen Humor hat.«

Julien:

»Aber noch gefährlicher als das prahlende Hänschen ist der verdeckte Narzisst. Im Gegensatz zum offenen interessiert es ihn sehr, was andere Menschen von ihm denken, er ist höflich und nett, handelt defensiv, eine Art Trojanisches Pferd, das sich ohne erkennbaren Plan, aber mit einer Strategie in deine Psyche schleicht, dich manipuliert, aussaugt und gefühllos fallen lässt.«

Anna:

»Irgendwann wird man aber das Wesen des Narzissten doch erkennen, seine Beliebtheit wird sinken, letzten Endes wird ihn die Menschengruppe, in der er sich breit macht, ausschließen, oder nicht?«

Julien:

»Das dauert eine Weile und bis dahin ist der angerichtete Schaden in jeder Hinsicht gewaltig. Zudem findet Hänschen sicher neue Wirte und handelt im gleichen Stil über Jahre hinweg weiter. Er hat kein Interesse, weder an der Mitwelt noch an der Nachwelt.«

Arthur:

»Und doch ist Hänschen übertrieben abhängig von anderen. Wie gesagt, braucht er deren Anerkennung und sucht sich diese via Bildung, Prestige, Geld, Ruhm, Schönheit und Machteinfluss zu holen. Aus Unsicherheit setzt er sich unter Druck, um einen sozialen Status zu erlangen, in der Hoffnung, dass dies ihm das Gefühl der Liebe, der Selbstachtung oder Sicherheit gibt, die irgendwie fehlen. Zu wahrer Liebe ist er nicht fähig.«

Julien:

»Nebenbei bemerkt, Besitzorientierung und mangelndes Umweltbewusstsein gehen Hand in Hand.«

Anna:

»Wahnsinn, was eine falsche Erziehung anrichten kann.«

Arthur:

»In der Tat, harte Disziplin, mangelnde Wärme der Eltern, Inkonsistenz in der Erziehung oder gar Gewalt sind missbräuchlich und führen vielfach zu solchen Konsequenzen.«

Julien:

»Auch die angesprochenen Machtgelüste resultieren daraus. Geringe mütterliche Fürsorge und übertriebene väterliche Strenge und Überwachung führen zu Machiavellismus. Eine Ablehnung des Kindes führt bei diesem zu emotionaler Abschottung, mündet in Feindseligkeit, Aggression und negativer Weltanschauung. Glänzt der Vater durch Abwesenheit, können Jungs – und später Männer – eine Tendenz zu Dominanz, Manipulation, Ablehnung von Autorität, zu toxischer Männlichkeit und ausbeuterischen Beziehungen zum weiblichen Geschlecht entwickeln. Bei Mädchen sieht das allerdings anders aus. Sollen wir ihr das sagen, Arthur? Ist ja nicht ganz jugendfrei.«

Arthur verdrehte die Augen.

Julien kicherte und sprach weiter:

»Mädchen können sich, wenn der väterliche Einfluss und die Unterstützung fehlen oder selten sind, sexuell freizügig entwickeln.«

Arthur:

»Was nicht heißen soll, dass sie einfach frivole Motive haben, vermutlich ist es eine Umsetzung des Machtbedürfnisses.«

Anna war das Thema peinlich und sie wechselte es:

»Julien, was meinst du mit toxischer Männlichkeit?«

Julien:

»Na, die tradierten Einstellungen und Verhaltensweisen zur Demonstration von dominanter Männlichkeit: Männer müssen harte Kerle sein, dürfen keine Schwäche zeigen; Gefühle – ausgenommen Wut und Aggression – werden unterdrückt; Konflikte löst man mit Gewalt; mit Problemen wird man ohne Hilfe fertig; Männer und Frauen können nicht befreundet sein, sie verstehen einander auch nicht; sexuell allzeit bereit sein, möglicherweise bis zum Übergriff et cetera.«

Anna:

»Wenn emotionale Defizite und innerer Zwang dazu führen, dass Besitz, gesellschaftlicher Status, Machtgelüste, übertriebene Männlichkeit und so weiter zu unserer Antriebsmotivation werden, haben wir unsere Verbindung zu unseren natürlichen Bedürfnissen, zu dem, was uns eigentlich im innersten Freude macht, verloren. Und solche Motivationen blockieren soziales Verhalten und den sorgfältigen Umgang mit der Natur.«

Arthur:

»Genau. Darum ist die Eltern-Kind-Beziehung für die persönliche Entwicklung auch derart wichtig. Den Eltern kommt ein großes Maß an Verantwortung zu, dass ihr Kind die Bedürfnisse nach Liebe, Autonomie und Kompetenz in einem gesunden Umfang befriedigen kann.«

Anna:

»Liebe und bedingungslose Akzeptanz, so wie ich sie selbst zu Hause erfahre, sind demnach der Schlüssel auf dem Weg zum selbstverwirklichten Menschen.«

Arthur:

»Ja, das Kind muss spüren, dass es wertvoll ist, eine Bedeutung hat, und seine Existenz berechtigt ist. Es muss die Wärme, die Wertschätzung und die aktive Zuwendung beider Elternteile erfahren, die es ihm ermöglichen, seine echten Gefühle zu durchleben, seine Gedanken und Meinungen frei zu äußern und zu diskutieren. Das stärkt den Glauben des Kindes an seine Fähigkeiten und seine Autonomie. So kann es seine Energie darauf verwenden, sich selbst zu verstehen und sich weiterzuentwickeln.«

Anna:

»Mit aktiver Zuwendung meinst du, dass die Eltern von sich aus auf das Kind zu- und eingehen?«

Arthur:

»Genau, das meine ich. Wenn zum Beispiel ein Junge ein Eishockeymatch hat, geht der Vater mit, schaut zu und wenn die Mannschaft verloren hat, verurteilt er nicht die ganze Mannschaft und insbesondere auch seinen Sohn nicht, obwohl dieser vielleicht sehr schlecht gespielt hat. Ein guter Vater wird ihm in etwa sagen: ›Ihr habt heute als Team Pech gehabt, das gibt es. Du hast toll gekämpft und alles aus dir rausgeholt. Es war eine richtige Freude, dir zuzusehen. Die letzten Male hast du Tore geschossen, heute nicht, na und, das ändert sich wieder. Aber wichtiger als Tore ist, alles im Spiel zu geben, am Spiel selbst Freude zu haben, und das hast du.‹ Solche Aussagen ermutigen den Jungen, weiter Eishockey zu spielen, weil er glaubt, dass er es gut kann. Und je mehr er unterstützt wird, desto mehr glaubt er an sich und seine Fähigkeiten. Eltern sollten den Prozess loben und nicht das Resultat. Das heißt aber auch, dass Eltern ihre Kinder nicht loben sollten, wenn ihnen kein Lob gebührt, das wäre falsch. Hätte ihm jedoch sein Vater gesagt: ›Du bist eine Pfeife, du bist schlecht, wenn du dich nicht zusammenreißt, wirst du nie etwas. Vielleicht wäre es besser, mit Hockey aufzuhören!‹, entwertet das den Jungen. Er beginnt in der Folge, um die Wertschätzung seines Vaters zu kämpfen.«

Julien:

»Mit Zuwendung ist auch nicht gemeint, sofort und jederzeit auf die wechselnden, launischen Befindlichkeiten – seien es spontane Ängste, Gelüste oder materielle Forderungen – des Nachwuchses einzugehen. Ein solches permanentes Mikromanagement der Eltern, das lenkend und optimierend in alle Lebens- und Seinsbereiche eingreift, Fehler ausbügelt und die Sache richtet, noch bevor das Kind aus dem Fehler gelernt hat, ist eine Horrorerziehung, die dem Kind die Kehle zuschnürt.«

Arthur:

»Auch drängen und pushen solche Eltern ihre Kinder zu sportlichem und schulischem Erfolg. Ihre Leistungen sollen das Familienego befriedigen. Sie überfrachten das Kind mit einem Berg von Qualifikationen und spornen es zu Konkurrenzdenken an.«

316

Julien:

»So malträtierte Kinder werden zu Narzissten oder zu Bettnässern, entwickeln möglicherweise Essstörungen, Schlafstörungen, Aggressionen, erhebliche Schulprobleme und dergleichen.«

Arthur:

»Die schwierigste Aufgabe für Eltern ist natürlich, ihre Erwartungen und Vorstellungen an und über ihr Kind auszuschalten. Es ist weder ihre Aufgabe, das Kind nach ihren Wünschen zu formen, noch nach ihren Maßstäben über es zu richten. Sie sollten vielmehr in einer von Interesse und Neugier geprägten Haltung die Einzigartigkeit ihres Kindes in Demut annehmen und es in seiner Kreativität und seinem Selbst fördern, damit es sein volles Potenzial entfalten kann.«

Anna:

»Meine Eltern gestehen mir gewisse Spielräume zu, sind nachsichtig und feinfühlig, geben mir für alles Zeit und drängen mich nicht, unterstützen und ermutigen mich fortlaufend und ich weiß immer, woran ich mit ihnen bin.«

Julien:

»Ja, wir meinen nicht die Utopie der immer liebenden und verständnisvollen Eltern. Natürlich müssen die Eltern Grenzen festlegen und Regeln aufstellen – von denen sie aber Ausnahmen machen, insofern es die Situation rechtfertigt. Das heißt, auf die Bedürfnisse des Kindes ist einzugehen, ohne übermäßig nachsichtig zu sein. Dabei ist wichtig, dass das Kind Kontinuität in dem, was ihm vermittelt wird, und in seinen gefühlsmäßigen Eindrücken erfährt.«

Arthur:

»Insbesondere müssen sie dafür sorgen, dass das Kind die durchaus normalen und unweigerlich auftretenden Frustrationserlebnisse verarbeiten kann. Das heißt, es ist wichtig, wie die Eltern mit destruktivem oder nicht elternkonformem Verhalten umgehen, damit das Kind nicht emotional und in seinem Selbstwert herabgesetzt wird.«

Julien:

»Eltern müssen ein Kind zurechtweisen und bestrafen, wenn es beispielsweise ein anderes Kind geschlagen hat. Allerdings ist damit die Geschichte nicht erledigt und wird ad acta gelegt. Die Eltern müssen nochmals beim Kind nachhaken. Zum Beispiel fragt ein Elternteil das Kind nach einer, für sein Alter angemessenen Frist, was es zu der Entscheidung gebracht hat, zuzuschlagen. Erklärt, warum das falsch war und wie es in Zukunft mit solchen Situationen umgehen kann. Mutter oder Vater müssen dabei dem Kind glaubwürdig vermitteln, dass es selbst nicht schlecht, sondern dass sein Verhalten in dieser Situation schädlich und im Allgemeinen inakzeptabel ist.«

Julien:

»Das bedeutet auch, dass Eltern die Erfolge und die Misserfolge ihres Kindes annehmen müssen. Das Kind darf nicht zum Schluss gelangen, sein Versagen habe mit seinem Selbst, mit seiner eigenen Person zu tun, und es sei deshalb wertlos. Sonst wird es ständig versuchen, sich und anderen zu beweisen, dass es kein Versager ist. Es wird dauernd um Zugehörigkeit und Wertschätzung kämpfen. Das erschwert dem Kind, sich selbst zu verwirklichen.«

Arthur:

»Bei Kindern, die sich regelmäßig selbst bewerten, ist das Selbstwertgefühl schwankend, instabil und anfällig für äußere Einflüsse. Bei Kindern hingegen, die eine gesunde Entwicklung durchmachen, spielt das Selbstwertgefühl eine geringe Rolle, weil sie sich auf einer fundamentalen Ebene als wertvoll und liebenswert empfinden. Erfolge und Misserfolge bestimmen nicht ihren Selbstwert. Sie führen lediglich zu einer Neubewertung von Handlungen und Anstrengungen.«

Anna:

»Verstehe, so entwickelt sich das Selbst des Kindes am besten. Aber es gibt ja noch die anderen Lebewesen auf der Welt, auf die es bei der persönlichen Entwicklung Rücksicht zu nehmen gilt. Es geht ja nicht nur um einen selbst.«

Arthur:

»Eine gute Feststellung. Wir glauben, jeder Mensch wird mit einer Neigung zu Sozialkompetenz, Warmherzigkeit und Güte geboren. Zum Beispiel entwickeln Kleinkinder mit etwa achtzehn Monaten Mitgefühl. Wie sich dieses Einfühlungsvermögen entwickelt, ist stark abhängig davon, wie es die Eltern künftig schulen und lenken. Was verdient Mitgefühl und was nicht, wird hier internalisiert. Und mit ungefähr vier Jahren entwickelt sich der Sinn für Gerechtigkeit, ab zirka sechs Jahren macht es soziale Vergleiche, ab elf entwickelt sich die Weltanschauung, zu der auch ethische und politische Einstellungen gehören.«

Arthur:

»Eltern können Akzeptanz, Mitgefühl und Fürsorge für andere mit ihrem Kind trainieren und aufzeigen, warum das wichtig ist. So können sie beispielsweise über Gefühle von

Menschen, Tieren und Pflanzen sprechen; etwa auf Basis von Filmen, Büchern, Zeitungsartikeln, Internetbeiträgen oder Erlebnissen, Beobachtungen auf dem Spielplatz und so weiter. Auch ethische Fragen sind in Familiengesprächen zu diskutieren. Diskussionen über Noten und materielle Wünsche hören Kinder genug, es geht darum, auf das einzugehen was wirklich zählt.«

Julien:

»Und es auch selbst vorleben und nicht nur predigen. Sie müssen sich für andere nachvollziehbar engagieren, damit es der Nachwuchs auch tut.«

Anna:

»Man könnte zum Beispiel das Kind ermuntern, mit einem Schüler, der gemobbt wird, eine Freundschaft einzugehen oder einem neuen Schüler den Eintritt zu erleichtern.«

Arthur:

»Die wichtigsten Jahre sind die ersten zehn, speziell die ersten sechs Jahre. In diesem Zeitabschnitt muss die emotionale und soziale Kompetenz reifen. Sie ist wichtiger als Rechnen, Schreiben oder Lesen. Damit sich diese Kompetenz gesund entwickeln kann, braucht das Kind eine Bezugsperson, an der es sich orientieren kann. Dann lernt es auch, Verantwortung für sich selbst und andere zu übernehmen.«

Arthur: »Apropos Verantwortung, auch sie kann motivierend übertragen werden, zum Beispiel, indem das Kind jemandem bei den Hausaufgaben hilft, gemeinnützige Projekte unterstützt, Müll im Wald sammelt, oder zumindest im Haushalt Aufgaben übernimmt.«

Anna zwinkerte:

»Gehört da das Streiken aus Umweltschutzgründen dazu?«

Julien lachend:

»Das ist ja wohl sonnenklar!«

Arthur:

»Summa summarum, ein solches Aufwachsen bietet dem Kind ein Klima, in dem es gedeihen kann; es hilft ihm zu verstehen, dass es unumgänglich ist, auf ganz bestimmte Weise in der Gesellschaft und in der Mitwelt zu handeln, aber es ist auch in der Lage, in hohem Maße seine Bedürfnisse bezüglich Zugehörigkeit, Kompetenz und Autonomie zu befriedigen.«

Julien:

»Eure Kindererziehung sollte aber nicht erst beim Kind einsetzen, sondern bereits bei den Eltern. Das findet aber nicht wirklich statt. Alle von euch dürfen jederzeit ein Kind in die Welt setzen, ohne sich speziell auf dessen Entwicklung vorzubereiten. Das heißt, Dilettanten managen die wichtigste Sache der menschlichen Welt. Um Autofahren zu dürfen, müsst ihr mehrere gesetzlich vorgeschriebene Prüfungen bestehen, erst dann lässt man euch auf die Straße. Kinder bekommen und loswursteln darf jeder.«

Anna:

»Ich glaube aber auch, dass der Einfluss der Schule auf die Entwicklung der Kinder nicht zu unterschätzen ist.«

Julien:

»Natürlich, für die Lehrer gilt das Gleiche wie für die Eltern. Aber wenn sie die Leistungen der Schüler öffentlich vergleichen, nur denen Respekt zollen, die nach ihren Normen arbeiten, oder Schüler einfach gewähren lassen, dann manipulieren sie die Kinder und es kommt dasselbe heraus wie bei den Eltern.«

Arthur:

»Nun ja, es wird ja von einem Lehrer heutzutage erwartet, dass er viele Rollen übernimmt. Das Spektrum reicht von Elternersatz, Erzieher, Welterklärer, Konfliktlöser bis hin zum Psychologen. Kein Wunder, dass sie damit überfordert sind.«

Arthur:

»Kinder müssen auch angeleitet werden, sich Aufgaben zu stellen, zu denen sie keine Lust haben, wie Üben, Hausaufgaben und so weiter und so fort. Immer mehr Eltern leisten das nicht – weil sie nicht wollen oder nicht können. Dann soll die Schule übernehmen. Das geht aber nicht.«

Anna:

»Es liegt aber nicht nur am Können oder Wollen. Das ganze Bildungssystem läuft vielerorts darauf hinaus, dass sich Kinder entscheiden sollen, auf welchem Niveau sie lernen, und dann sollen sie die Lerninhalte noch allein erarbeiten.«

Julien:

»Heute sitzen jede Menge Schüler vor Lehrern, die schulisch Kleinkinder geblieben sind. Da verwundert es mich nicht, dass jeder zweite, der von der Schule abgeht, Probleme bei der Berufswahl hat. Und haben die Abgänger dann eine Lehre oder Job, sind sie arbeitsscheu. Der Sinn für Pünktlichkeit geht ihnen ab, sie sind mit den Abläufen in der Firma überfordert, können nicht priorisieren und nicht organisieren, sind nicht teamfähig. Eure Eltern müssen wieder Erzieher werden und Lehrer wieder Lehrer. Basta.«

Arthur:

»Dafür gibt es aber noch weitere Gründe. Wenn Jugendliche heutzutage einen Beruf wählen, geht es um Stärken-/

Schwächenprofile und nicht wie früher darum herauszufinden, was einer gerne macht.«

Julien:

»Diese Leistungsorientierung setzt bereits bei den Spiel-
gruppen und im Kindergarten an. Kindergärtnerinnen
müssen die Fähigkeiten der Kleinen in standardisierten
und peinlich genau ausdifferenzierten Beobachtungsbögen
erheben. Ein pädagogisch mehr als fragwürdiger Mess-
zwang. Da wird zum Beispiel mit einer Batterie an Fragen
das soziale und emotionale Verhalten überprüft: Kontakt-
verhalten, Beliebtheit, Zusammenarbeit, Verantwortung,
Hilfsbereitschaft, Konfliktfähigkeit, Selbstkontrolle, Trieb-
verzicht, Frustrationstoleranz, Regelbewusstsein, Führbar-
keit, Grundbefindlichkeit, Gruppengefühl, Selbstvertrau-
en und Selbstsicherheit. Aber natürlich wird mit einer
Vielzahl weiterer Fragen auch die Grob- und Feinmotorik
abgefragt, die visuelle, auditive, taktil-kinästhetische und
die Gleichgewichts-Wahrnehmung. Dann Fragen zur Sprache wie Sprechfreude, Anwendungsverständnis, Artikulati-
on, Wortschatz und -findung, Satzbildung, phonologische
Bewusstheit et cetera et cetera.«

Arthur:

»Nicht zu vergessen die Fragen zu den kognitiven Fähigkeiten, zum Gedächtnis, zum produktiven Denken, Symbol-
verständnis, Problemlösen, zu Mengenrechnungen, Rei-
henbildung und Ordnungszahlen.«

Julien:

»Und die endlosen Fragen zu Spiel-, Lern- und Arbeitsver-
halten.«

Anna lachend:

»Das genügt, das genügt, welch Irrsinn.«

Arthur:

»Ein solcher Bewertungsbogen enthält schnell mal an die achtzig Fragen. Konnten Kinder früher im Kindergarten einfach spielen, stehen heute motorische und intellektuelle Zielerreichung auf dem Programm.«

Julien:

»Der Kindergarten ist zum Assessment Center für den leistungsorientierten, normierten und angepassten Zukunftsmenschen verkommen. Und so züchtet ihr Jugendliche heran, die schon im Kindergarten erfahren haben, dass sie nicht gänzlich genügen.«

Arthur:

»Und der wachsende Therapiewahn wird angeheizt, denn wer mehrere Punkte nicht erfüllt, wird zur Abklärung geschickt.«

Julien keckerte:

»Ärzte, Therapeuten, Heilpädagogen und die Pharmabranche wollen ja auch leben.«

Anna:

»Ja, so eine Fokussierung auf die Schwächen der Kinder im Kindergarten und in der Schule ist ein Übel. Bei Elterngesprächen dreht es sich hauptsächlich darum, welche Schwächen auszumerzen sind und wie man das machen könnte. Und nicht darum, wie individuelle Stärken und Anlagen ausgebaut werden könnten. Man wird in eine Normschublade gezwängt. Da wird das Bedürfnis nach individueller Kompetenz und Autonomie kaum befriedigt. Jedes Kind sollte sich in seiner Einzigartigkeit angenommen fühlen und sich gleichzeitig auch in die Gemeinschaft integrieren können.«

Nach einer kurzen, nachdenklichen Pause zog Arthur seinen linken Oberaugenstreifen hoch:

»Über die Schulfächer haben wir geredet. Es fehlt an Unterricht in Philosophie, insbesondere Ethik; aber auch Psychologie, Kunst, Kreativitätsförderung, Lebenssinnsuche, Politik und Verantwortung, Umwelterziehung, Meditation und Mediation et cetera et cetera. Diese Inhalte würden die menschliche Entwicklung erstaunlich positiv beeinflussen.«

Anna:

»Ich, und ich glaube, andere auch, werde durch fächerübergreifenden Unterricht stärker motiviert. Das Lernen in Fächern wird in vielen Fällen den komplexen Zusammenhängen der Wirklichkeit nicht gerecht. Ich lerne besser, wenn Fächer vernetzt werden. Es läuft bei mir auch besser, wenn die Klasse einen Interessenschwerpunkt wählen kann und wir dann zusammen mit dem Lehrer die Themen und Fragen dazu erarbeiten.«

Julien:

»Durchaus, meine Liebe, da geben wir dir grundsätzlich recht. In der Grundschule jedoch sind Sport, Musik, Theater und Kunst die wichtigsten Fächer. Es geht um das Bilden von Selbstvertrauen, das Lernen von sozialen Regeln, Teamwork, auch um die Entwicklung von Phantasie und Kreativität, darum, dass Kinder spielerisch die Welt erleben und entdecken. Vor allem durch Aktivitäten draußen, im Grünen, und nicht drinnen, digital. Das schafft Verständnis dafür, dass der Mensch ein Teil der Natur ist. So gewinnen Kinder einen Bezug zu ihr, lernen sie lieben, wollen sie erhalten.«

Anna lachend:

»Stimmt, nichts ist schöner, geheimnisvoller und macht mehr Freude als gemeinsame Spiele, Abenteuer und Entdeckungen im Schwarzen Forst. Zudem erhöht der Aufenthalt in der Natur die Entspannung, aber auch die Konzentrationsfähigkeit.«

Julien zitierte:

»Phantasie ist die einzige Waffe im Kampf gegen die Realität!«, und keckerte.

Arthur:

»Digitalisierter Unterricht macht schwache Schüler noch schlechter und gute werden nicht besser. Ein solcher Schulunterricht ist höchst unsozial.«

Julien:

»Und die Benutzung von Smartphones führt zu Schlafstörungen, Stress, Kurzsichtigkeit, Diabetes, Haltungsschäden, Bluthochdruck, mangelndem Selbstwertgefühl, kleinem Wortschatz und zu riskantem Paarungsverhalten. Handys machen dumm, fett, krank und depressiv. Zudem erleichtert es den Jungen, andere fertig zu machen, sie öffentlich zu mobben. Bis zu dreißig Prozent der Kinder und Jugendlichen werden in der Schule von Mitschülern beleidigt, schikaniert, benachteiligt oder ausgegrenzt. Vierzig Prozent von euch haben dies schon auf ihren Smartphones miterlebt. Dreißig Prozent der künftigen Depressionen können Spätfolge davon sein, auch Unstetigkeit im Berufsleben sowie reduzierte Sozialkontakte gehören zu den Langzeitfolgen.«

Arthur lächelte kopfschüttelnd:

»Julien, erstens nicht gleich wieder schwarzsehen und zweitens bei der Sache bleiben. Diejenigen, die mobben, dürften wohl zu den angesprochenen fehlgeleiteten Jugendlichen gehören. Destruktivität, Grausamkeit, Sadismus und Bosheit sind in der Regel nicht angeboren, sondern eher Reaktionen auf die Frustration über die Nichterfüllung der grundlegenden Bedürfnisse. Übrigens sind Ärger, Angst, Faulheit oder gar Unwissenheit nicht böse, auch wenn sie zu bösem Verhalten führen können.

Bei der Nutzung der Technologie kommt es immer darauf an, was man wie lange mit dem Internet und dem Handy macht. Natürlich zeigt es sich, dass soziale Medien das Glücksempfinden negativ beeinflussen. Das ständige Aufpoppen von Bildern und Hashtags gibt den Heranwachsenden das Gefühl, dass andere besser und glücklicher sind als sie. Für sie ist es schwierig, von der unablässigen Berieselung loszukommen und das Smartphone oder den Computer abzustellen. So wird es aber auch schwierig, persönlich weiterzukommen, denn diese Technologie verführt euch zu ungeheurer Zeitverschwendung; kostbare Zeit, die ihr zur Erreichung eures Lebenszweckes verwenden könntet. Ihr solltet bewusst zwischendurch – und nicht nur für zehn Minuten – Computer oder Smartphone ausschalten. Und lernen, euch in der Ruhe und Stille wohlzufühlen, im Moment präsent zu sein, für euch zu sein und aus euch heraus zu wirken. Lernen, ein echtes Leben zu führen, das euch zu dem macht, der ihr sein könntet.«

Julien:

»Konsum war schon immer einfacher als Produktion. Aber wir wollten bei der Sache bleiben, nicht wahr, lieber

Arthur? Frustrationen durch die Nichterfüllung der Grundbedürfnisse nach Liebe, Zugehörigkeit, Kompetenz, nach Autonomie, und auch der darauf fußenden künstlichen Bedürfnisse nach Selbstachtung oder Prestige, Status und derlei können natürlich nicht nur im Kindes- und Jugendalter, sondern auch im Erwachsenenalter entstehen. Nehmen wir mal an, eine junge Frau erkämpft sich nach einigen Monaten eine Stelle als Marketingassistentin in einem Lebensmittelkonzern. Stolz erzählt sie, dass sie sich gegen siebzig MitbewerberInnen durchgesetzt habe und einen überdurchschnittlichen Lohn erhalte. Kurz nachdem sie die Stelle angetreten hat, zieht sie in eine größere Wohnung, holt sich eine Katze aus dem Tierheim und nimmt ein Leasing für ein neues Auto auf. Nach einiger Zeit muss sie feststellen, dass der Job nicht ihrer Erwartung entspricht. Anstelle von lustigen Werbekampagnen und Promotionen, von denen es hieß, daran dürfe sie mitarbeiten, macht sie nun simple vorgegebene Analysen von Absatzzahlen nach Regionen, Absatzkanälen, Kundengruppen und Produktkategorien in standardisierten Exceltabellen. Die Analysen darf sie bei der wöchentlichen Marketingsitzung nicht präsentieren und ihre Arbeit wird nicht einmal zur Kenntnis genommen. Ihr Chef behandelt sie wie eine Dienstbotin. Unter den Angestellten in ihrer Abteilung herrscht Konkurrenzkampf. Aus der Zeitung erfährt sie, dass die Firma an der Ausbeutung von Bevölkerungsgruppen, die für sie Waren herstellen, beteiligt ist. Sogar Kinder sollen auf Plantagen zu unmenschlichen Bedingungen arbeiten.«

Die beiden Steinkäuze sahen Anna an.

Anna:

»Sie dürfte bei allen drei psychologischen Grundbedürfnissen, der Zugehörigkeit, der Autonomie und der Kompetenz, sehr frustriert sein. Denn sie kann keine kollegialen Beziehungen aufbauen und erfährt auch keine Wertschätzung von den Menschen um sie herum. Sie fühlt sich nicht nur aus diesem Grund als Maschine, sondern auch weil dem, was sie den ganzen Tag über macht, im Prinzip keinerlei Bedeutung zukommt und es keine Wirkung hat. Ihre Stelle lässt keinen kreativen Freiraum für die Arbeitsgestaltung zu. Alles ist vorgegeben. Zudem ist sie fachlich komplett unterfordert. Nun hat sie auch noch festgestellt, dass sie nicht hinter ihrer Firma stehen kann, weil sich ihre sozialen Werte nicht mit denen ihres Arbeitgebers decken. Sie ist in einem Dilemma.«

Arthur:

»Richtig, es wird nun darauf ankommen, ob sie dort des Geldes, der finanziellen Verpflichtungen oder des Status wegen weiterhin bleibt, auf eine Karriere hofft, und so die natürlichen Bedürfnisse kompensiert, oder ob sie sich darüber hinwegsetzen kann, einen Schritt zurück geht und einen neuen Weg einschlägt, um sich selbst zu verwirklichen. Bleibt sie dort, wird sie als Mensch kaum wachsen, ihr Potenzial kaum ausschöpfen können, sondern sie wird langsam, aber sicher zu einem Automaten werden. Selbst wenn sie es bis an die Spitze schafft. Mit den diskutierten Konsequenzen.«

Monsignore Amstutz zog den Hut gegen die Schneeflocken tiefer in die Stirn, während er vom Pfarrhaus aus der
Kirche zustrebte. Ein wirbelnder grauer Vorhang erstreckte
sich dort, wo sonst Eiger, Mönch und Jungfrau zu sehen
waren.

Beethovens »5. Sinfonie in c-Moll, Allegro con brio« schallte durch die Tür. Amstutz' Augen wurden zu Schlitzen. Er
hatte Kupfernagel beauftragt, den Gottesdienst für Anna
vorzubereiten, nicht seine Zeit mit schwülstiger Musik zu
verplempern. Heftig stieß er die schwere Türe auf, sodass
sie gegen die steinerne Wand schlug. Kupfernagel, versun-
ken, hörte nichts, auch nicht Amstutz' Rufe.

Monsignore spürte, wie Ärger in ihm hochbrodelte. Wie
bei einer Welle, die über ihm zusammenschlug, schnappte
er nach Luft.

Kupfernagel blickte auf, als er auf dem obersten Manual eine Taste anschlagen wollte. Zuerst erkannte er das verzerrte
Gesicht nicht als das seines Vorgesetzten. Hektische rote
Flecken bildeten abstrakte Muster. Halsschlagadern traten
wild pulsierend hervor. Mit sich überschlagender Stimme
schrie ihn Amstutz an, was ihm einfalle, ihn zu ignorieren,
ob er sich für etwas Besseres halte, weil er dieses alters-
schwache, misstönende Instrument spielen könne. Wenn
er ihm noch einmal die nötige Ehrerbietung verweigere, so
werde er ihm kündigen und das Zeugnis, das er ihm aus-
stellen werde, werde wahrlich keine Empfehlung sein.

»So pocht das Schicksal an die Pforte«, sinnierte der Sigrist, als er dem Pfarrer nachblickte, der auf den Stufen beinahe über seinen Mantel fiel, und spielte fertig.

Julien nickte Arthur zu:
»Ja, ja, psychologische Frustrationen und Blockaden lassen sich immer auf die Nichterfüllung der Grundbedürfnisse zurückführen. Sie können in allen Lebensbereichen auftreten, alle Grundbedürfnisse oder auch nur einzelne betreffen. So könnte es beispielsweise sein, dass ein Mann, der von seiner Frau – nach einer jahrzehntelangen Beziehung – verlassen wird, sehr frustriert ist. Gelingt es ihm nicht, den Verlust zu akzeptieren und damit fertig zu werden, daran zu wachsen, wird er sich eventuell nie mehr auf eine neue, tiefe Liebesbeziehung einlassen können. Denkbar, dass er dann oberflächliche, auf Sex basierende Beziehungen unterhält und dazu oft die Partnerinnen wechselt. Möglicherweise dafür bezahlt oder seine Beziehungen im Ausland unterhält, um aus Angst vor Nähe noch eine größere zwischenmenschliche Distanz zu schaffen.«
Julien lachte:
»Reine Kompensation, natürlich. Er macht sich etwas vor. Im Innersten trauert er seiner verflossenen Liebe nach und dreht sich im Kreis. Er muss sein emotionales Loch fortlaufend mit neuen, nichtssagenden Liebschaften füllen. Sein Bedürfnis nach Liebe respektive Zugehörigkeit ist komplett gestört.«

Arthur zog beide Oberaugenstreifen hoch:

»Julien, mein Freund, das könnte aber auch andere Hintergründe als den Verlust seiner Frau haben. Wie dem auch sei, man muss sich generell mit Frustrationen auseinandersetzen und darf sie nicht beiseiteschieben. Allein das Wissen um und das Anerkennen von Verlust, Leiden, Kampf und Niederlage können Beschleuniger für persönliches Wachstum sein. Durch die Frage, wie man an dieser Erfahrung wachsen kann. Es ist also die Reaktion des Leidenden, das heißt, wie er damit umgeht, die ihn weiterbringt oder nicht.«

Anna:

»Woran liegt es, dass es einigen gelingt und anderen nicht?«

Arthur:

»Wenn ein Mensch in einer umsorgten Kindheit aufgewachsen ist, heißt das auch, dass er die Welt mit ihren ungewissen Ereignissen von klein auf voller Begehren, Freude, Neugier und Nervenkitzel entdecken, erforschen, erkunden und erfahren durfte. Dass er den Freiraum hatte, seine Spontanität, seine Kreativität, seine Interessen, seinen Wissensdurst und seinen Drang, Probleme selbst zu lösen, auszuleben. Genauso wie seinen Wunsch, bestimmte Sachen voll und ganz zu beherrschen. So entwickelte er auch seine Stresstoleranz.«

Anna:

»Dieser Mensch durfte als Kind einfach er selbst sein, denke ich. Auf sein eigenes Sein reagierend, griff er von innen nach außen, nach der Umgebung, und konnte seine Fertigkeiten ausdrücken, über die er verfügte, nicht wahr?«

Arthur nickte.

»Das führt später dazu, dass er sich als Jugendlicher und als Erwachsener innengesteuert, aus sich selbst heraus, motiviert. Er packt Sachen um ihrer selbst willen an, weil er sie spannend, herausfordernd, aufregend, bedeutsam, verantwortungsvoll, ästhetisch oder bildend findet. Oder auch einfach nur, weil er sie gerne macht, er daran interessiert ist, seine Neugier nach Unbekanntem geweckt wird oder er Spaß daran findet. Die Tätigkeiten selbst ergeben für ihn Sinn, sind seine Belohnung. Nicht wie bei Hänschen mit seinem schwachen Selbstbewusstsein und seinen Defizitbedürfnissen; der etwas macht, damit er Geld, Ruhm, Anerkennung, Lob, ein Sex-Appeal-Image und dergleichen einheimsen kann, um so sein positives Selbstwertgefühl aufrechtzuerhalten.«

Julien:

»Die Glücklicheren suchen also Herausforderungen, um etwas zu verstehen, um ihre Kompetenzen zu erweitern und anzuwenden, weil sie die erfolgreiche Lösung von Aufgaben als belohnend erleben. Sie suchen danach, was sie am besten können, was sie am meisten voranbringt auf dem Weg zu dem, was sie als Mensch wirklich sind, sie ausmacht. Sie fragen sich wohl unbewusst, wer sie sind und was sie sind und aktualisieren sich, oder man könnte auch sagen entfalten sich immer wieder selbst. Es ist die Verwirklichung von Möglichkeiten, Fähigkeiten und Talenten. Eine Art Sinnsuche, Berufung oder Mission mit einer ständigen Tendenz zur Einheit, Integration oder Synergie innerhalb der Persönlichkeit.«

Anna:

»Verstehe, sie fühlen sich daher frei in der Auswahl und

Durchführung ihres Tuns und werden von Dritten oder inneren Zwängen relativ wenig beeinflusst. Agieren aufgrund ihrer eigenen Wertvorstellungen, Normen und Maßstäbe. Sie selbst sind die Quelle ihres Verhaltens. Aber was hat das nun mit Frustrationen oder Lebenskrisen und deren Überwindung zu tun?«

Arthur:

»Solche Menschen können besser mit Frustrationen, mit Verlust, Misserfolg, Leid, Niederlagen, Schicksalsschlägen und Krisen umgehen. Sie sind psychisch gesünder, stabiler, stressfreier und autonomer, können sich dementsprechend in belastenden Situationen in den Griff bekommen und haben, trotz Krisen, die Kraft zur Hoffnung, die es ihnen möglich macht, mit Beharrlichkeit und dennoch flexibel über sich hinauszuwachsen. Wie dir nun klar sein sollte, Anna, ist Wachstum manchmal nicht nur mit Belohnung und Freude gekoppelt, sondern auch mit innerem Schmerz. Aber anstatt etwas zu verdrängen, zu kompensieren, nicht loszulassen oder in eine ängstlich-kindliche Verteidigungshaltung zurückzufallen, können die inneren und äußeren Schwierigkeiten und Herausforderungen einen Menschen über seine Defizite hinaus zu sich selbst führen.«

Julien:

»Auch ohne Krise muss der, der zu seinem realen Selbst gelangen will, vorwärts ins Unbekannte schreiten. Jeder Schritt ist möglicherweise bedrohlich, denn er bedeutet, etwas Vertrautes, Gutes und Befriedigendes aufzugeben. Solche Schritte führen oft dazu, dass man ein leichteres und müheloseres Leben hinter sich lässt, es gegen ein anstrengenderes, verantwortungsvolleres und schwierigeres Leben eintauscht. Der Innengesteuerte findet eher die Kraft, den Mut und den Willen dazu als der Außengesteuerte. Er ist offener dafür, sich psychisch verwundbar zu machen und sich mit den schmerzhaften Aspekten, die damit einhergehen, auseinanderzusetzen, und strebt kreativ und konsequent nach psychologischem Wachstum.«

Arthur:

»Jeder Mensch trägt ein Dilemma in sich. Die eine, die bewahrende Kraftquelle führt dazu, dass er sich aus Angst an das Bekannte klammert, dazu neigt, einen Schritt zurückzugehen; zur Angst, Risiken einzugehen und damit zu gefährden, was er bereits hat; zur Angst vor Unabhängigkeit, Freiheit und Getrenntheit. Die …«

Julien fiel Arthur ins Wort:

»Die Wachstumskräfte dagegen treiben ihn vorwärts, zum tiefsten, realen, unbewussten Selbst, zur Ganzheit des Selbst, zur Einzigartigkeit des Selbst, zur Akzeptanz seines authentischen Selbst und zum vollen Aufblühen seiner Fähigkeiten.«

Arthur lachend:

»Letzten Endes hat das Leben keine andere Bedeutung, als ganz und gar man selbst zu sein, als Teil des Ganzen.«

Anna:

»Irgendwie schon paradox, eine starke Identität und ein starkes Selbstbewusstsein zu entwickeln und sich trotzdem mit allen anderen Menschen, den Tieren und der Natur verbunden zu fühlen.«

Julien:

»Tatsache ist aber, dass die, die sich selbst verwirklichen, einerseits zwar am individualistischsten sind, anderseits aber eben auch die sozialsten, liebsten, altruistischsten und idealistischsten Menschen. Die stärksten eurer Spezies sind die weichsten.«

Arthur:

»Selbstverwirklichung ist kein egozentrisches, selbstsüchtiges Streben auf die eigenen Ziele und Bedürfnisse hin. Es ist ein lohnender und aufregender Prozess, eine kreative Reise, auf der die tiefsten Ziele, Werte, Interessen und persönlichen Projekte entwickelt und umgesetzt werden. Das Gefühlte, Ersonnene, Geplante wird umgesetzt in äußere soziale Wirklichkeit. Ein Prozess, der Sehnsüchte und Ambitionen erfüllt. So wird jemand beispielsweise ein guter Tierarzt, Mechaniker, Gitarrist, Wirtschaftsprüfer, Umweltaktivist, Pfarrer, Kunstmaler oder was auch immer. Gleichzeitig wächst aber durch dieses Voranschreiten auch das Verständnis, das Vertrauen und die Liebe zu den Menschen und zur Mitwelt. Für solche Menschen ist es wichtig, sinnstiftende Beziehungen aufzubauen, einen Beitrag zur Gemeinschaft zu leisten, mit der Natur verbunden zu sein und die Mitwelt zu schützen. Auch beschäftigt sie die Sorge um künftige Generationen aller Lebewesen et cetera et cetera.«

Anna:

»Was ist denn das Charakteristische an solchen Mitstreitern fürs Gute, was zeichnet die echten Selbstverwirklicher aus?«

Arthur:

»Nun, im Wesentlichen, nebst anderen, zehn Charaktermerkmale:

1. Sie wertschätzen das Leben: Sie schätzen mit Freude, Ehrfurcht, Staunen und Dankbarkeit immer wieder das,

was ihnen das Leben offenbart und bietet. Beispielsweise ist es ihnen egal, ob sie die Sterne schon hundertmal gesehen haben.

2. Sie akzeptieren sich und andere: Sie akzeptieren alle ihre Seiten an sich, auch ihre Macken und Schwächen, ohne Scham oder Entschuldigung. Ebenso akzeptieren sie die Eigenheiten und Wünsche anderer.

3. Sie sind authentisch: Sie können ihre Würde und Integrität auch in Situationen wahren, die nicht würdevoll sind, und stehen auch in einem schwierigen Umfeld zu ihren Werten.

4. Sie sind gelassen: Sie akzeptieren und tragen die unvermeidlichen Höhen und Tiefen des Lebens mit Anstand und Fassung.

5. Sie haben eine Lebensaufgabe: Sie fühlen sich verantwortlich und verpflichtet, eine bestimmte Mission im Leben zu erfüllen.

6. Sie haben einen Sinn für Wahrheit: Sie versuchen permanent, die Wahrheit über Mensch und Natur zu erfahren, und haben oft eine klare Vorstellung von der Realität.

7. Sie sind human: Sie identifizieren sich mit der Menschheit und haben den echten Wunsch, ihr zu helfen.

8. Sie haben Gipfelerfahrungen: In diesen fühlen sie sich Eins mit allen Menschen und Dingen auf der Erde und setzen sich über egoistische Bedenken hinweg, haben Wahrnehmungen, in denen sie neue Horizonte und Möglichkeiten für sich selbst und andere erleben.

9. Sie verfügen über eine gute moralische Intuition: Sie haben einen ausgeprägten Sinn für Gerechtigkeit und fühlen sofort, wenn sie etwas falsch gemacht haben.

10. Und als letztes Merkmal, ihr kreativer Geist: Sie sind oft spontan und kreativ in allem, was sie tun.«

Anna rief aus:

»Diese Selbstverwirklichten sind wirklich Engel des Alltags! Und die Merkmale, die du aufgezählt hast, entsprechen ihrem Charakter.«

Arthur:

»Selbstverwirklichung ist ein Übergangsritus, ein Schritt auf dem Weg zur Transzendenz der Identität. Es ist, als würde man sagen, einer lösche sich selbst aus. Er lässt das Selbstbewusstsein, die Selbstbeobachtung und die persönlichen Sorgen hinter sich.«

Julien:

»Viele haben in Gipfelerlebnissen einen radikalen Perspektivenwechsel erfahren.«

Anna:

»Was sind diese Gipfelerlebnisse?«

Arthur:

»Punktuelle Episoden des Übergangs zur Selbstverwirklichung. Es sind Momente, die von euphorischen mentalen Zuständen begleitet werden, in denen einem die letzte Wirklichkeit, die wirkliche Wahrheit offenbart wird: nämlich das Wesen aller Dinge und das Geheimnis des Lebens. Das kann bei irgendeiner Tätigkeit geschehen, in der man aufgeht. Es sind Erlebnisse von kosmischem Einssein mit der gesamten Schöpfung, Gefühle wie Staunen, Liebe und Mitgefühl, die inneren Frieden auslösen. Augenblicke voll Ehrfurcht, intensivem Glück oder gar Verzückung, der Ekstase oder Glückseligkeit. In der Gipfelerfahrung wird der Mensch reiner und verschmilzt mit der Welt. So überwindet er sein Ego.«

Anna rief aus:

»So habe ich es während des Tanzes im Labyrinth erlebt, genau so, es war überwältigend. Ich verlor meine Grenzen zum Körperlichen, mein Ich dehnte sich in alle Richtungen, als wäre es flüssig, und verband sich mit allem. Die Zeit blieb stehen und mir war, als wäre ich an einem anderen Ort, an einem raumlosen Ort, irgendwie mitten im Kosmos. Aber auch irgendwie jenseits von Raum und Zeit.«

Arthur blinzelte ein paar Tränen weg.

»Es gibt nur wenige, denen eine solche Ehre und ein solches Privileg zuteilwird, Anna. Die kosmische Liebe, das All-Eine, hat sich mit dir verbunden.«

Anna wurde rot und sprach schnell von etwas anderem:

»Solches Einssein ist aber zeitlich limitiert, zwar nachhaltig, zumindest bei mir, aber ich meine: Niemand wird wohl mit diesem inneren, wie soll ich sagen, Spitzengefühl permanent durchs Leben gehen. Wie sollte er sonst den Alltag bewältigen?«

Julien:

»Das Leben in der inneren, der psychischen Welt, in der Welt der Emotionen, der Kreativität, der Wünsche, Ängste und Hoffnungen, der Liebe, Poesie, Kunst und Phantasie unterscheidet sich vom Leben in der materiellen Wirklichkeit, das den Natur- und anderen Gesetzen folgen muss. Einem Leben des endlosen Strebens, Messens, Vergleichens, Besserseins, des Lügens et cetera et cetera. Einem wirklich strapaziösen Leben, und dennoch halten die Leute es für das beste.«

Er lachte schallend und wippte von einem Bein aufs andere.

Arthur:

»Wer keine Angst vor seinen psychischen Erfahrungen hat, kann sie genießen, sich wie im Himmel fühlen und es ist ihm trotzdem beziehungsweise sogar besser möglich sich an die reale Welt anzupassen, die innere mit der äußeren Welt abzugleichen, beide zu vermengen.«

Anna:

»Trotzdem halten bestimmt viele Menschen solche mystischen Erfahrungen für Unsinn, möglicherweise Hysterie, oder für pathologisch bedingt.«

Julien:

»Jeder Mensch ist ein Mystiker, viele wissen es nur nicht oder verdrängen es. Was daraus resultiert, haben wir ja eingehend diskutiert.«

Arthur:

»Es macht sowieso keinen Sinn, solchen mentalen Gipfelerlebnissen hinterherzurennen. Hedonismus pur. Vielmehr lohnt es sich – und ist auch angemessener –, das transzendente Plateau zu verfolgen.«

Anna runzelte die Stirn.

Arthur:

»Dabei handelt es sich um einen anhaltenden Zustand der direkten Erfahrung. Er folgt in der Regel auf die emotionalen Gipfelerlebnisse, die oft weniger werden und deren Einsichten ja auch verblassen können. Die Plateau-Erfahrung ist eine Art kosmische Verbindung, durch die Einsichten und Erleuchtungen im Bewusstsein kristallisieren. Dieses vereinigende Bewusstsein nimmt das Wunderbare wie das Gewöhnliche, das Heilige wie das Profane und das Ewige wie das Zeitliche gleichzeitig wahr. Es verbindet

Himmel und Erde. Wer diese Erfahrung gemacht hat, fühlt sich als Zeuge der Realität. Nicht nur emotional, sondern auch gedanklich. Er erkennt die Art und Weise, wie die Welt wirklich aussieht. Die Plateau-Erfahrung geschieht im Unterschied zu Gipfelerlebnissen willentlicher und ist weniger intensiv. Sie gibt dem Selbstverwirklichten das starke Gefühl der Gewissheit und der heiteren Gelassenheit. Wer es auf die Hochebene schafft, bei dem hat das mystisch-transzendente Erlebnis voll durchgeschlagen.«

Anna:

»Ich verstehe, du redest von der Wirklichkeit, wie ihr sie mir in unserem letzten Gespräch erklärt habt.«

Julien:

»Richtig, die wahre Wirklichkeit ist nicht nur eine Theorie oder Fiktion. Sie kann, wie du erfahren hast, wahrgenommen werden. Von den Menschen, bei denen die Voraussetzungen vorhanden sind, über die wir vorhin gesprochen haben. Diese Menschen leben ihr Leben möglicherweise wie andere auch, tun aber nebenbei Gutes. Sie sind selbsttranszendent.«

Arthur, der bemerkte, dass Anna das Wort nicht geläufig war, fiel schnell ein:

»Selbsttranszendenz heißt Selbstüberschreitung, eine Überschreitung des Egos. Sie entfaltet ihre Wirkungen auf den höchsten, umfassendsten und ganzheitlichsten Ebenen des menschlichen Bewusstseins, des Verhaltens und der Beziehungen zur Mitwelt. Als Ziele und nicht als Mittel zum Zweck; nicht für sich selbst, sondern für den Menschen im Allgemeinen, für eine andere Spezies, für die Natur und für den Kosmos. Ein solcher Mensch ist gleichermaßen innen und außen. Er hat, bildlich gesprochen, die geographischen Grenzen des Selbst überschritten.«

Julien keckerte:

»Es geht auch einfacher: Transzendieren bedeutet, Egozentrik, Egoismus und Selbstbezogenheit hinter sich zu lassen.«

Anna:

»So geht man auf etwas Größeres, Komplexeres, man könnte sagen Unendliches oder übernatürlich Allmächtiges zu, das im Prinzip von spiritueller Natur ist.«

Arthur:

»Genau. Auf der Ebene der Selbsttranszendenz werden die eigenen Bedürfnisse zu einem beträchtlichen Teil hintenangestellt. Zugunsten des Dienstes an anderen, an der Mitwelt, der Natur und im besten Falle zusätzlich an einer höheren Kraft oder Ursache, die außerhalb des persönlichen Selbst liegt. So setzt sich jemand vielleicht für das Fortbestehen einer größeren Sache ein oder identifiziert sich damit, hilft anderen bei ihrer Selbstverwirklichung und sucht die Vereinigung mit einer Macht, die über ihn selbst hinausgeht. Sie oder er finden das Heilige im Gewöhnlichen, im täglichen Leben, in Situationen des Alltags, in der Familie und bei Freunden, bei Nachbarn, beim Streicheln der Katze, in der Natur, beim Füttern der Vögel, beim Wässern der Pflanzen, beim Kochen, gar Abwaschen, bei der Betrachtung der Sterne, beim Lesen eines Buches oder Hören von Musik et cetera et cetera oder in intensiveren mystischen Erfahrungen, im Gefühl, mit allem und jedem verbunden und selbstlos zu sein. Ein solches Leben stiftet Lebenssinn. Macht glücklich und zufrieden. Darum ist der

wahre Sinn des Lebens in der Welt zu finden und nicht in
eurer Psyche.«

Julien verzog lachend das Gesicht:

»Transzendenz bedeutet eigentlich, göttlich oder gottähnlich zu werden und nicht nur lediglich Mensch zu sein.«

Anna:

»Zusammengefasst heißt das: Nur wenn wir zu unserem
wahren, authentischen Selbst werden, können wir dieses
auch transzendieren. Unsere Eigeninteressen mit den Interessen anderer Lebewesen und anderen Aspekten der Mitwelt harmonisieren, mit Mitgefühl nach außen zu den Mitmenschen und zur Mitwelt schauen, und denen oder dem
helfen oder dienen, der uns braucht.«

Julien schwoll theatralisch die Federbrust:

»Vorwärts, Musketiere! Einer für alle, alle für einen!«

Anna:

»Damit die Mehrheit der Menschen zu dieser Selbsttranszendenz gelangt und sich die Welt wandelt, muss noch ungeheuer viel geschehen. In der Erziehung, in der Schule,
der Politik, der Wirtschaft und so weiter. Eine endlose Liste. Was ihr mir die letzten Tage erzählt habt, ist mehr als erschreckend und ich frage mich, ob es nicht zu spät ist. Besteht überhaupt noch Hoffnung?«

Arthur:

»Hoffnung ist ein Flügelpaar, das den Tanz der Liebe hoch
und höher in den Himmel trägt. Natürlich besteht noch
Hoffnung. Es ist jedoch höchste Zeit zu handeln.«

Julien:

»Nicht die Hoffnung stirbt zuletzt, sondern der ignorante,
untätige Mensch.«

Arthur:

»Wer seine eigene Seele nicht opfern würde, um die ganze Welt zu retten, auch wenn ihm ihr Untergang nur in geringem Maße wahrscheinlich erscheint, ist, wie es mir vorkommt, in all seinen Schlussfolgerungen insgesamt unlogisch. Die Logik ist im sozialen Prinzip verwurzelt.«

Anna:

»Bis eine neue Generation Menschen herangewachsen ist, ist es vielleicht schon zu spät. Was kann jemand, der sich verbessern will, unternehmen? Oder noch schlimmer, einer der verblendet ist, wie kann man an ihn appellieren?«

Julien:

»An den eigenen Meinungen zu zweifeln ist eine dauerhafte Pflicht. Es ist eine Kunst, die nur schwer zu lernen ist. Wer nie zweifelt und Argumente ignoriert, die seine Weltanschauung ins Wanken bringen könnten, der steckt wie der Vogel Strauß den Kopf in den Sand und handelt irrational. Es ist … einfach für jemanden, sicher zu sein. Er muss nur vage genug sein. Versuchst du diesen Menschen deine vorgefertigten Überzeugungen überzustülpen, wirst du keinen Erfolg haben. Du musst an ihr Ehrgefühl appellieren, sie dazu bringen zu zweifeln, damit sie ihre Meinungen selbst revidieren. Aber jede Einsicht wird von ihrem Intellekt in Frage gestellt werden, der den Status quo aus Angst vor Veränderung aufrechterhalten will. Nimmt ein Mensch die Einsichten nicht an, verliert sein Selbst jedes Mal ein Stück Lebendigkeit. Viele wirst du daher nicht erreichen können.«

Anna:

»Wer wirklich an sich zweifelt oder ein besserer Mensch werden will – einer, der sich auf seinen eigenen, einzigarti-

gen Weg zum selbsttranszendenten Leben aufmachen will
– wie soll er das anstellen?«

Julien:

»Es gibt nicht nur einen Weg zum Vollmenschen. Aber
richtig ist, dass er für jeden zum individuellen Weg wird.
Und jeder Mensch ist selbst dafür verantwortlich, dass er
ihn beschreitet.«

Arthur:

»Nun, ich würde erst eine Selbstanalyse machen. Nicht jeder fliegt über das Kuckucksnest.«

Anna sah Arthur fragend an und Julien kicherte:

»Das heißt, nicht jeder ist gleich so verrückt, dass er einen
Psychiater braucht.«

Anna:

»Ergo sollte man, bevor man zu einem Therapeuten geht,
schauen, ob man seine psychologischen Knoten selbst lösen kann.«

Arthur:

»Ja, aber den Weg zum Psychologen – und nicht zum Psychiater, Julien – nicht scheuen, wenn es notwendig ist. Niemand muss sich dafür schämen. Im Gegenteil. Manchmal
gelingt es einfach nicht, sich selbst zu aktualisieren, wenn
die Wachstumsblockaden zu groß sind.«

Arthur richtete seine runden, gelben Augen auf Anna:

»Es gibt verschiedene Wege, sich selbst zu analysieren und zu
ändern. Ich schlage grob einen Ablauf vor: In einem ersten
Schritt muss ich herausfinden, inwieweit mein Charakter
mit den zehn genannten Charaktermerkmalen überein-
stimmt. Zum Beispiel: Wie stark trifft es zu, dass ich das Leben wertschätze? Andere oder mich akzeptiere? Und so fort.

Das mache ich, indem ich zuerst meine individuellen Lebensbereiche definiere, die auch Wunschbereiche einschließen können:

– Liebesbeziehung, Familie, Freunde, Arbeitskollegen
– Gesundheitliche Aspekte
– Beruf, Ausbildung, Schule, Weiterbildung
– Spiritualität/Religiosität
– Freizeitaktivitäten wie Hobbys, Sport, gemeinnützige Arbeit oder was sonst Relevanz hat.

Diese Bereiche können sich natürlich überschneiden. Das spielt für die Selbstanalyse keine Rolle. In einem zweiten Schritt überprüfe ich, ob ich in meinen Lebensbereichen ausgewogen agiere. Wie viel Zeit investiere ich in jeden? Werden die drei Grundbedürfnisse nach Zugehörigkeit, Kompetenz und Autonomie über alle Lebensbereiche hinweg insgesamt erfüllt? Besteht ein Gleichgewicht zwischen den Lebensbereichen und den psychologischen Bedürfnissen? Damit meine ich nicht eine ›Work-Life-Balance‹, das ist etwas für Getriebene, für Leute, die sich eigentlich nur am Beruf orientieren. Drittens analysiere ich jeden Lebensbereich einzeln, indem ich ihn – mitsamt meinen Aktivitäten – auf unbefriedigte Grundbedürfnisse hinsichtlich Zugehörigkeit, Kompetenz und Autonomie überprüfe. Gibt es Frustrationen oder Blockaden, das heißt Bedürfnismängel? In einem vierten Schritt führe ich diese Bedürfnismängel für jeden Lebensbereich mit den Charaktereigenschaften, bei denen ich schlecht abgeschnitten habe, zusammen. Führen die Mängel in den entsprechenden Bereichen letzten Endes dazu, dass ich die schwächeren Charaktereigenschaften nicht entwickeln kann? Gibt es ein erkennbares

Muster? Fünftens analysiere ich, ob es weitere, vielleicht nicht durch mich beeinflussbare Umweltfaktoren gibt, die mein persönliches Wachstum verhindern. Soziale, ökologische, wirtschaftliche, rechtliche?«

Anna:

»Ein Workaholic könnte zwar seine Kompetenz und sein Bedürfnis nach Autonomie ausleben und das würde ihm auch eine gewisse Selbstachtung bringen, aber ich glaube, der Mangel an sozialen Beziehungen würde längerfristig für Vereinsamung und Entfremdung sorgen. Ein solches Verhalten, denke ich, fördert eher egoistisches denn humanitäres Gedankengut und der Workaholic würde sich sicher nicht als Eins mit allen Menschen erfahren.«

Julien:

»Durchaus, durchaus, meine Liebe, so ist es. Frustrationen beziehungsweise Blockaden kann es auch nur in einzelnen Lebensbereichen geben, selbst wenn die Lebensbereiche untereinander vielleicht einigermaßen ausgewogen sind. Nehmen wir mal den Job des vorangegangenen Beispiels. Die junge Frau im Marketing, da wird das klar. Sie wäre in Bezug auf alle drei psychologischen Bedürfnissen frustriert, was kaum zu einer Wertschätzung des Lebens, zur Akzeptanz anderer, zu Moral et cetera führen würde. Gerade weil so viel tägliche Lebenszeit in die Arbeit fließt, ist es wichtig, dass sich die Menschen dabei zu einem gewissen Grad kompetent, autonom und sozial eingebunden fühlen. Der Mangel an ausgelebter Kompetenz, sei es, weil es der Beruf nicht zulässt oder die Fähigkeiten fehlen, schafft Frustrationen, zum Beispiel im Bedürfnis nach Autonomie, in der Arbeitsleistung, der Kreativität und natürlich zu mangelnder Selbstachtung et cetera et cetera. Diese Mängel führen dazu, dass sich Charaktermerkmale, wie beispielsweise Gelassenheit oder sich berufen zu fühlen, kaum entwickeln dürften.«

Arthur:

»Ich muss also in der Selbstanalyse die Frustrationen und Blockaden erkennen, herausfinden, wie sie sich manifestiert haben, und ihre Funktionen analysieren. Kein leichtes Unterfangen. Denn ich muss mich selbst und meine Motivationen verstehen und mehr über meine eigenen Werte erfahren. Das bedeutet auch, über meine eigenen Gedanken nachzudenken und meine mentalen Prozesse in Frage zu stellen. Ich muss meine Erfahrungen, die inneren Gedanken, Bilder und Gefühle dazu untersuchen, und begreifen, was sie bedeuten. Und zwar so unvoreingenommen als möglich. Jeder Mensch ist überraschend gut darin, rationale Erklärungen für sein irrationales Verhalten zu konstruieren. Aus Angst, weil sich seine bisherige Persönlichkeit bedroht fühlt. Einsicht ist aber von entscheidender Bedeutung für die effektive Nutzung der Selbstanalyse. Um Lösungen zu finden, darf ich mich nicht dagegen wehren.«

Julien:

»Du kannst die Selbstreflexion aber auch zu weit treiben, dann bist du gestresster, depressiver und ängstlicher als je zuvor. Wenn du etwas im Zusammenhang mit den Bedürfnismängeln, den zehn Charaktermerkmalen und den Frustrationen nicht verstehst, beschaff dir Wissen darüber, recherchiere, rede mit Dritten darüber et cetera. Lerne sowieso konstant Neues dazu, das dich und deine Lebensbereiche betrifft.«

Arthur:

»Sechster Schritt – damit ich nun meine Frustrationen, Blockaden, Defizite, oder wie immer wir sie nennen wollen, überwinden kann, muss ich mir Ziele setzen. Oberziele, die zuerst festlegen, wie ich insgesamt als Mensch werden will. Ich orientiere mich dabei an den drei psychologischen Grundbedürfnissen und an den zehn Charaktermerkmalen. Das führt mich automatisch zu einer Seins-Orientierung, die persönliches Wachstum und Liebe zur Mitwelt in den Vordergrund stellt.

Als nächstes formuliere ich Ziele für die Lebensbereiche und meine sozialen Rollen, die diese Menschwerdung unterstützen. Was will ich im Alltag, im Beruf, im Sportverein et cetera erreichen, wie fülle ich meine Rolle beispielsweise als Vater, Lehrer, Chef oder was auch immer aus? Dabei richte ich mich nicht nach den Erwartungen Dritter, auch nicht danach, wie ich mich bei diesen darstellen will. Diese untergeordneten Ziele halten mich in ständiger Vorwärtsbewegung und bilden den Rahmen für mein Denken und Handeln, für meine Projekte und Aktivitäten.

Generell sind Zielformulierungen, die mit Neugier verbunden sind – nach Unerforschtem, nach Unentdecktem, nach Schönem – die wirksameren. Sie fördern meine Kreativität, meine Ausdauer und Hartnäckigkeit bei der Zielverfolgung stärker – und beschleunigen so meinen Wachstumsprozess. Wenn ich mir aber solche Ziele setze, kreativ und offen, lege ich nicht nur Chancen frei, sondern eben auch Risiken. Neue Wege könnten mir potenziell Leid bringen.

Wichtig ist auch, dass sämtliche Ziele eine hohe Übereinstimmung mit meinem tiefsten Ich haben, das heißt, es müssen Ziele sein, die mit meinen Grundbedürfnissen und meiner wirklichen Identität, meinen Fähigkeiten, Tugenden und Talenten übereinstimmen.

Auch müssen sie auf tieferen Ebenen mit den Zielen auf höherer Ebene übereinstimmen oder von diesen höheren reguliert werden. Sonst entstehen Ziel- und Rollenkonflikte und es gelingt mir nicht, meine Persönlichkeit zu integrieren und mich so zu verwirklichen.«

Julien:
»Der Versuch, die Persönlichkeit mit Leichtigkeit, schnell, radikal und drastisch zu ändern, wird scheitern. So wie es Jahre dauert, um Gedanken-, Gefühls- und Verhaltensmuster zu entwickeln, wird es einige Zeit, möglicherweise Jahre, dauern, sich zu ändern. Auch sind die Konsequenzen, die aus dem Prozess resultieren, nicht zu unterschätzen. Sie können ein Leben auf den Kopf stellen. Man muss deshalb realistische und realisierbare Schritte planen, und sich auf die wesentlichen drei bis fünf Ziele konzentrieren, damit man sich nicht in einem Dschungel von Zielen verliert. Last but not least, nicht jeder ist so weit wie du, Anna, deshalb sind nicht nur Ziele bei blockierten Potenzialen zu formulieren, sondern auch problematische Aspekte der Persönlichkeit zu berücksichtigen, die man loswerden möchte.«

Arthur:
»Kommen wir zu Schritt 7. Wenn ich die Ziele formuliert habe, muss ich natürlich auch konkret Aktivitäten planen und auch durchziehen. Zum Beispiel Erlebnisse für die Familie planen, Beruf oder Arbeitsplatz wechseln, eine Ausbildung in Angriff nehmen, zum Tai Chi oder Meditieren

gehen, mir mehr Zeit für etwas einräumen, je nachdem was ich anstreben will. Nur so kann ich meine Ziele erreichen. Aber da sich meine Identität und meine Fähigkeiten weiterentwickeln und sich Situationen ändern, muss ich bereit sein, alte Ziele aufgrund neuer Erkenntnisse und Informationen anzupassen oder aufzugeben und neue zu definieren, falls die bisherigen unversehens meinen Wachstumsprozess behindern. Das ist allerdings kein allzu großes Problem. Mit der Zeit wird mein Vertrauen zu meiner inneren Stimme zunehmen und ich werde auf ihr Warnen, dass etwas nicht stimmt, hören.«

Julien:

»Du, Anna, wirst deine Persönlichkeit kaum ändern müssen. Dein Ziel hast du dir schon gesetzt, die Kultur und die Weltanschauung deiner Mitmenschen zu ändern. Ein Ziel, das außerhalb von dir liegt und dich zu deinem vollendeten Selbst leiten wird.«

Arthur:

»Je mehr ein Mensch sich selbst abstrahieren kann, desto menschlicher wird er und desto mehr verwirklicht er sich selbst. Echte Selbstverwirklichung ist folglich nur als Nebeneffekt der Selbsttranszendenz möglich.«

Julien keckerte:

»So war es vor langer Zeit bei mir. Ich hatte mich mit mir auseinandergelebt. Es war wie in jeder Beziehung: Man merkt es immer zu spät. Aber und darum habe ich mich konsequent vor einem Jahr verlassen.«

Arthur lachte:

»Also auf, auf, mit Mut auf zu einem neuen Leben, das meine Kernbedürfnisse, jene nach Kompetenz, nach Verbundenheit und nach Autonomie befriedigt, und mich zur Selbstverwirklichung und Selbsttranszendenz führt!«

Begeistert rief Anna:

»Die Macht dem neuen Menschen und dem Bildersturm, den er in sich trägt.«

»Im Moment haben wir ganz andere Probleme!«

Die grollende Stimme ließ sie alle zusammenzucken. Wieder einmal wunderte sich Anna, wie geräuschlos sich ein so massiges Tier wie Kamuy bewegen konnte.

»Die Raubtiere leiden starken Hunger und es sieht nicht aus, als würde der Schneefall in den nächsten Tagen enden. Lange wird es nicht mehr dauern und sie werden über die anderen Tiere herfallen. Und dann übereinander. Ich weiß nicht, wie wir das verhindern sollen. Der ratlose Rat wartet schon auf euch.«

Über Arthurs Körper fuhr ein Schauer.

»Wir kommen.«

Dann wandte er sich an Anna:

»Mädchen, wir können deine Sicherheit nicht mehr garantieren. Es ist jetzt die letzte Gelegenheit für dich und Wolkentanz, das Kastell zu verlassen. Bald werdet ihr hier nicht mehr rauskommen und wir fürchten um dein Leben. Geh ruhig. Du kannst uns nicht helfen.«

Anna verschränkte die Arme vor der Brust:

»Ich bin nicht Kapitän Schettino von der Costa Concordia. Ich habe mein Schicksal gewählt. Ich kämpfe für das Gute und gegen das Böse. Und darum bleibe ich hier. Ich bin eine für alle. Ich kämpfe für alle. Ich kämpfe mit euch für eine friedliche Lösung.«

Arthur lächelte traurig und Julien weinte.

Arthur:

»Uns war klar, dass du diesen Weg wählen würdest. Warte hier auf uns.«

Nachdenklich wickelte Anna eine Haarsträhne auf und wieder ab. Es musste einen Weg geben, das Gemetzel zu verhindern. Es waren ihre Freunde, die getötet würden. Und ihre Freunde, die töten würden. Auch sie überlief ein Schauer.

Die geheiligte Organisation

Kupfernagel stützte sich auf seine Schneeschaufel und pfiff leise »Conquest of paradise«. Seine Augen folgten einigen Mitgliedern des »Humanistenkreises«, die trotz Schneetreiben über den etwa fünfzig Gräber zählenden Friedhof flanierten. Der Schwarze und der Asiate, lachend Arm in Arm, die blonde Diva und Gabriele, dessen Namen er sich mittlerweile merken konnte, kreuzten zwischen den Gräberreihen wie zwei Schlachtschiffe. Der Argentinier lehnte an der Mauer und ließ seinen Rottweiler an das schmiedeeiserne Friedhofstor pissen. Kupfernagel kratzte sich die Bartstoppeln und tat, als bemerke er nichts.

Motorengeräusch kam näher, Schnee knirschte, ein schwarzer Bentley fuhr auf den Parkplatz. Ein Hüne in einem langen, roten Mantel stieg aus, griff sich einen Instrumentenkoffer und eilte, die Kapuze tief ins Gesicht gezogen, zum Pfarrkeller. Kupfernagel zog die Augenbrauen hoch, lächelte hüstelnd und dachte: »Nun ist die musikalische Untermalung eingetroffen«.

Alfonso Gabriele nickte angenehm überrascht, als er den Keller betrat. Leise Musik drang ihm entgegen. Ein Cello. Er kannte das Stück. Vivaldi, Sonate Nr. 5 in e-Moll.

Eine lange, weißgedeckte Tafel war aufgebaut worden, Porzellan mit Goldrand, Silberbesteck und Rosen. Fackeln an den Wänden und hohe Kerzen auf dem Tisch warfen ein flackerndes Licht. An den Wänden alte Ölbilder. Eine Darstellung des Totentanzes: Priester, Nonnen, Ritter, Könige und Königinnen, Ratsherren, Handwerker, Bauern, Narren und Dirnen mit Skeletten tanzend.

Der Hüne hatte sich auf einen Holzhocker vor einen brennenden Kamin gesetzt, das Barockcello zwischen den Beinen. Gabriele zollte der Kunstfertigkeit des Musikers Bewunderung. Sanft, gefühlvoll, aber mit Kraft strich der Bogen über die Saiten.

Liv Rivulet ging das Cello auf die Nerven. Sie blieb vor einem Tafelbild, einem Gerippe, das mit einer Edeldame tanzte, stehen, versuchte, den Text »Frouw Künigin, ir sind zart erzogen, hörend von mir des Todtes Fydel Bogen! Jr Hand vil Kleyder und edel Gesteyn, üch hillft nüt vor dem Todten Beyn« zu entziffern, was misslang.

Das Stück wurde schneller, das Gesicht des Mannes blieb im Schatten der Kapuze verborgen. Die Gesellschaft applaudierte, der Hüne verneigte sich.

Dumpf verzerrt kam die Stimme vom Kopf der gedeckten Tafel aus einem Beichtstuhl mit schwarzen Vorhängen, den man an die Mauer und vor den langen Tisch gestellt hatte.

»Ehrenwerter Musikus! Lieber Verwaltungsrat! Geschätzte Partner! Freunde der Menschheit! Willkommen in meinem Haus! Nehmen Sie Ihren Platz ein, ungehindert und aus freien Stücken.«

Mehrere Mitglieder, die den Beichtstuhl nicht wahrgenommen hatten, fuhren erschrocken herum. Seth wusste, wie man einen Auftritt inszenierte.

Die Sitzordnung war nach der Hierarchie der Organisation

geregelt. Lady Leight setzte sich, roch an den Rosen. Die anderen taten es ihr nach. Es gehörte zum Ritual. Der Platz der Nr. 2 der Welt blieb leer. Geflüster breitete sich aus. Wo war Schrott? Ob er verhaftet oder gar ermordet worden war? Niemand fragte den Beichtstuhl nach Schrott. Niemand fasste den Mut dazu. Der Schatten im kleinen Gitterfenster des Beichtstuhls sprach weiter:

»Meine Damen und Herren, ich bin alles, was war, ist und sein wird, und meinen Schleier hat kein Sterblicher je aufgedeckt. So will es der Codex! Bevor wir nun dinieren und unser Rat tagen wird, erlauben Sie mir, Ihnen unseren ebenso honorigen wie berühmten Musikanten vorzustellen - die Legende, den Herrn aus Paris!«

Die Partner erschraken, schauten einander schweigend und misstrauisch an, applaudierten verhalten. Der Scharfrichter und Henker. Man erzählte sich, der ehemalige Klosterschüler habe 2918 Säuberungen durchgeführt. Seine Anwesenheit konnte nur eines bedeuten: Ein Verräter an der Organisation saß unter ihnen. Oder mehrere.

»Vor zweitausend Jahren war der stolzeste Gedanke, den ein Mensch haben konnte, der: ›Ich bin ein Bürger Roms!‹ Heute ist der stolzeste Gedanke, den jemand in der unfreien Welt haben kann: ›Ich bin ein Partner dieser, unserer, Organisation!‹ Sie, mein sehr verehrter Verwaltungsrat, repräsentieren hier und jetzt, in diesem Augenblick, die Organisation. Seit den letzten Wahlen sind acht Jahre vergangen. Das war eine Periode reich an Ereignissen von entscheidendem Charakter. Wir haben Syndikate in Asien zerschlagen, die Mafia terminiert, Kriege entfacht, unsere Herrschaft in allen Business Units und allen Märkten ausgebaut. Die Strategie der Diversifikation hat sich ausgezahlt. So liegt allein unser weltweiter Umsatz aus Sportwettenbetrug bei 140 Milliarden Euro. – Unsere rund 800 000 Partner und Affiliierten haben die Welt durchdrungen. Nicht nur die größten Konzerne und Unternehmen der Welt, die wir übernommen haben oder deren Verwaltungsräte uns geneigt sind, sondern auch die Politik, das Militär, die staatlichen und religiösen Organisationen, die Verwaltungen, bis hinab in die Gemeinden. – Und notabene haben wir über all unsere Feinde den Schatten des Todes gelegt. Lasst uns nun auf das Vollbrachte anstoßen!«

Der Applaus hallte von den Wänden wider. Im Beichtstuhl klingelte es und eine der zwei stummen Ordensschwestern, die neben dem Büfett warteten, füllte einen großen goldenen Kelch mit der Inschrift »Lapsit exillis« und reichte ihn Andrej Pushka, der ihn mit beiden Händen hochhob.

Der CEO der Organisation setzte seine Rede fort:

»Dieser Augenblick ist euer Augenblick! Er gehört allen, die heute hier versammelt sind, und all den hunderttausenden Partnern der Organisation, die auf der ganzen Welt ihren Dienst tun. Dies ist euer Tag, dies ist eure Feier, und die Organisation ist eure Heimat!«

Erneutes Klatschen, aber immer wieder schweiften beunruhigte Blicke zum Henker, der sein Cello bedächtig mit einem weichen Tuch polierte.

Pushka, mit ernstem Gesicht, nahm einen Schluck aus dem Gefäß und reichte es, sich verbeugend, mit den Worten »Treue und Loyalität bis in den Tod« weiter.

Als der Kelch reihum gegangen war, ertönte die Klingel erneut.

»Das Büfett ist eröffnet! Bitte, bedient euch reichlich an diesem einfachen Mahl.«

Die Cölestinerinnen deckten die silbernen Speiseglocken auf: Geöffnete Austern und ausgelöster Hummer, französische Gänseleber, Lachs, drei verschiedene Sorten Kaviar. Aber auch Rustikales wie russische Eier, Serrano-Schinken, beste italienische Salami, Frikadellen mit Tafelsenf, griechischer Bauernsalat, Elchkäse aus Schweden, Esquirrou und Epoisses aus Frankreich, Pule aus Serbien und Schweizer Appenzeller Käse.

Der Scharfrichter saß am Kamin und spielte mit viel Gefühl Vivaldis »Winter«. Er schien nicht hungrig zu sein. Nichts deutete darauf hin, dass der Boss der Bosse ebenfalls dinieren würde.

Während des Dinners suchten einige Augenpaare die Umgebung des Henkers ab. Hatte er eine Maschinenpistole im Cellokoffer? Ein Fleischermesser unter seinem wallenden Mantel? Wer von ihnen war der Judas? Oder war die Säuberung schon geschehen und es sollte ihnen nur die Leiche von Schrott als Mahnung präsentiert werden? Niemand wagte auch nur die leiseste Andeutung, jeder bemühte sich, unbefangen zu wirken, aber selbst der Wein löste die Stimmung nicht wie sonst.

»Gehen wir zu den Geschäftsberichten über«, drang die Stimme aus dem Beichtstuhl, als alle das Besteck auf die 5 nach halb 7 niedergelegt hatten. Da Schrott fehlte, begann Pushka über Waffenhandel, Korruptionsausgaben, illegalen Rohstoffhandel, Handel mit gefälschten Medikamenten und Geldwäsche zu referieren. Seth hatte Detailfragen zum Financial Statement und Forecast Asien.

Cathy Leigh berichtete, dass man einige Journalisten habe beseitigen müssen, die sich zu sehr für den Sandhandel und gewisse Umweltprobleme interessiert hatten.

Als Rony Big nach ihr das Wort ergriff, wurde er unterbrochen.

»Du darfst als Letzter Zeugnis ablegen«, sagte die Stimme sanft. Auf Rony Bigs Stirn zeigten sich Schweißtropfen, seine Hände umklammerten die Tischkante. Unauffällig rutschte Pushka ein Stück von ihm ab.

Die Nr. 1 wollte von Angoo wissen, warum die falschen Botschaften in Ghana, die der Vereinigten Staaten und die niederländische nach zehn Jahren aufgeflogen seien, deren gefälschte Ausweise und Visa hätten der Organisation ein Vermögen eingebracht. Asara räusperte sich und rückte vorsichtshalber ein Stück von seinem Freund ab.

Gabriele unterrichtete die Nr. 1 über den Busunfall. Die 4,6 Millionen Yaba-Pillen hätten noch nicht geborgen werden können, dies werde aber im Lauf des nächsten Tages mit Hilfe eines Partners erfolgen, bevor die Polizei den Unfall aufnehme.

Der italienische Busfahrer sei danach umgehend zu terminieren, ordnete die Nr. 1 an. Man könne die Leiche im Sodbrunnen einer nahegelegenen Burgruine entsorgen, meinte Pfarrer Amstutz. Was mit dem Mädchen sei, wollte Seth wissen. Das Problem habe sich von selbst erledigt, sie sei ertrunken, leider habe es dabei auch einen Partner erwischt.

Rivulet schaute verstohlen auf die Zeiger ihrer Piaget. Es würde noch eine ganze Weile bis zu ihrer Wahl dauern.

Trotz schmerzhafter Rippenprellung hatte sich Studer zum Dienst in der Telefonzentrale gemeldet. Keiner seiner Kollegen glaubte recht daran, dass er auf einmal sein Pflichtgefühl entdeckt hatte, aber es war Not am Mann. Und so war es Studer, der das Gespräch annahm, dass die Straßen geräumt seien und das Gepäck der Touristen geholt werden könne. Studer informierte umgehend Bauer Ulrich Merk, der wiederum Viamugnaio benachrichtigte. Dann trank er einen Kaffee, las die Zeitung, trank noch einen Kaffee, bevor er die Feuerwehr informierte, dass sie die Koffer holen konnten. Winterfeld unterrichtete er erst, als dieser kurz nach 15:00 Uhr auf den Posten kam. Mitten in die Standpauke hinein, die der Postenchef Studer wegen der späten Information hielt, meldete sich die Flugsicherung. Der Head Tower der Luftwaffe aus Payerne. Die Besatzung des Helikopters, die mit einer Wärmebildkamera seit den frühen Morgenstunden den Schwarzen Forst absuchte, werde jetzt abbrechen, es bestehe keine Hoffnung mehr, das Mädchen zu finden.

Der nächste Anruf beugte Winterfelds Schultern weiter. Den Katastrophenhunden sei es nicht gelungen, rund um den Weiher eine frische Fährte von Anna aufzuspüren. Nur die zerfetzte und blutige Tarnkleidung des Wilderers habe man aus dem Bach bergen können. Die Leiche der jungen Frau habe sich wohl in Schlingpflanzen unter dem Eis verfangen. Winterfeld solle Polizeitaucher avisieren, die … Er dankte, legte auf und machte sich auf den Weg zu Bubenbergs.

Der Zyklon

Anna tigerte zwischen den Regalen auf und ab. Selbst wenn es ihr gelang, Cappellen zu erreichen, mit Wolkentanz oder Sancha, die sie vielleicht führen konnten, wer würde schon auf sie hören, dass unverzüglich Futter zum Wohleyberg gebracht werden müsse?

Sie ballte die Fäuste, sie fühlte, es musste einen Weg geben, einen Ausweg, einen, der mit der Wetterlage und dem Kastell der Wandlungen zu tun hatte. Diese spiralförmig kreisenden Wolken über dem Wohleyberg, hatten sie eine Bedeutung?

Weder in »Practische Wetterkunde nach alten Bauererfahrungen« noch in den »Untersuchungen über das Wahrscheinliche der Wetterkunde« oder im »Lehrbuch der Meteorologie« entdeckte sie Konkretes, holte andere. In Doktor Börnsteins »Leitfaden für die Wetterkunde« aus dem Jahre 1913, fand sie endlich, was sie suchte. Eine Abbildung, betitelt als »das Barometrische Minimum und Maximum«, zeigte genau das Phänomen, das sie über dem Wohleyberg gesehen hatte: spiralförmig nach innen führende Windbahnen. In der Beschreibung stand:

»*… Diese Drehungsrichtung bezeichnet man als zyklonal und das barometrische Minimum wird auch Zyklone genannt …*«

Auf der rechten Seite der Grafik waren spiralförmige, von

361

innen nach außen führende Windströmungen aufgezeichnet. Darunter:

»Man nennt diese Drehungsrichtung antizyklonal und bezeichnet das barometrische Maximum auch als Antizyklone …«

Anna blätterte auf die nächste Seite.

»Da die barometrischen Minima in fortschreitender Bewegung, und zwar von West nach Ost, zu sein pflegen und da der obere Teil des Minimums meist vorauseilt, so daß die Wirbelachse eine in der Fortschreitungsrichtung geneigte Stellung hat …

… so bringt der aufsteigende Strom die Luft unter geringeren Druck, erwirkt also dynamische Abkühlung, wachsende relative Feuchtigkeit, und führt zur Wolkenbildung …

… bei steigendem Luftdruck und Aufklaren zieht das Minimum ab …

Im Gegensatz zur Depression erzeugt das barometrische Maximum klaren Himmel …«

Die Spirale über dem Berg war also eine Zyklone, ein wandernder Tiefdruckwirbel. Nur dass er nicht weiterzog. Wie konnte man ihn dazu bringen? In diesem Tiefdruckgebiet müsste man irgendwie den Druck erhöhen, es ausfüllen. Nichts bei Börnstein dazu, auch nicht in den anderen Büchern.

Nein, es war nicht Buchwissen, das sie brauchte. Die Lösung war irgendwo in ihr. Die junge Frau wanderte im Innenhof auf und ab. Unmerklich beschleunigte sie ihren Gang. Ihre Finger trommelten auf ihre Jeans. *Das ist der falsche Weg*, machte sich eine Stimme in ihr bemerkbar. *Entspann dich.*

Sie legte sich in der Mitte des Säulen-Trilithenkreises auf

den Rücken und schaute zum Fresko. Kniende altägyptische Träger stützten das wolkenumrahmte Weltall samt Milchstraße. Den Wolken entsprangen Sternzeichen, die des Jägers Orion, des Widders, des Schwans, der Waage, des Pfaus, der Justitia und des Perseus. Annas Blick ging hin und her. Überall glitzerten Sterne. In der Mitte der Galaxis das Horusauge, darum herum die Zeichen des Schützen, des Schlangenträgers, des Krebses. Weiter außen der goldene Kranz der Corona Borealis, die Sonne und die Erde, das Winkelmaß, der Zirkel … Dann der Adler, der auf dem Spiralarm des Perseus nach außen flog. Über ihm ein Stern mit einem Schweif. Anna stutzte. Sie kniff ein Auge zu, dachte angestrengt nach. Das Sternbild des Adlers lag doch auf dem Orion-Cygnus-Arm. Dieser lokale Arm lag zwischen dem Sagittarius- und dem Perseus-Arm. Der Adler flog auf der falschen Spirale. Und nach außen. Annas Herz pochte. Der blonde Ritter mit den vier goldenen, sechszackigen Sternen. Hoch über ihm ein kreisender Habicht in sich öffnenden Wolken, aus denen vier Sternschnuppen traten. Das war's tatsächlich! Alle Erinnerungen, Assoziationen und Ideen drängten gleichzeitig in ihren Kopf: Staub hatte doch im Radio von feuchten instabilen Luftmassen geredet. Und sie hatte gelernt, dass ein kritisch instabiles System durch kleine Fluktuationen schlagartig aus dem Gleichgewicht kippen konnte. Und das hier, das war ein spiralförmiges System, ein dynamisches Wettersystem. Sie hatte die Lösung! Die Vögel mussten die Wetterlage kippen! Wenn diese in der Mitte der Zyklone, spiralförmig nach außen aufstiegen, gegen den Strom, würden sich sicher selbstverstärkende Fluktuationen entwickeln, die zu einem barometrischen

Maximum führen könnten. Anna sprang auf, hastete zurück in die Bibliothek, scherte sich nicht darum, dass sie hineinplatzte und Dachs Theodor ins Wort fiel.

Nachdem sie ihren Plan erklärt hatte, sah Julien Edgar fragend an. Edgar zögerte nur kurz, dann gab er zu, dass eine reelle Chance bestehe.

Julien plusterte sich auf:

»Besser etwas zu wagen, als hier gefangen an die Wand zu starren und auf das Ende zu warten!«

Arthurs Kopf sauste hoch und runter:

»Wem der Wind ins Gesicht bläst, ist frei!«

Julien gab zu bedenken, die Vögel könnten zu geschwächt sein, vor allem die Habichte, die am höchsten fliegen könnten. Arthur fand, dann müssten halt die Habichte im Windschatten des Krähenschwarms aufsteigen. Die Krähen hätten sich von den Körnern, die Anna gefunden hatte, gut ernährt. Sancha entgegnete, Krähen und Habichte seien Erzfeinde, und soweit sie mitbekommen habe, seien noch einige alte Rechnungen offen.

Kagabossum, die Chefin der hundertsiebenunddreißig Krähen, und ihr Pendant Simurgh, Anführer der dreißig Raubvögel, wurden einberufen. Kurz beäugten sie sich misstrauisch, aber vor allem Kagabossum sah schnell ein, dass eine Weigerung ihr Todesurteil wäre. Simurgh musste vermelden, dass er der einzige noch flugfähige Habicht sei, aber er werde versuchen, seinen Teil beizutragen.

Anhand der Tafeln erklärte Anna den beiden, wie die Vögel zu fliegen hätten. Arthur und Julien mahnten zur Eile, bald dämmere es. Anna rief Wolkentanz, sie sollten sich sofort zusammen auf den Heimweg machen, um Nahrungsmittel für die Tiere zu organisieren, falls ihr Plan klappe.

Als die Dachse das Tor öffneten, schwärmten die Krähen hinaus und setzten sich auf die verschneiten Äste. Das Mädchen umarmte Sancha, die hier warten würde, kraulte Edgars Rücken, strich Musil mit dem Zeigefinger zärtlich über den Nacken und versprach nochmals, Nahrungsmittel zu senden. Simurgh hüpfte auf Annas Arm. Sie spürte die Krallen, die durch den Stoff ihre Haut ritzten.

Wolkentanz pflügte sich einen Weg durch den Schnee, blieb auf der Waldlichtung stehen. Die junge Frau sah zum Kegel des Waldhügels, über dem die Zyklone kreiste. Annas Blick traf auf die schwarzen, glänzenden Augen Kagabossums. Die Saatkrähe nickte, Anna hob den Arm und zeigte zum Himmel. Kagabossum schrie; hundertsiebenunddreißig Krähen flogen gleichzeitig auf, bahnten sich mit kräftigen Schwingen ihren Weg durch den heftigen Wind, kreisten mit der Zyklone in enger Schlaufe um das Zentrum. Dann stiegen sie in unterschiedliche Höhen, hinauf in die Wolkendecke, wendeten und kämpften sich gegen den Windstrom der Zyklone langsam nach außen. Unruhig stelzte Simurgh auf Annas Arm hin und her. Seine Krallen griffen in ihr Fleisch. Blut lief ihren Unterarm entlang. Eine Böe erfasste Pferd, Reiterin und Habicht, der aufschrie: »Jetzt!« Anna warf das Tier hoch, der Wind erfasste es. Pfeilschnell stürzte sich der Habicht in den Himmel, stieg durch die Spiralröhre der Krähen weiter hinauf. Edgar flüsterte ehrfurchtsvoll:

»Einer über hundertsiebenunddreißig. Hoffentlich klappt es und wir kommen hier lebend raus.«

Simurgh durchstach die Wolkendecke, flog höher und höher. Der Wind riss und schüttelte den Vogel, der taumelnd gegen ihn ankämpfte. Endlich, zuoberst im Wolkenturm, wendete auch Simurgh und stemmte sich der Windbahn der Zyklonenspirale entgegen. Federn fielen aus den Wolken in die Bäume. Anna presste die Hand vor den Mund, Tränen in den Augen. Sie hatte die Vögel auf diese Selbstmordmission geschickt.

Wolkentanz wieherte, warf den Kopf hoch. Licht überflutete Anna. Die Wolkendecke war aufgerissen und der Himmel voller Sterne. Ein blutroter Mond. Über das Wolkenloch, in dem der Habicht kreiste, schossen Sternschnuppen hinweg. Es schneite nicht mehr.

Scharfrichter und Schwur

»Liebe Verwaltungsräte, das Privileg aller Partner der Organisation ist es, die oberste Spitze der Hierarchie wählen zu dürfen. Ihr seid die Vertreter aller Partner. Die Konstitution des Verwaltungsrates obliegt somit euch, ist eure Entscheidung. Die heutige Zeremonie hat eine ganz besondere Bedeutung. Denn heute übergeben wir die Macht nicht nur von einem Partner an den anderen oder befördern einen Partner, sondern wir nehmen die Macht der Organisation und geben sie an euch, die Besten, zurück.«

Rony Big schluckte bei der Erwähnung von Machtübergabe sichtlich, schob murmelnd seinen Stuhl zurück:

»Wenn Wahlen irgendeine Bedeutung hätten, würde man uns nicht erlauben, sie abzuhalten.«

»Wo wollt Ihr denn hin, Nr. 5? Zu Ihnen wollte ich gerade kommen. Habt Ihr nicht bei eurer Ehre geschworen, der Organisation treu zu bleiben, so wie die Organisation Ihnen treu bleibe?«

Big suchte den Blick irgendeines anderen Mitglieds, fand keinen, stotterte:

»Semper fidelis, Nr. 1!«

»Fidelis ad mortem, Nr. 5?«

»Selbstverständlich Treue bis in den Tod, so wahr ich es geschworen habe, Nr. 1!«

»Nr. 5, ich habe immer nach dem Grundsatz Treue um Treue, Vertrauen um Vertrauen gehandelt. Ich liebe den Verrat, aber ich hasse Verräter, Mister Big!«

Ein Knarren drang aus dem Stuhl, als die Gestalt darin sich nach vorne lehnte.

Big leckte sich über die Lippen.

»Ich habe keine Ahnung, worauf Sie anspielen.«

»Christus ist um Geld verraten worden, liebe Nr. 5.«

»Nr. 1, was habe ich mit Christus zu tun? Ich weiß nicht und verstehe nicht, was ihr sagt!«

Der Schweiß lief Big in die Augen, aber er traute sich nicht, ihn wegzuwischen.

»Sie wissen nichts von Verrat? Sie spekulierten ganz einfach auf den Zerfall der Organisation und hofften sich ihre Unabhängigkeit zurückzuholen, Nr. 5?«

Rony schüttelte konsterniert den Kopf und gestikulierte wild mit den Armen.

»Nr. 5, Drako Solon, der Name sagt Ihnen nichts?«

Rony Big verhaspelte sich angsterfüllt:

»Verdammt, Nr. 1, ich kenne diesen Menschen nicht!«

Seth wandte sich an die Tafel:

»Freunde, in all unserer Zeit, habe ich nicht auf euch geachtet wie ein Hirte auf seine Schafe? Euch geliebt wie ein Vater seine Kinder? Habe ich nicht zu euch gestanden wie ein Fels in der Brandung? Habe ich euch nicht mein Wort gegeben und gehalten wie einst Cicero dem römischen Senat?«

»Immer und jederzeit, geliebte Nr. 1!«

»Freunde, als ich euch, jeden Einzelnen, ohne Geld, Status und ohne Macht aufgenommen habe, habt ihr von da an jemals Not leiden müssen?«

»Nie und niemals, oh geliebte Nr. 1!«, beteuerte die Gesellschaft.

»Freunde, müssen wir die, welche nicht rechten Glaubens sind und abfallen, wie Verbrecher bestrafen?«

»Immer und jederzeit, geliebte Nr. 1!«

Rony Big, den Tränen nahe, flehend:

»Nr. 1, ich hatte immer, all die langen Jahre unserer Bruderschaft, eure Macht in meinem Kopf, schon die Angst allein hielt mich treu, schreckte mich ab, euch zu hintergehen, so glaubt mir doch um Gottes willen!«

»Macht, als schiere Möglichkeit, ist keine Macht, liebe Nr. 5. Richtige Macht ist Potenzial, die idealen Bedingungen für die Realisierung des Machtanspruchs zur Verfügung zu stellen. Deine Macht hingegen ist eine Ohnmacht.«

Irgendetwas in Rony Big, im großen starken Mann Nordamerikas, zerbrach. Er seufzte, ließ resigniert den Kopf in die Hände fallen. Dann weinte er:

»Dann macht doch, ihr macht ja doch, was ihr wollt!«

»Da redet Ihr für einmal recht, liebe Nr. 5. Das Geschehen lässt keine Zeit mehr für fruchtlose Debatten. Wer den Feind umarmt, macht ihn bewegungsunfähig.«

Liv Rivulet stand mit dem Glas Champagner in der Hand auf, schlenderte zu Nr. 5, umarmte ihn, küsste den Weinenden auf die rechte Wange. Alfonso Gabriele, mit wenigen Schritten beim Amerikaner, ein flinker Schnitt mit seinem Springmesser und das rechte Ohr fiel auf den Tisch. Big stand taumelnd auf, schrie vor Schmerzen, dazwischen die Nr. 1, laut, mächtig, blutrünstig:

»Nicht jeder, der das Schwert nimmt, wird durch das

Schwert umkommen! Freunde, Partner, Übermenschen – die Welt ist nur durch Mord zu ändern!«

Ein gewaltiger roter Schatten tauchte hinter Big auf, groß wie der Schatten der Eiger-Nordwand, so schien es; die Gesellschaft schreckte auseinander, ein schnelles silbernes Blitzen durch das flackernde Licht und Rony Big verstummte. Das Beil hatte ihn vom Kopf bis zum Brustbein gespalten. Noch stand sein Körper, die Augen zwanzig Zentimeter auseinander. Das Blut sickerte erst langsam, dann schoss ein pulsierender Strahl empor, wie aus einem Hydranten, sprudelte an allen Seiten herab. Bigs Körper wankte, die Knie knickten ein, dumpf und endgültig schlug der Körper auf dem weißen Teppich auf.

Es klingelte im Beichtstuhl, die beiden Nonnen eilten mit Nassstaubsauger, Kesseln, Lappen, Sprays und Chemikalien zur Schlachtbank. Sie arbeiteten schnell, professionell, ein eingespieltes Team, eine Komplettreinigung, die Vernichtung jeglicher Beweisspuren. Samt Teppich und Leiche in einem schwarzen Kunststoffsack verschwanden sie durch die Türe neben dem Cheminée.

Der Verwaltungsrat trank wieder Champagner. Die Damen sprachen über alte Zeiten, die Herren über die letzte Fußballweltmeisterschaft. Gabriele nahm Monsignore Amstutz am Arm, wollte wissen, ob das Mädchen wirklich dahingeschieden sei. Amstutz erklärte, daran könne kein Zweifel bestehen, sie sei ertrunken. Er halte am Abend einen Gedächtnisgottesdienst. Gabriele amüsiert, da habe man ja Beton gespart, lachte und klopfte dem Geistlichen auf die Schulter.

Nr. 1 bat die ehrenwerte Gesellschaft, sich wieder zu setzen, sodass man mit den Wahlen beginnen könne. Ob jemand gegen die Wahl des Asienchefs, Andrej Pushka, bisher Nummer 3, zur Nummer 2 sei. Niemand meldete sich zu Wort. Pushka bedankte sich mit einer Verbeugung zum Beichtstuhl und zu den Anwesenden hin.

Alfonso Gabriele sei ein bemerkenswerter junger Mann, der nicht nur wisse, wie sich ein Gentleman kleiden müsse, sondern auch, wie man vorwärtskomme, meinte die Nr. 1. Er schlage vor, ihn zum Senior Vice President, zum Chef Europas, zu befördern. Es gab keine Einwände.

»So lasst uns nun zur Aufnahme eines neuen Mitglieds des Verwaltungsrates schreiten!«, ordnete Seth an.

Monsignore Diego John Amstutz stand auf, schritt in seiner schwarzen Soutane mit rotem Besatz zum Altar, legte eine Bibel und den Codex der Organisation darauf. Salbungsvoll intonierte er:

»Die Organisation ist das Licht der Welt. Wer ihr nachfolgt, der wird nicht wandeln in der Finsternis, sondern wird das Licht des Lebens haben. Wie im Leben der Einzelnen sich stets der Stärkere und Bessere durchsetzt, so im Leben der Organisation.«

Er richtete seinen Blick auf Liv Rivulet:

»Wer ist Euer Fürsprecher, Mademoiselle?«

Die Australierin Cathy Leight erhob sich.

»Ich bin es, die Organisation sei mein Zeuge.« Sie ging zum unteren Ende des Tisches, nahm die Amerikanerin in ihrem schwarzen enganliegenden Abendkleid an der Hand und führte sie zum Altar.

»Gibt es berechtigte Einwände gegen die Wahl von Miss

Liv Rivulet, Tochter der ehrenwerten Madame Rivulet de Winter und des noblen Monsieur Olivier de La Fèr, zur Verwaltungsrätin und ihre Beförderung zur Senior Vice President Nordamerika?«

Die Gesellschaft klatschte kräftig zum Zeichen, dass das Gegenteil der Fall war. Mademoiselle legte den Kopf leicht zur Seite und lächelte bezaubernd. Kanaga und Asara betrachteten den Ausschnitt und die langen Beine. Gabriele kniff die Augen zusammen. Um Pushkas Lippen lag ein zufriedenes Lächeln.

Monsignore führte weiter aus:

»Jedes neue Mitglied, wie ihr wisst, verehrte Ratsmitglieder, muss das geheiligte Aufnahmeritual durchlaufen, um aufgenommen zu werden. So sagt es unser Codex.«

»So soll es sein! Triumph dir, Liv Rivulet, und der Organisation!«, rief die Gesellschaft.

»Ehrenwerte Partner und Verwaltungsräte, der Ort der Aufnahme ist gesegnet, so wie wir Mylady segnen werden. Wer immer diese Heiligkeit verletzt oder verrät, wird mit fünf Dolchstößen in den Rücken bestraft. So steht es in unserem geheiligten Buch, dem Codex.«

»So soll es sein! Triumph dem Codex und der Organisation!«, entgegnete Rivulet.

Monsignore besprengte Rivulet mit Weihwasser, legte ihr die Hand auf den Kopf, zeigte ihr das Kreuz und segnete sie:

»Seid mutig und stark! Habt keine Angst, und lasst euch nicht von unseren Feinden einschüchtern! Der Herr, Seth, geht mit euch. Er hält immer zu euch und lässt euch nicht im Stich!«

Der Priester breitete die Arme aus:

»Mylady hat ihre Pflicht erfüllt und einen Versager der Ewigkeit zugeführt!«

»So soll es sein! Triumph dir, Liv Rivulet, und der Organisation!«

Der Geistliche zündete den Weihrauch an und schwenkte ihn:

»Du sollst Seth, deinen Herrn, lieben aus deinem ganzen Herzen, aus deiner ganzen Seele, aus deinem ganzen Gemüte und aus all deiner Kraft, und deine Partner wie dich selbst.«

»So soll es sein. Triumph dir, Rivulet, und der Organisation!«

Der Monsignore hauchte Rivulet dreimal an und machte ihr auf Stirn und Brust das Zeichen des Kreuzes. Dann gab Monsignore der Anwärterin eine Prise geweihten Salzes in den Mund, auf dass Weisheit und Demut in sie fahre.

Monsignore Amstutz deutete auf das Messer, die Pistole und das Bild des heiligen Sankt Georg, die auf dem Altar lagen. Liv Rivulet nahm das Messer, legte die Schneide in ihre linke Hand, drückte zu. Blut lief zwischen ihren Fingern hervor, tropfte auf das Bild des Drachentöters. Sie hob ohne jegliche Regung den Kopf, schaute zum Beichtstuhl:

»In Demut nehme ich an der heiligen Gesellschaft teil.«

»Willkommen und Triumph dir, Liv Rivulet, in der geheiligten Organisation!«, ertönte es von den Versammelten.

Dann hob der neue Senior Vice President von Nordamerika die Hand, mit drei gestreckten Fingern und Pistole, zum Schwur, das Blut lief an ihrem Arm hinunter, verschwand im Ärmel des Abendkleides.

»Fidelis ad mortem. Treue bis in den Tod.«

»Ewige Treue dir, Liv Rivulet, und der geheiligten Organisation!«

Rivulet nahm das blutige Heiligenbild und hielt es über eine geweihte Kerze:

»So wie dieses Heiligtum verbrennt, verbrennt meine Seele. Ich schwöre, Vater, Mutter, Brüder und Schwestern im Interesse der Organisation zu verleugnen. Und wenn ich der Organisation untreu werden sollte, soll mein Fleisch verbrennen, so wie dieses Bild verbrennt. An diesem heiligen Tag, in der Stille dieses gesegneten Ortes, unter dem reinen Licht dieser Kerzen und dem Glanz des Kelches der Herrschaft und der Weisheit, werde ich Teil dieser heiligen Kette. Ich komme lebend in die Organisation und verlasse sie tot. Im Namen von Alexander dem Großen, Gaius Julius Cäsar und Napoléon Bonaparte!«

Der Verwaltungsrat jubilierte:

»Triumph dir, Liv Rivulet, Managerin der geheiligten Organisation!« Liv Rivulet ging von einem zum anderen und küsste jeden einige Sekunden lang auf den Mund. Asara und Dr. Angoo konnten sich kaum erholen, Gabriele lächelte, Tony de Palma rief »Bravo!« und Cathy Leight zog sich die Lippen nach. Monsignore bedeutete der neuen Verwaltungsrätin Platz zu nehmen.

Nun ging es um die Bestätigung der obersten Instanz, der Nummer 1 der Organisation, um Seth. Monsignore stellte die Schlüsselfrage hinter dem Vorhang mit ausgebreiteten Armen:

»Ist euer Vertrauen zum heiligen Oberhaupt dieser Organisation, zur Nummer 1 der Welt, heute größer, gläubiger und unerschütterlicher denn je? Ist eure Bereitschaft, ihm auf allen seinen Wegen zu folgen und alles zu tun, was nötig ist, um die Eroberung der Erde zum siegreichen Ende zu führen, eine absolute und uneingeschränkte?«

Die Verwaltungsräte sprangen auf, skandierten im Chor:

»Für immer und in Ewigkeit! Für immer und in Ewigkeit! Triumph dir, geliebter Herrscher!«

»Das bewegt mein Herz, ich danke euch vielmals. Es lebe unsere ruhmreiche Organisation. Unsere Sache ist gerecht – der Sieg wird unser sein!«

»Für immer und in Ewigkeit!«

Seth erhob die Stimme:

»Die Menschen sind zu ohnmächtig, um die Weichen in eine glorreiche Zukunft richtig zu stellen. Ihre Institutionen, ihre Verwaltungen, ihre Unternehmungen, ihre Politik, ja, ihre Präsidenten sind bestechlich, unmoralisch und habgierig. Sie alle üben falsche Gerechtigkeit.«

»Nieder mit den Tyrannen! Triumph der Organisation!«

»Die Welt bedarf einer Monarchie, um die Freiheit, die Unabhängigkeit und die Rechte der Menschen zu gewähren. Die Organisation und ich, wir werden unsere Pflicht tun, der Menschheit ein Hirte zu sein, der nur ihr Bestes will. Noch sind wir nicht am Ziel. Unsere Mission, unser Kampf um die Macht, um das Kapital, um die Vorherrschaft muss zu Ende gebracht werden. Wollt ihr den totalen Krieg? Wollt ihr ihn, wenn nötig, totaler und radikaler, als wir ihn uns heute überhaupt noch vorstellen können?«

»Sieg! Sieg! Sieg!«

»Neunzig Prozent Marktanteil genügen nicht! Die Welt ist reif, von uns gepflückt zu werden!«

Stürmischer Beifall unterbrach ihn.

»Zieht euer Schwert ohne Angst und Panik, zieht euer Schwert und das Universum wird Zeuge dessen sein, was geschehen wird. Lasst die einheimischen und ausländischen Konkurrenten und Gegner vor uns zittern! Lasst sie nur sagen, wir würden dieses oder jenes nicht zustande bringen! Durch unermüdliche Anstrengungen wird die Organisation sicheren Schrittes ihr Ziel erreichen!«

»Sieg! Sieg! Sieg!«

»Tötet alle, verbrennt alle, plündert alle, die der Organisation im Wege stehen!«

»Sieg! Sieg! Sieg!«, rief die Gesellschaft hysterisch.

Die Nr. 1 wurde leiser:

»Es wird Herausforderungen und schwierige Situationen geben, aber wir werden im Triumphzug um die Erde ziehen. Gerüstet wie nie zuvor, stehen wir an der Schwelle des neuen Jahres. Ich weiß: Jeder von euch wird seine Pflicht tun. Aber wer gegen unsere Ziele verstößt, der untergräbt die Einheit der Organisation! Sieg und Triumph!«

»Triumph dir, weiser Führer, Triumph dir, weiser Herrscher!«

Die Nr. 1 schlug mit einer Hand gegen das Holz des Beichtstuhls.

»Wer hat das Anrecht auf den künftigen Führungsanspruch auf dieser Erde? Gott kann es nicht sein, Gott ist tot, gefrevelt und ermordet von Würmern und Affen, die sich Menschen nannten!«

»Ihr, geliebter Herrscher, für immer und ewig«, schallte es ihm entgegen.

»Unsere Organisation, Wille und Macht zugleich, lehrt euch den Übermenschen. Nur ihr seid in der Lage, das

Licht in die Zukunft zu tragen! Ich war der Verkünder des Blitzes, der euch zu Asche verglühte und als Übermenschen wiederauferstehen ließ. Und dieser Übermensch, ihr, ihr! Ihr seid der Sinn der Erde!«

Die Versammelten nickten, klatschten frenetisch.

»Wir beugen uns nicht in Demut vor Tugenden um der Tugenden willen, ekelhaften Tugenden, die uns knechten, die das Leben fesseln und ihm nicht dienen.«

»Triumph dir, Herrscher, Triumph, Triumph, Triumph!«

»Wir führen diesen heiligen Krieg, damit die Völker, in denen die Organisation zum Besten der Nationen herrschen wird, nicht von der Erde verschwinden!«

»Triumph, Triumph, Triumph!«

»Ich danke dem Verwaltungsrat für diesen Beweis seiner Loyalität und seiner Zuneigung. Wir alle bekennen uns zu unserem alten Grundsatz: Es ist gänzlich unwichtig, ob wir leben, aber notwendig ist es, dass die Organisation lebt. Ich erwarte von Ihnen als Sendboten der ehrenwerten Organisation, dass Sie auf den Plätzen, auf die Sie gestellt sind, Ihre Pflicht erfüllen. Wenn wir diese Gemeinschaft bilden, eng verschworen, zu allem entschlossen, niemals gewillt zu kapitulieren, dann wird unser Wille jeder Not Herr werden!«

Alle erhoben ihre Gläser, stießen an, riefen geeint:

»Treue bis in den Tod! Treue bis in den Tod!«

Gelöst unterhielt man sich in Zweier- und Dreiergruppen, bediente sich noch einmal am Büfett. Asara und Angoo genehmigten sich jeder einen Popper.

Als die alkoholischen Getränke versiegt waren und man begann, über den Aufbruch nachzudenken, stellte man erstaunt fest, dass der Mann aus Paris gegangen und vermutlich auch die Nr. 1 nicht mehr zugegen war. Niemand traute sich, im Beichtstuhl nachzusehen.

Der Gedenkgottesdienst

Sonntag, 15. Dezember, 17:15 Uhr,
Cappellen, Kirche

Zufrieden klimperte Kupfernagel mit den Münzen, die er beim Kartenspiel im Hospiz gewonnen hatte. Amstutz hatte ihn angewiesen, sich den Nachmittag freizunehmen und erst kurz vor dem Gottesdienst für Anna wiederzukommen. Die Feuerwehr war eben dabei, Lautsprecher und Scheinwerfer vor der Kirche zu postieren.

Mit einem leichten Rausch setzte er sich an die Orgel, spielte und sang:.

»A pastor must follow in search of the Grail, as he enters inside a big cathedral …«

Ihm wurde schwindlig, als er in die wirbelnden Wolken schaute. Vielleicht lag es auch an der dritten Fee.

Die ersten Kirchengänger trafen, trotz bitterer Kälte, scharfem Wind, dichtem Schneefall und Glatteis, früh ein, um einen Sitzplatz zu ergattern. Ganz Cappellen wurde erwartet. So war es dann auch. Die Kirche überfüllt, die groben Holzbänke gerammelt voll, die Türe offen. Die Menschen standen bis zum Friedhof hinüber.

Winterfeld und Hostettler, die Hände in den Taschen, starrten verbissen von der Kirchtüre zum Altar, die anderen Polizisten waren damit beschäftigt, den Verkehr zu regulieren und Parkplätze zuzuweisen; einige Ehrenamtliche stellten Glühwein bereit. Paul Lüthy, einige Touristen aus dem

Reisebus, die meisten Landwirte, die sich an der Suche beteiligt hatten, das Ehepaar Manchuela und Hansruedi Streit, Christoph Arnold und Ulrich Merk, Denise Weaver, Annas Klassenlehrerin samt Verlobtem, Melanie Marolf und ihre Mutter und viele weitere Klassenkameraden und Lehrer einschließlich der Direktorin sowie Heinrichs Chef mit Frau standen hilflos in kleinen Gruppen herum.

Jonas Raphael vom Wochenblatt »Der Ruf von Cappellen« lief herum, befragte Leute, machte sich Notizen. Man sprach, damit man nicht die ganze Zeit weinen musste, über das seltsame Wetterleuchten am Wohleyberg. Ein Wirbel riss dort die Wolken auf, man sah ein Stück Nachthimmel, einen ersten Stern, mehrere Sterne, das Loch drehte und drehte sich, wurde größer, größer, zu einem riesigen sternengefüllten Auge, einer leuchtenden Iris aus dem Nichts, aus dem Weltraum, aus den unendlichen Weiten, ein Meteoritenschauer raste durch das Auge, Sternschnuppen, unzählbar viele, zischten über das Große Moos, über das Dorf, die Kirche und die Menschenmenge hinweg.

Einige Leute fielen ohnmächtig um, mehr aber sanken auf die Knie, beteten zu Gott, zum heiligen Sankt Georg oder zur Gottesmutter Maria. Ein Wunder Gottes, ein Zeichen des Trostes, Anna habe jetzt das ewige Leben, wie in der Bibel versprochen.

Annas Eltern, in Begleitung Gutthorms mit Hagen, trafen als letzte ein, nachdem der Schauer bereits verblasst war. Heinrich stützte Rhea, die eine Sonnenbrille trug, unentwegt schluchzend.

Die Menge wurde ruhig, öffnete schweigend eine Gasse zur

Kirche. Dutzende Augenpaare folgten den Eltern, bis sie durch das Portal verschwanden. Polizist Hostettler flüsterte seinem Chef zu, das mache ihn fertig, könne er nicht mit ansehen. Er fahre jetzt, sofort, nochmals zum Forst, auch wenn keine Chance mehr bestehe, er müsse einfach, er könne nicht anders. Winterfeld verstand seinen Korporal und nickte.

Im Davongehen hörte Hostettler, wie die Orgel eine getragene Weise anstimmte und ein schöner Mezzosopran einfiel:

»Die Sonne scheidet hinter dem Gebirge. In alle Täler steigt der Abend nieder, mit seinen Schatten, die voll Kühlung sind.

O sieh! Wie eine Silberbarke schwebt der Mond am blauen Himmelssee herauf.

Ich spüre eines feinen Windes Wehn, hinter den dunklen Fichten!«

Mahlers »Lied von der Erde«: »Der Abschied«.

Während der letzten Strophe stieg John Diego Amstutz, mit säuerlich-rosigem Gesicht und seiner messingbeschlagenen Biblia Sacra, auf die Kanzel. Er blickte über das Lichtermeer, über die Menschen in der Kirche hinweg, vermied den Blickkontakt mit jeder und jedem, begrüßte die Gemeinde:

»Die Gnade unseres Herrn Jesus Christus sei mit euch.«

»Und mit deinem Geiste«, antwortete die Menschenmenge.

»Der allmächtige Gott erbarme sich unser, er lasse uns die Sünden nach und führe uns zum ewigen Leben«, rief Amstutz von der Kanzel herab.

»Amen!«, rief die Gemeinde zurück.

Kupfernagel spielte Grönemeyers »Der Weg«, den sich Heinrich Bubenberg gewünscht hatte. Eine Männerstimme stimmte ein, es war Streit, weitere folgten, bis alle, ob drinnen oder draußen, unter Tränen mitsangen.

Die Entwicklung überraschte den Pfarrer. Er fühlte sich gekränkt. Die Menge, nein, das verdammte Mädchen, raubte ihm seinen Raum, seinen Auftritt. Der Monsignore bekam keine Luft mehr, sein rosiges Gesicht wurde rot, er winkte zur Empore, das Lied zu beenden. Kupfernagel ließ sich Zeit, das Lied ausklingen zu lassen, die Menge sang die letzten Zeilen des Textes ohne musikalische Begleitung zu Ende.

Es wurde totenstill im Haus Gottes. Der päpstliche Ehrenkaplan hüstelte, richtete seine Soutane, räusperte sich, sah zur Kuppel, als würde sich dort, just in diesem Moment, ein neues Wunder ereignen, fuhr sich über die Halbglatze, breitete die Arme mit den Handflächen nach oben aus:

»Aus düstrem Schwarm erwacht.
Feuerlanzen in der Nacht.
Der Sternendom entzweit,
ein Feuerflammenmeer enteilt.
Der brennend Thron so still.
Verlassen, aus der Mitte flammet,
ein feurig langer Strahl.
Und auf die Erde rieselt,
Der ew'ge Schnee zur Qual.«

Amstutz umfasste das hölzerne Kruzifix, das er um den Hals trug und zum ersten Mal gestattete er sich einen unsicheren Blick zu Annas Eltern. Rheas Hände umkrampften ein Taschentuch, Heinrich hatte einen Arm um sie gelegt, seine Lippen ein weißer Strich.

»Anna Bubenberg ist in den Nächten des Sturms von uns gegangen. Ein Jahrtausendsturm. Ein Sturm, der suchte, Leben zu nehmen. Eines hat er genommen. Dieser Sturm, so scheint es, war ein Werk des Teufels. Aber, liebe Gemeinde, aber! Der Gehörnte konnte ihr weder das Herz entreißen noch sie durch seine Gewalt in die Hölle zerren. Denn heißt es nicht ›Virtus animi superat omnia‹, die Tugend überwindet alles? Anna war die Tugend selbst, und wo die Tugend innehält, verliert das Böse seine Kraft. Das Leben von Anna wurde im Tod nur gewandelt, ›Vita mutatur, non tollitur‹, liebe Gemeinde, nicht genommen, auch nicht von Luzifer. Gottes Wege sind unergründlich und so hat es ihm gefallen, die Anna Bubenberg zu sich zu rufen.«

Kupfernagel intonierte »Dona Nobis Pacem«, die Dorfmusik setzte ein, der Kirchenchor sang mit. Getragen hallte der Kanon durch die Kirche, über den Vorplatz, leiser werdend hinunter zum Hospiz, in dem Rivulet kurz den Kopf hob und widerwillig aufhorchte.

Dann wurde es still im Schiff, Pfarrer Amstutz faltete die Hände und senkte den Kopf:

»Herr, wir bitten dich: Führe sie und alle, die in Christus entschlafen sind, in das Land der Verheißung, des Lichtes und des Friedens. Amen.«

Wieder selbstsicher griff er sein Lieblingsthema, den heiligen Sankt Georg, auf:

»Wenn ich euch aber sagen würde, dass der heilige Sankt Georg Christus wäre, dann möge die Jungfrau, die er von ihrem Schicksal erlöste, Anna sein. Und der Drache im Meer der Schneesturm und das Pferd des Ritters die Menschheit Christi. Doch seid gewiss, dieser Schneesturm war, wie der Drache, der Teufel, der die Seele zu fangen sucht. Georgius gab sein Leben preis, um diese zu retten. Doch der Heilige ist auferstanden von den Toten. So wie auch Anna Bubenberg auferstehen wird von den Toten.«

Wie abgesprochen ertönte wieder die Orgel und Monsignore sang:

»Du bist ein Strahl des Lichtes, Sankt Georg, stark und kühn, aus deinen Lidern bricht es, des Tages gold'nes Glüh'n ... Die ihr mit kühner Frage, aus dunkler Totengruft, die Welt zum jüngsten Tag – zur Auferstehung ruft.« Eigentlich gar kein Lied, sondern ein Gedicht von Herrmann Rollet aus dem Jahre 1870, das der Sigrist für den Monsignore hatte vertonen müssen.

Kurz nach der ersten Strophe passierte das Ungeheuerliche. Mitten im Gesang des Geistlichen schlug Kupfernagel mehrmals kraftvoll auf die Manuale, und zwar so, dass die Orgel zu schreien schien. Dann, ganz zum Entsetzen des Monsignores, fing Kupfernagel an, etwas anderes zu spielen. Und zu singen! Zuerst leise, mit einem volltönenden Bass: »Nichts ist tot, alles lebt, selbst wenn Gottes Zorn die Erde bebt ...«

Der Geistliche stand da, paralysiert, als ob ein Blitz in ihn eingeschlagen hätte. Kupfernagel wurde lauter, der Pfarrer erwachte, er fuchtelte zur Empore, Kupfernagels Stimme erklang wieder, diesmal kräftig, viel kräftiger: »Und ich sah den Himmel aufgetan; und daraus ein weißes Pferd. Und wer daraufsaß, mit Treu und Wahrhaftigkeit …«

Die Musiker nahmen das Stück auf, spielten mit. Die Gemeinde drehte sich um, schaute zur Empore, sah den Kirchendiener, halb stehend, mit geschlossenen Augen, Schaumfetzen am Mund, den Kopf in den Nacken gelegt. Elektrische Funken sprangen in seinem schütteren Haar hin und her und verliehen ihm etwas wie einen Heiligenschein.

Was für ein Eklat. Dem Kaplan seiner Heiligkeit wurde schlecht vor Wut, der Kragen seiner Soutane schien zu platzen, er tobte, fluchte gotteslästerlich, schrie, Kupfernagel sei entlassen, man solle ihn mit Gewalt herunterholen. Kupfernagel spielte weiter. Amstutz hieb mit der Faust auf die Bibel, rief, im Namen Gottes, er sei ein verdammter Teufel, Hölle, Verdammnis und Fegefeuer über ihn, drängte sich durch den Gang, schubste die Leute beiseite.

In diesem Moment war Kupfernagel fertig, sein vom Asthma ausgezehrter Körper senkte sich langsam vornüber und ermattet legte er seinen Kopf auf die Orgeltastatur. Der Pfarrer, noch nicht mal bis zur Hälfte des Ganges gekommen, gab über sich selbst erschrocken auf, kehrte um, stieg wieder die Kanzel hoch. Setzte jedoch erneut zum Fluchen an, als er die angstvollen, erstaunten und entsetzten Blicke der Cappellener sah, die zusammengekniffenen Augen von Wachtmeister Winterfeld.

Er senkte die Augen, fühlte die aufsteigende Leere, wie immer nach einem unkontrollierbaren Wutausbruch, nahm die Bibel in seine Hände, wollte beenden, was es zu beenden gab:

»Der Herr sei mit euch. Es segne euch der allmächtige Gott, der Vater und der …«

Er wurde übertönt von lautem Gejohle, das von draußen in die Kirche drang. Winterfeld glaubte, die Besucher würden den Pfarrer auslachen.

Doch das zweite Wunder an diesem Sonntagabend bahnte sich an.

Abreise und Heimkehr

Sonntag, 15. Dezember, 18:00 Uhr,
Hospiz zur Heimat

Pushka beschloss, unmittelbar nach dem Abendessen abzu-
reisen. Der Russe wies Paul Lüthy an, ihm eine Superior
Suite im Hotel Spross in Opfikon zu reservieren. Liv Rivulet und Cathy Leight rauchten eine Mary Long im Fumoir.
Andrej Pushka und Alfonso Gabriele erschienen. Die Augen des Italieners und der Amerikanerin kreuzten sich. Gabriele zog zwei Cohiba Behike aus seinem Zigarettenetui.
Die beiden Herren verband nicht nur das Zigarrenrauchen.
Ob es die Damen störe, wenn man klassische Musik einstellen würde. Die Damen lächelten. Pushka zupfte an seinem Schnurrbart, suchte Radio Swiss Classic. Der Sender
spielte »Dance of the Knights« von Prokofiev.
Rivulet bedankte sich bei Gabriele und Pushka nochmals
herzlich für die Wahl in den Verwaltungsrat und monierte
bei Gabriele die nichtautorisierte Verwendung von Gel-
dern durch Gutthorm. Pushka informierte über seine Abreise. Sie schließe sich ihm an, wenn er einverstanden sei.
Rivulet hielt nichts in diesem Nest und schon gar nichts in
diesem schäbigen Hotel. Zudem habe sie auch einen frühen Flug.
Das Dinner wurde um 18:45 Uhr eingenommen. Der
»Drei-Gabeln-Koch« Conosciuto erwartete sie mit einer
frischen Schürze (auf der ein goldenes Krönchen einge-

stickt war). Nachdem die Gesellschaft Platz genommen hatte, nahm Conosciuto die Kochmütze ab und hielt sie mit beiden Händen vor seine Brust. Er hieß den »Humanistenkreis« etwas verlegen – er sei es nicht gewohnt, vor Publikum zu sprechen – herzlich willkommen. Er gedenke sie kulinarisch zu verwöhnen. Aufgrund dessen, dass der geschätzte »Humanistenkreis« schon am Mittag ausgiebig von seinem kalten Büfett genossen habe, präsentiere er nur vier Gänge. Die Gäste unterhielten sich lachend, Conosciutos Menüvortrag ging im Lärm unter. Er strich sich über die Glatze, setzte sich verärgert die Mütze auf, schloss die Türe etwas heftig und fluchte, als er in die Küche trat.

Ein Großteil des Verwaltungsrates, noch voll vom kalten Büfett, zog den Alkohol dem Essen vor. Selbst Alfonso Gabriele und Liv Rivulet, die neue Nummer 9 der Welt, tranken, von Kerzen umschimmert, mehr als üblich. Es passierte wohl, weil die beiden nicht wussten, wie sie miteinander umgehen sollten. Oder weil Macht Macht in jedem Falle dominieren will und sich einen Weg sucht.

Gabriele schaute mit schmalen Augen immer öfter zu Rivulet, die seinen Blick aufnahm, Augen wie Irrlichter, lächelte, mit der Zunge über Zähne und Lippen fuhr, diese mit rotem Stift nachzog und den Kopf leicht zur Seite neigte. Dann erhob sie sich, schritt mit wiegendem Gang zur Türe, schon halb draußen sah sie über ihre Schulter zurück, den Mund leicht geöffnet. Gabriele fand sie auf der Damentoilette vor dem Spiegel. Ungestüm stieß er sie in die erste Kabine, schlug die Türe zu, das Messer in der Hand, setzte es ihr an den Hals, spürte ihre Pistole an seinen Genitalien. Das kleine Schwarze flog über die Wand ins nächste Abteil. Hose und Hemd hintendrein. Gabriele leckte ihren Hals und die tätowierte Lilie auf ihrer Schulter. Rivulet griff nach seinen, nach Kokos duftenden, Haaren und riss seinen Kopf nach hinten. Dann bissen, schlugen und bespuckten sie sich. Ihre vereinigten Körper krachten gegen Wände und den Spülkasten der Toilette. Sie schrie, er grunzte, sie keuchten. Dann war der Ausbruch vorbei. Sie sahen einander an, wie zwei Unbekannte einander ansehen würden, wenn sie sich auf einem schmalen Gehsteig kreuzten. Rivulet zog ihre linke Braue hoch, holte ihr Schwarzes aus dem anderen Abteil. Gabriele griff sich an die zerkratzte Wange, suchte fluchend seine Hose und ging auf sein Zimmer.

Kurze Zeit später stieg Rivulet frisch geduscht und wohlriechend zu Pushka ins Auto. Lady Leight und Gabriele reisten wenig später ab. Asara und Angoo waren zu betrunken, um über eine Abreise nachzudenken, und Tony kümmerte sich noch um einen gewissen Busfahrer.

So bekam keiner des »Humanistenkreises« von den Wundern von Cappellen zu hören, über die die halbe Nacht in der Wirtsstube gesprochen wurde. Der stiernackige Wirt fragte Kupfernagel immer und immer wieder, ob dies nicht Wunder biblischen Ausmaßes seien und man deshalb nicht das Neue Testament neu schreiben müsse, was der Kirchensigrist jedes Mal verneinte.

Hostettler fühlte sich leer. Und einsam. Etwas von ihm war mit dem Mädchen über die Klippe gefallen. Er konnte und wollte einfach nicht aufgeben. Wenn Anna irgendwie überlebt hatte, dann war sie sicher zur Hütte gelaufen. Wohin hätte sie sonst gehen sollen?
Anna sah zu den Sternen hoch. Sie war glücklich. Glücklich wie noch nie in ihrem Leben. Ihr Wunsch war in Erfüllung gegangen. Die Tiere waren gerettet.
In der Pfadfinderhütte hatte sie die Nahrungsmittel und ihre Kleidung gefunden. Verwundert, aber erleichtert hatte sie ihre klammen Kleider gegen die neuen getauscht. Nun leuchtete sie mit dem Handscheinwerfer, um Hindernisse oder ähnliches zu erkennen und verließ sich sonst ganz auf Wolkentanz. Er kannte den Weg.
Polizist Hostettler kniff die Augen zusammen, schaute aufmerksam nach vorne. Gleich würde er rechts in der Einfahrt halten müssen. Ein Lichtstrahl blitzte auf, blendete ihn. Unwillkürlich trat er auf die Bremse. Sein Atem stockte. Wie eine Geistererscheinung trabte ein Schimmel auf ihn zu. Auf ihm eine schlanke Gestalt mit blonden Haaren. Erst als das Wiehern in sein Bewusstsein drang, erwachte Hostettler aus seiner Starre, hastete zu dem absteigenden Mädchen und schloss es weinend in seine Arme.
Sie müssten sich sofort auf den Heimweg machen, drängte Hostettler, sie sei für tot erklärt worden, alle, ganz Cappellen sei in der Kirche, auch ihre Eltern. Ein Gedenkgottesdienst ihres Todes wegen. Irritiert betrachtete er ihr Ma-

donnenlächeln, mit dem sie ihm zuhörte. Anna nickte und flüsterte dem Pferd, das seinen Kopf senkte, etwas ins Ohr. Es schnaubte und trabte los. Anna stieg ein und der verwunderte Hostettler folgte dem Hengst.

Fassungslos sah er immer wieder zu ihr hinüber, während er erzählte, wie sie nach ihr gesucht hatten. Aber wie habe sie überleben können? Die Tiere, die Tiere hätten sie gerettet, entgegnete Anna mit leuchtenden Augen. Sie sei auf eine Herde Wildtiere gestoßen, der sich auch Wolkentanz angeschlossen habe. Sie sei ihnen bis zu den Findlingen gefolgt. Dort, im Schutz der Steinblöcke und eng stehenden Bäume, hätten sich alle, auch die Raubtiere, zum Schutz gegen die Kälte zusammengedrängt. Als sie aufgebrochen sei, um Futter für die Tiere zu holen, denn diese seien total abgemagert, es könne nicht mehr lange dauern, bis die Fleischfresser über die anderen herfielen, habe ein Mann auf sie geschossen und sie sei in den Weiher gefallen. Sie sei zwar unverletzt geblieben, aber das Versteck näher gewesen als Cappellen. Daher sei sie zurückgekehrt und habe sich erst jetzt wieder aufgemacht.

Sie legte eine kalte Hand auf Hostettlers Arm. Er müsse ihr versprechen, sofort Futter, vor allem Fleisch, zu besorgen und zur Pfadfinderhütte zu bringen. Sie würde es selbst machen, bezweifle aber, dass man sie heute noch einmal fortlassen werde.

Die Findlinge in einer Waldsenke, umgeben von dichtem Wald waren sicher einer der besten Orte, um den Sturm zu überleben. Denkbar war es, dass Tiere bei so einer Naturkatastrophe kooperierten. Trotzdem … wahrscheinlicher war, dass das Mädchen phantasierte. Ja, die übernatürlich geröteten Wangen, die Blässe der übrigen Haut, die glänzenden Augen, es war die Energie einer Fiebernden, die sie aufrechthielt.

Annas Stimme nahm einen hypnotischen Klang an, als sie wiederholte, er müsse ihr versprechen, noch heute Nacht Futter in den Forst zu bringen. Mit einem Mal erschien Hostettler ihr Wunsch völlig vernünftig. Er nickte, er werde sich um alles kümmern.

Wolkentanz erreichte den Glühweinstand, die Umstehenden rieben sich die Augen, als der Hengst zielstrebig an ihnen vorbei auf die Kirche zutrabte. Dann erkannten sie durch die heruntergelassenen Fenster das Mädchen im Auto, manchem fiel der Becher aus der Hand, andere beteten, brachen in Freudentränen aus. Jeder wollte das Mädchen im Wagen berühren.

Der ob des Lärms erneut jähzornig gewordene Monsignore Amstutz rempelte und boxte sich zum Ausgang, stürmte als Erster und wutentbrannt aus der Kirche, erkannte das Mädchen, warf sich bekreuzigend auf die Knie, schaute zum Himmel und stammelte:

»Mein Gott, mein Gott, warum hast du mich verlassen?«

Winterfeld quetschte sich durch die Menschenmenge zurück in die Kirche und rief:

»Sie lebt! Sie lebt! Anna lebt! Frau Bubenberg, Herr Bubenberg, sie lebt, sie lebt, sie ist gesund!«

Der Hengst drängte alles und jeden zur Seite und lief wiehernd auf Jen Wagenmacher zu. Ein paar Mitglieder des Gesangsvereins Mühlisberg begannen zu singen:

»Näher, mein Gott, zu dir, näher zu dir! Drückt mich auch Kummer hier …«

Endlich gelangten auch Rhea und Heinrich zu ihrer Tochter. Jonas Raphael, mit spitzem Bleistift, kämpfte sich auf sie zu. Die Polizisten schirmten die Familie ab, geleiteten sie zu einem großen Kastenwagen der Polizei. Über Megaphon wurde der Dorfarzt ausgerufen. Anna wurde untersucht, erhielt eine Starrkrampfspritze und etwas gegen leichtes Fieber.

Anna erzählte ihren Eltern, Winterfeld, Gemeindepräsident Eggimann und allen Umstehenden ruhig, was geschehen war. Eine unglaubliche Geschichte; aber alle glaubten sie.

Schon auf der Heimfahrt schlief Anna beinahe ein. Rhea drängte sie, noch etwas zu essen, anschließend brachte Heinrich seine Tochter zu Bett, ließ die Türe einen Spalt offen, als er ging. Diese stand noch einmal auf, ging ans Fenster und schaute hinüber zum Wohleyberg, der sich als dunkler Schatten aus dem Wald erhob. Django schlüpfte durch den Spalt, sprang auf das Fensterbrett.

»Du hast es ihnen nicht erzählt, nicht wahr?«

Das Mädchen sah den Kater liebevoll an, kraulte seinen Nacken, lächelte und schüttelte den Kopf.

Montag, 16. Dezember, 7:00 Uhr,
Hospiz zur Heimat

Von dem vielen Anstoßen auf die gesunde Heimkehr Annas hatte Lüthi einen höllischen Kater, der die meisten anderen flachgelegt hätte. Ihm nahm er nur die Sprache, was

wiederum auch selten war, und als die verbleibenden Herrschaften des »Humanistenkreises«, zuerst Dr. Angoo und
Asara, als Letzter de Palma, auscheckten, mochte er so gar
nicht mit den Herrschaften reden, schon gar nicht über die
Wunder, die sich am Vorabend ereignet hatten.

Kein Mitglied des Verwaltungsrates, abgesehen von Pfarrer
Amstutz natürlich, hatte etwas von den Wundern Cappel-
lens vernommen. Dem Kaplan seiner Heiligkeit kam dies
entgegen, war er doch unschlüssig, was mit dem Mädchen
geschehen sollte.

Die Erfüllung des Wunsches

In Windeseile hatte sich herumgesprochen, dass das Mädchen durch die Waldtiere gerettet worden war. Alle überboten sich mit Futterspenden. Als Winterfeld an der Zufahrt zur Pfadfinderhütte ankam, luden zwei Männer eine Palette Fleisch aus einem LKW ab. Arnold und Streit verteilten Heu, Weizen, Hafer, Meisenknödel, Sonnenblumenkerne, Sultaninen, Erdnüsse, Möhren, Äpfel und weiteres mehr. Es wimmle nur so von Tieren um die Hütte, berichteten sie ihm. Alles ganz friedlich. Der Dachs fresse neben Mäusen, Füchse und Kaninchen Seite an Seite. Ein vorwitziges Eichhörnchen habe Streit sogar einen Müsliriegel aus der Hand gerissen und sei damit auf einen Baum geflüchtet, von wo aus es ihn angekeckert habe.

Es bellte und plötzlich sprang Sancha an Streit hoch, der in die Knie ging, um die Hündin zu umarmen, die vor drei Tagen von seinem Bauernhof verschwunden war.

Gemeindepräsident Eggimann legte Monsignore Amstutz wortlos eine Petition vor die Nase, die bereits von knapp tausend Bürgern Capellens unterzeichnet worden war. Der Pfarrer las den Text, meinte säuerlich, es sei alles vielleicht etwas viel gewesen, der Sturm und diese Sorgen um die Kinder, die hätten ihn an den Rand der Verzweiflung gebracht. Und dann das Ausrichten der Totenmesse für ein so junges, fröhliches Mädchen; er sei auch nur ein Mensch, das habe ihn emotional an seine Grenzen gebracht. Kupfernagel habe das Fass letzten Endes zum Überlaufen gebracht. Natürlich, er sei zu weit gegangen, aber wer wäre das nicht, an seiner Stelle? Er wisse, der Kirchensigrist trinke zu viel, da müsse man aus menschlicher Sicht Rücksicht nehmen, auch wenn er so durchdrehe wie am Vortag. Und darum könne er sich, wenn sich Kupfernagel zu einer Entziehungskur entschließen würde, einverstanden erklären, die Kündigung zurückzuziehen. Zum Wohle des Sigristen, der ja in seinem Alter kaum mehr eine Stelle finden würde. Ein Akt der Nächstenliebe sei das, das müsse Eggimann schon sehen. Gleichentags erbat sich Amstutz von seinem Vorgesetzten eine Auszeit. Der im Amt verbliebene Tobias Kupfernagel erzählte eine Woche später am Stammtisch, der Pfarrer sei auf die Insel Reichenau, zum Schädelfragment des Sankt Georgius, gepilgert.

Epilog

Nach dem Sturm und dem klirrenden Frost wurden Menschen, Tiere und Pflanzen Zeugen eines rasanten Wetterwechsels mit nahezu frühlingshaften Temperaturen von knapp 20 Grad. Meteorologe Staub war ratlos. Die großen Temperaturschwankungen hatten Versorgungsleitungen bersten lassen, zu Schlaglöchern in den Straßen und instabilen Brücken, zu zerstörten Gebäuden und Dächern geführt. Über die nächsten Monate wurde hektisch gebaut und renoviert. Bald schien alles wie früher. Auch in der Gaststube des Hospiz', in der Tobias Kupfernagel eine Geschichtsdoku verfolgte. 15. Juli 1979, ein ernstes Gesicht flimmerte über den Bildschirm: Jimmy Carter, der ehemalige amerikanische Präsident:

»In diesem Land waren wir einst stolz auf harte Arbeit, starke Familien, sehr eng verbundene Gemeinschaften und unseren Glauben an Gott, heute allerdings neigen zu viele von uns dazu, Zügellosigkeit und Konsum anzubeten. Der Mensch definiert sich nicht mehr durch das, was er tut, sondern durch das, was er besitzt. Aber wir haben festgestellt, dass der Besitz und das Konsumieren von Dingen allein nicht unsere Sehnsucht nach einem Lebenssinn befriedigen können. Wir haben gelernt, dass das Anhäufen materieller Güter nicht die Leere eines Lebens füllen kann, das kein Glauben und keinen tieferen Sinn hat.«

Der Sigrist prostete ihm zu, wählte einen Titel aus der Wurlitzer. Kupfernagel schaute mit leerem Blick durch das Fenster zum Hof, der Refrain setzte ein:

> »I'd love to change the world,
> but I am not sure what to do,
> so I would leave it down to you.«

Und die Tage der Wunder gingen in die Geschichte des Dorfes ein. Niemand ahnte, was auf Cappellen und die Welt zukommen würde.

– – –

Dank

Die Dialoge zu Ontologie und Psychologie in diesem Buch beziehen sich insbesondere auf Schriften, Konzepte und Gedanken von Abraham Maslow, Albert Schweitzer, Carl Gustav Jung, Charles Sanders Peirce, Edward Lewis Deci, Emily Adlam, Erich Fromm, Eugen Drewermann, Hans-Peter Dürr, Itay Shani, Jiddu Krishnamurti, Karen Horny, Platon, Richard Martin Ryan, Scott Barry Kaufman, Wolfgang Pauli. Ihnen gebührt mein besonderer Dank.

Des Weiteren danke ich ganz herzlich meiner Verlegerin, Sabine Giger, welche die Realisation des Buches überhaupt erst ermöglichte; Chris Wright für die Adaption des letzten Songtextes; meiner Lektorin Katrin Opatz, die mich immer wieder forderte; meiner Korrektorin Sarah Christiansen, die in letzter Minute nochmals alles überprüfte; Simon Hofer für die Gestaltung des Buchcovers; Roland Poferl für die Satzgestaltung; Michael Stahl für das Porträtfoto. Und natürlich allen anderen, die mich unermüdlich unterstützten.